平塚学園高等学校

〈収録内容〉

2024 年度 …………………………………… 一般（数・英・国）

2023 年度 …………………………………… 一般（数・英・国）

2022 年度 …………………………………… 一般（数・英・国）

2021 年度 …………………………………… 一般（数・英・国）

2020 年度 …………………………………… 一般（数・英・国）

便利な DL コンテンツは右の QR コードから

解答用紙

⇒

※データのダウンロードは 2025 年 3 月末日まで。
※データへのアクセスには、右記のパスワードの入力が必要となります。 ⇒ 546705

〈合格最低点〉

※学校からの合格最低点の発表はありません。

本書の特長

実戦力がつく入試過去問題集

- ▶ 問題 …………… 実際の入試問題を見やすく再編集。
- ▶ 解答用紙 …… 実戦対応仕様で収録。
- ▶ 解答解説 …… 詳しくわかりやすい解説には、難易度の目安がわかる「基本・重要・やや難」の分類マーク付き（下記参照）。各科末尾には合格へと導く「ワンポイントアドバイス」を配置。採点に便利な配点つき。

入試に役立つ分類マーク

基本 確実な得点源！
受験生の90％以上が正解できるような基礎的、かつ平易な問題。
何度もくり返して学習し、ケアレスミスも防げるようにしておこう。

重要 受験生なら何としても正解したい！
入試では典型的な問題で、長年にわたり、多くの学校でよく出題される問題。
各単元の内容理解を深めるのにも役立てよう。

やや難 これが解ければ合格に近づく！
受験生にとっては、かなり手ごたえのある問題。
合格者の正解率が低い場合もあるので、あきらめずにじっくりと取り組んでみよう。

合格への対策、実力錬成のための内容が充実

- ▶ 各科目の出題傾向の分析、合否を分けた問題の確認で、入試対策を強化！
- ▶ その他、学校紹介、過去問の効果的な使い方など、学習意欲を高める要素が満載！

解答用紙ダウンロード 解答用紙はプリントアウトしてご利用いただけます。弊社ＨＰの商品詳細ページよりダウンロードしてください。トビラのＱＲコードからアクセス可。

UD FONT 見やすく読みまちがえにくいユニバーサルデザインフォントを採用しています。

平塚学園 高等学校

国公立・難関私大に多数が現役合格

公式ホームページ　公式インスタグラム

URL	https://www.hiragaku.ac.jp/hs

普通科
生徒数　1341名
〒254-0805
神奈川県平塚市高浜台31-19
☎0463-22-0137
東海道本線平塚駅　徒歩15分

プロフィール　役に立つ日本人を育成する

1942（昭和17）年に平塚女子商業学校として創立。1963年に普通科を設置するにあたり、現校名に改称された。

建学の精神は「真に役に立つ日本人の育成」。唯一絶対の自分を理解した上で、他者を大切にし尊重する。その調和の中から自分の責任や役割を自覚し活躍の場を世界へ広げていく。そのための生徒信条として「礼節・責任・勤勉」を根幹とした徳育を重視している。

環境　充実の設備と恵まれた周辺環境

湘南海岸公園に隣接した閑静な住宅地に位置する。周囲には小・中・高もあり、文教地区として大変恵まれた環境にある。４階建の教室棟のほか３階建の新館には充実した音響設備と 300インチの大型スクリーンをもつ「視聴覚教室」、最新の機材を揃えた「コンピュータ室」、「購買部」がある。また、隣接する管理棟には天文台をはじめ茶室、作法室もある。さらに大磯には湘南研修センターがあり、公式戦も行われる野球場の他400mトラックと天然芝のサッカー場、テニスコートが完備されている。

進学指導も徹底し実績も高い

カリキュラム　特進選抜コースや特進・進学コースを設置

特進選抜・特進・進学コースの３つがあり、大学進学に特化したカリキュラムを組む。コースを決めて受験はするが、入学前に行われるクラス分けテストを参考に一部コース変更がある。また、２年進級時にも本人の成績と希望によりコース変更が可能である。また各コース共文系、理系に分かれ目標の大学へ向かっての学習体制に移行する。

特進選抜コース（各学年２クラス）は最難関の国公立・私立大学合格を目標にしている。１年次より受験対策の補習授業を組み、基礎力の充実を図る。補習授業は毎日朝７時４０分からと放課後に行われ、授業と同一の教員が基本的に３年間担当する。

特進コース（各学年２クラス）は、国公立・難関私大合格が目標である。特進選抜コースと同様に補習授業があり、２年次からは受験科目に特化したカリキュラムになる。

進学コースは、補習授業はないが、部活動と両立しながら、学校推薦型選抜や総合型選抜など、様々な入試形態に対応しながら大学進学を目指すコースである。２年次からは特進コースと同様に受験科目に特化した授業になり、小テストなどで実力をつける。どのコースもクラス担任が面談を行い、進学面、生活面できめ細かなアドバイス、サポートがなされる。

学校生活　活気にあふれる魅力的な課外活動

32あるクラブの活動はいずれも盛んである。運動部では甲子園出場経験もある野球部をはじめ、部員数100名を超えるサッカー部、全国大会出場の陸上競技部、チアダンス部

USA School&College Nationals 2024 出場

などが活躍している。

文化部では数多くの賞に輝いている写真部、CPにより天体を追尾できる望遠鏡を有する天文部、毎年全員が検定合格をしている情報処理部などがある。

また、２年次にはオーストラリアまたは沖縄への研修旅行（選択希望制）を実施するほか、文化祭、体育祭、球技大会、スキー教室、奉仕活動の「まちぐるみ大清掃（平塚市主催）」をはじめ、テーブルマナー講習会、暑中見舞い指導・年賀状指導などが行われる。

進路　堅実な大学合格実績

2023年３月卒業生の進路は、４年制大学84%、短大1.5%、専門学校10%、その他4.5%となっている。おもな現役での大学合格実績。国公立大は北海道大（1）、宇都宮大（1）、横浜国立大（1）、名古屋大（1）、愛媛大（1）、東京都立大（1）、大阪公立大（1）、私立大は、東海大（35）、神奈川大（32）、法政大（25）、日本大（20）、明治大（17）、日本女子大（16）、立教大（15）、中央大（13）、明治学院大（13）、青山学院大（8）、成城大（7）、学習院大（7）、早稲田大（6）、上智大（6）、東京理大（5）、慶應大（2）、他277名の合格者を出している。また過年度生では長崎大（医1）、北里大（医2）、東海大（医1）、杏林大（医1）、慶應大（薬1）、東京理大（4）などの合格を出している。

最近の週刊誌・新聞掲載記事からの話題

■　サンデー毎日　２０２４年5月５・１２日号より

「有名私立６５０高校　１８０大学　合格者数」

今回掲載された本校の合格者数の中で、**国公立大学については、北海道大１名、名古屋大１名、東京海洋大１名、東京都立大１名、横浜市立大１名の合格者**を出している。（今回掲載されていないが、実際には**横浜国立大学１名、長崎大学（医）１名**をはじめ、合計１４名の国公立大学合格者を出している）

また、**首都圏の難関私立大学については、早稲田大６名、慶應義塾大３名、上智大５名、明治大１７名、青山学院大１０名、立教大１２名、中央大１５名、法政大２３名の合格者**（これは今回のサンデー毎日掲載の数字であり、集計時期により数が若干異なる場合がある）を出している。

難関・有名私大入試においても、本校生徒が粘り強く努力を続けた結果が出ていると言えよう。

過去3年間　大学合格数

平塚学園高等学校
令和5年5月1日現在

国公立大学	2021.3		2022.3		2023.3	
	現役	浪人	現役	浪人	現役	浪人
会津大学					1	
宇都宮大学					1	
群馬大学						1
埼玉県立大学			1			
千葉大学			1			1
電気通信大学	1	1				
東京外国語大学			1			
東京海洋大学					1	
東京学芸大学	1				1	
東京都立大学	3		2			
東京農工大学			1			
一橋大学				1		
横浜国立大学			4			
横浜市立大学	2			1	1	
富山大学					1	
山梨大学	1		1	1		
信州大学	1		1		1	
長野県立大学	1					
静岡大学	3				1	
京都府立大学					1	
神戸大学				1		
広島大学			1			
山口大学		1				
九州大学					1	
鹿屋体育大学					1	
国公立大学合計	13	2	13	4	11	2

私立大学	2021.3		2022.3		2023.3	
	現役	浪人	現役	浪人	現役	浪人
愛知医科大学		1				
青山学院大学	7	1	23	6	24	1
岩手医科大学		1				
大妻女子大学	9		18		11	
学習院大学	2		7	2	5	
学習院女子大学			2			
神奈川大学	38		66	1	84	2
鎌倉女子大学	5		5		4	
関西学院大学					1	
関東学院大学	33		30		35	
北里大学	17	2	18	2	10	
慶應義塾大学	2		3	4	1	
工学院大学	10	2	13	2	10	
國學院大学	17	1	21	3	7	
国際医療福祉大学	6		18	1	8	
国際基督教大学		1				
国士舘大学	6		11		11	
駒澤大学	11		13		11	
相模女子大学	11		14		8	
産業能率大学	8		10		2	
実践女子大学	3		5		2	
芝浦工業大学	3	3	5		5	
順天堂大学	7		2	1	1	
上智大学	5		4	3	4	
湘南医療大学	3		7		4	
湘南鎌倉医療大学	2		10		4	
昭和大学	2	1	2	1		
昭和女子大学	10		6		6	
昭和薬科大学	1		1	1	1	
成蹊大学	5	2	8	1	4	
成城大学	13	1	12	1	8	
聖心女子大学	1		1		1	
清泉女子大学	4		2		1	
聖マリアンナ医科大学		1		1		
聖路加国際大学	1					
専修大学	20	1	43		25	
玉川大学	15		11		11	
多摩美術大学	2				1	
中央大学	20	2	40	4	12	
津田塾大学	3		5		6	
帝京大学	15	5	22	2	18	
東海大学	35	2	63	2	79	
東京医科大学	3			1		
東京女子大学	2		8		2	
東京女子医科大学	2		1		1	
東京女子体育大学			2		1	
東京電機大学	7	1	3	1	9	
東京都市大学	82	6	15		23	3
東京農業大学	22	1	11		10	1
東京薬科大学	4				3	
東京理科大学	6		5	1	5	2
同志社大学	1			1		
東邦大学	3		4		2	
東洋大学	8		18		11	
東洋英和女学院大学	19		9		13	
獨協大学	1				1	
日本体育大学	3		3			
日本大学	42	4	37	2	52	1
日本女子大学	9		16		14	1
日本女子体育大学	1		2			
日本赤十字看護大学	1		2			
日本薬科大学			1			
フェリス女学院大学	8		8		8	
藤田医科大学				1		
法政大学	18		41	3	32	
星薬科大学	2		2			
武蔵大学	4		4		1	
武蔵野美術大学			1		1	
明治大学	10	1	23	3	21	2
明治学院大学	17	2	30	1	26	
明治薬科大学	1		1			
横浜薬科大学	8		5		6	
立教大学	8		11	2	14	3
立命館大学	1	1	1			
早稲田大学	6		4	1	3	1
その他の大学	173	3	189	2	153	1
私立大学合計	824	46	978	57	837	18

【卒業生の進路状況】　( )は%

	2021.3		2022.3		2023.3	
四年制大学	404	(78.1)	398	(80.1)	353	(80.4)
短期大学	17	(3.3)	14	(2.8)	13	(3.0)
各種・専門	66	(12.8)	53	(10.7)	38	(8.7)
就職	2	(0.4)	5	(1.0)	1	(0.2)
浪人	28	(5.4)	27	(5.4)	33	(7.5)
その他	0	(0.0)	0	(0.0)	1	(0.2)
卒業生数	517	(100)	497	(100)	439	(100)

数学

出題傾向の分析と合格への対策

●出題傾向と内容

本年度の出題数は，大問5題，小問数にして20題であった。

出題内容は，1.，2.が独立小問の形式で，数・式の計算，方程式の計算と利用，関数，数の性質，角度，平面図形など11題。3.以降が小問2・3題からなる形式で，データの整理，確率，図形と関数・グラフの融合問題であった。

例年，中学数学の各分野からバランスよく出題されているので，苦手分野が残らないようにしよう。また，中にはやや難しめの問題もあるので，確実に解けるものからこなしていきたい。

✔学習のポイント

いろいろな問題が出題されているので各分野をバランスよく学習し，早く正確に解ける力を身につけよう。

●2025年度の予想と対策

来年度も20題前後の問題があらゆる分野から出題されるものと思われる。

数や文字の式の計算，方程式の計算問題は正確に解答できる力をつけておきたい。教科書の基本的な問題を数多くこなして慣れておくことが大切である。

確率はやや発展的な問題が出題されている。例年似通った問題も出題されているので，過去に出された問題は必ず解けるようにしておくことも役立つだろう。

▼年度別出題内容分類表 ……

出題内容			2020年	2021年	2022年	2023年	2024年
数と式		数の性質	○	○	○	○	○
		数・式の計算	○	○	○	○	○
		因数分解	○	○	○	○	
		平方根		○	○	○	○
方程式・不等式		一次方程式		○	○	○	
		二次方程式	○	○			○
		不等式					
		方程式・不等式の応用	○	○	○	○	○
関数		一次関数	○	○	○	○	○
		二乗に比例する関数	○	○	○	○	○
		比例関数					
		関数とグラフ	○	○	○	○	○
		グラフの作成					
図形	平面図形	角度	○	○	○	○	○
		合同・相似	○	○	○	○	○
		三平方の定理	○	○		○	○
		円の性質	○	○	○		○
	空間図形	合同・相似		○			
		三平方の定理		○	○	○	
		切断		○			
	計量	長さ	○	○	○	○	○
		面積	○	○	○	○	○
		体積	○		○	○	
	証明		○		○		
	作図						
	動点						
統計		場合の数					
		確率	○	○	○	○	○
		統計・標本調査	○		○		
融合問題		図形と関数・グラフ	○	○	○	○	○
		図形と確率	○				
		関数・グラフと確率	○		○		
		その他					
その他			○	○			

平塚学園高等学校

英語

出題傾向の分析と 合格への対策

●出題傾向と内容

本年度は語句補充問題，語句整序問題，長文読解問題2題，会話文問題の計5題が出題された。問題の形式や難易度に大きな変化は見られなかった。

長文読解問題は質・量ともに標準的な出題で，内容理解を試す問題と文法的な理解を試す問題が出題されている。文法問題は標準レベルで幅広い分野から出題されている。会話文問題は語句補充と地図から該当する絵を答えさせる問題である。会話表現の知識と話の流れを追う力を問う出題である。問題数が多いので解答するのにスピードが要求される。

学習のポイント

全体として標準レベルの問題が幅広い形で出題されていると言える。偏りのない知識を身につけるようにしよう。

●2025年度の予想と対策

長文読解対策としては，標準～やや発展的な問題集を用いて，速く正確に内容を把握する訓練をしておく必要がある。説明文，物語文などジャンルを問わず，さまざまな長文を読んで，慣れておこう。

文法問題はまんべんなく出題されている。日頃の学校での学習を重視し，問題集で数多くの問題を解いて学力を充実させよう。

教科書に出ている単語は，書いて正しいつづりを覚える必要がある。また，日頃から声に出して発音を確認することも大切である。

会話文問題の対策としては，会話の場面でよく使われる慣用表現をできるだけ多く覚えよう。

▼年度別出題内容分類表 ……

出題内容		2020年	2021年	2022年	2023年	2024年
話し方・聞き方	単語の発音					
	アクセント					
	くぎり・強勢・抑揚					
	聞き取り・書き取り					
語い	単語・熟語・慣用句				○	○
	同意語・反意語					
	同音異義語					
読解	英文和訳(記述・選択)					
	内容吟味	○	○	○	○	○
	要旨把握					
	語句解釈				○	○
	語句補充・選択	○	○	○	○	○
	段落・文整序					
	指示語	○	○	○		○
	会話文	○	○	○	○	○
文法・作文	和文英訳					
	語句補充・選択	○	○	○	○	○
	語句整序	○	○	○	○	○
	正誤問題					
	言い換え・書き換え					
	英問英答					
	自由・条件英作文					
文法事項	間接疑問文	○	○		○	
	進行形					○
	助動詞	○		○	○	
	付加疑問文			○		
	感嘆文					○
	不定詞	○	○	○	○	○
	分詞・動名詞	○	○	○	○	○
	比較	○	○	○	○	○
	受動態		○			○
	現在完了	○		○	○	○
	前置詞	○	○	○		○
	接続詞	○	○	○		○
	関係代名詞	○	○		○	○

平塚学園高等学校

国語

出題傾向の分析と合格への対策

●出題傾向と内容

本年度は大問4題の構成で，漢字の独立問題が1題，現代文の読解問題2題，古文の読解問題が出題された。出題形式は，記号選択がほとんどである。

知識問題は，語句の意味が読解問題に含まれる形で出題された。

論説文の読解問題では脱語補充の問題をはじめ，文脈把握や要旨の把握が問われた。

小説の読解問題では，心情の読み取り，文脈把握，内容吟味，表現などが出題された。

古文は，『宇治拾遺物語』からの出題で，口語訳，語句の意味，脱文補充，大意などが出題された。

学習のポイント

読解問題は，標準的な問題集を活用して，さまざまな文章にあたっておこう！
漢字・語句・文法は，基礎を固めよう！

●2025年度の予想と対策

来年度も，読解中心傾向は続くものと考えられる。知識問題で確実に得点できるよう，文法やことわざ，慣用句などの知識はしっかりと固めておきたい。

随筆や小説等の読解は筆者や登場人物の心情把握を中心に，また，論理的文章では文脈・内容を理解を中心に問題集を活用して多くの問題にあたっておこう。

古文は教科書レベルの基本は確実におさえ，古文独特の表現に慣れておこう。文学史，韻文も，古文の知識と合わせて身につけよう。

漢字・慣用句・敬語の使い方などは，日頃から学習し身につけておくこと。わからない語句は，こまめに調べることが大切である。

▼年度別出題内容分類表 ……

出　題　内　容			2020年	2021年	2022年	2023年	2024年
内容の分類	読解	主題・表題					
		大意・要旨	○	○	○	○	○
		情景・心情	○	○	○	○	○
		内容吟味	○	○	○	○	○
		文脈把握	○	○	○	○	○
		段落・文章構成					
		指示語の問題				○	
		接続語の問題	○	○	○	○	
		脱文・脱語補充	○	○	○	○	○
	漢字・語句	漢字の読み書き	○	○	○	○	○
		筆順・画数・部首					
		語句の意味	○	○	○	○	○
		同義語・対義語					
		熟語					○
		ことわざ・慣用句					
	表現	短文作成					
		作文(自由・課題)					
		その他					
	文法	文と文節					
		品詞・用法	○	○			
		仮名遣い					
		敬語・その他					
	古文の口語訳		○	○	○	○	○
	表現技法			○	○		○
	文学史		○		○		○
問題文の種類	散文	論説文・説明文	○	○	○	○	○
		記録文・報告文					
		小説・物語・伝記	○	○		○	○
		随筆・紀行・日記			○		
	韻文	詩					
		和歌(短歌)			○		
		俳句・川柳					
	古文		○	○	○	○	○
	漢文・漢詩						

平塚学園高等学校

2024年度 合否の鍵はこの問題だ!!

数学　2.(5)・(8), 3.(2), 5.(3)・(4)

2. (5)　必要な長さを文字を使って表しておく。
　(8)　角の二等分線の定理は覚えておきたい。

3. (2)　一般に箱ひげ図からは平均値は求まらないが，データ数が8のときは求められる。

5. (3), (4)　座標平面上の線分比は，x座標(y座標)の差の比で表せることを知っておこう。

◎特別な難問はないが，小問がある問題では関連しているので，前問を手がかりに考えていこう。

国語　三 問六

★なぜこの問題が合否を分けるのか

心情を読み取る問題であるが，本文を精読する力が試される設問である。本文の表現を吟味して正答を導き出そう！

★こう答えると「合格できない」！

直前に「騙された……。そう感じたときから」とあることから，「騙された」という心情にあてはまるものとして，アの「怒り」，イの「恨みの念」，ウの「憎しみ」，エの「不満」，オの「不信感」はすべて正しいように思われ，正答を選び出すのは困難だと感じてしまう。選択肢のなかのあてはまらない部分を吟味してみよう。

★これで「合格」！

アは「自覚しないほどの」，ウは「満開の梅林が現実のものとならないよう」，エは「本当の母は愛してくれず，兄たちはからかうばかりであったことで」，オは「家族という制度そのものへの不信感」が適切でない。この時の修治の心情は，前に「修治としては，自分の本当の過程である五所川原から，ただ学校へ入るだけのために，一時的に金木へ帰されるとおもっていたのだが，実の母と信じていたきゑとの関係は，それっきり断ち切られた」とあり，これを「騙された」としているので，「家族関係を突然是正されたことで」とするイが適切。また，「無意識の怨恨が生じた」を「気づかぬうちに家族に対する恨みの念が湧いた」と言い換えていることにも着目して，イを選ぼう！

英語 【4】

【4】は語句整序問題である。語句整序問題は完答でのみ点数がもらえることがほとんどなため，正確な文法知識が求められる。重要な文法事項や構文，表現など，ポイントとなる英語の知識が試されるので，与えられた日本語文と語群からどの文法事項や構文を使えばよいのかを素早く判断しよう。重要ポイントが複数組み合わされている問題もあり，正確な知識の有無が合否を分けると推測される。

(1) My mother asked me to help her cook dinner.

＜ask ＋ 人 ＋ to…＞と＜help ＋ 人 ＋ 動詞の原形＞の2つの重要表現が組み合わさっている。「人」が入る位置，to不定詞と原形のどちらを使うのかに気を付けよう。

(2) The present I gave to my father was an watch.

関係代名詞が省略されていることに気づきたい。The present (that) I gave to my fatherまでがひとまとまりで主語になる。＜give ＋ もの ＋ to人＞の形にも注意。ここでは「もの」The presentが先行詞の働きをしている。動詞はwas。動詞にgaveを使いI gave the present to my father　などとしないように注意しよう。

(3) Books written by the author are difficult to read.

Booksが文頭に与えられているが，Books are written by the authorと続けないように注意。「本は読みにくい」Books are difficult to read. をまず作ってみよう。「その作家によって書かれた」は「本」を修飾する部分なのでBooks written by the authorと分詞の形容詞用法で後置修飾すればよい。

bookとwriteの関係は「本は書かれた」と受け身の関係になるので過去分詞が使われている。分詞が1語ではなく他の語句(by the author)を伴っているのでまとめてbooksの後ろに置くこと。この部分がひとまとまりで文の主語になることに注意。

語句整序問題では，正確な英文が作れたかどうかを確認できるよう必ず余白に英文を書き出すようにしよう。

2024年度

★★★★★★★★★★★★★★★★★★★★★★

入　試　問　題

2024年度

平塚学園高等学校入試問題

【数　学】（50分）〈満点：100点〉

1．次の計算をせよ。

（1）　$(-2ab^3)^2 \div \left(-\dfrac{3}{4}a^2b\right)^2 \times \left(-\dfrac{3}{2}ab^2\right)^3$

（2）　$\sqrt{48}-3\sqrt{6}\times\dfrac{1}{\sqrt{8}}$

（3）　$506^2\times4^2-2025\times2023$

2．次の各問いに答えよ。

（1）　2つの1次関数　$\begin{cases} y=mx+2 \\ y=\dfrac{3}{2}x+n \end{cases}$　がある。

xの変域が$0\leqq x\leqq 4$のとき，yの変域がちょうど一致する。定数m，nの値を求めよ。
ただし，$m<0$とする。

（2）　2次方程式$(x+2)^2-2x(x-1)=9$を解け。

（3）　AD∥BC，∠BCD＝90°の台形ABCDがある。
辺AB，BC上にそれぞれ点E，Fがあり，
DE＝DFである。
∠ADE＝20°，∠DFC＝58°のとき，
∠BFEの大きさを求めよ。

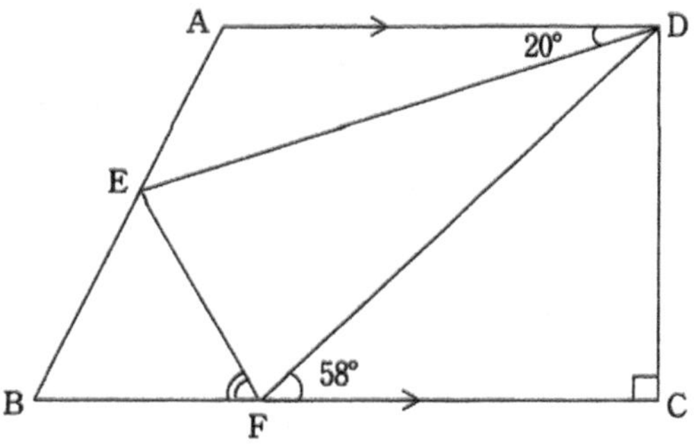

（4）　365を正の整数aで割ると，商が$3a$で余りは2となった。aを求めよ。

（5）　右図の周の長さを求めよ。

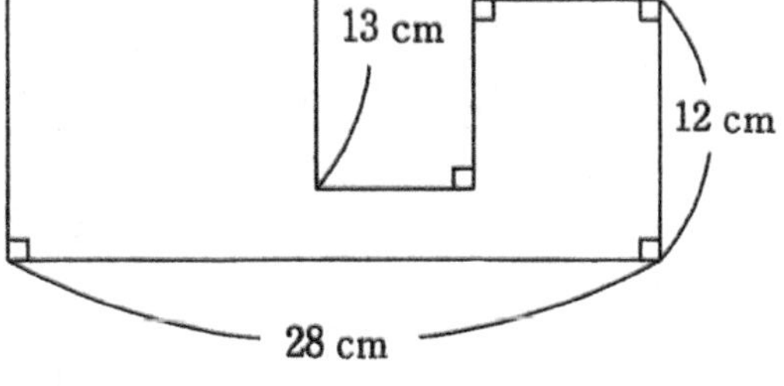

（6） 右図の$\angle x$の大きさを求めよ。

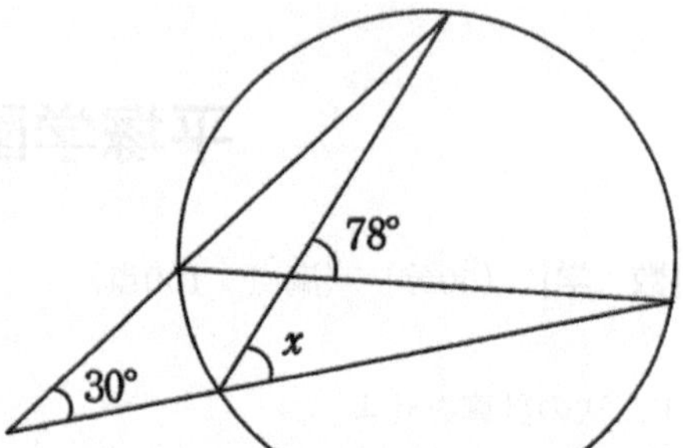

（7） 商品Aと商品Bをそれぞれ1つずつ定価で買うと1470円である。ところが，商品Aは30%引き，商品Bは半額で買うことが出来たので合計931円になった。商品Aの定価はいくらか。ただし，すべての金額は税込み価格とする。

（8） 三角形ABCがあり，$\angle ABC = 2\angle ACB$である。
頂点Aから辺BCに垂直な線を引き，その交点をDとする。また$\angle ABC$の二等分線と線分ADの交点をEとする。
BD＝6cm，CD＝16cmのとき，
三角形ABCの面積を求めよ。

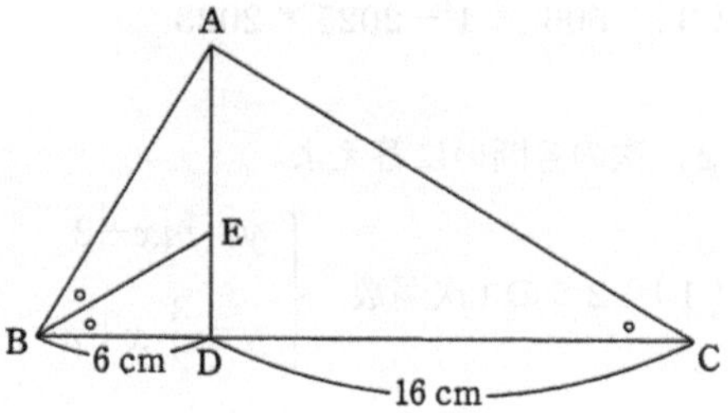

3．下図はH高校ラグビー部FW8人の体重を箱ひげ図に表したものである。

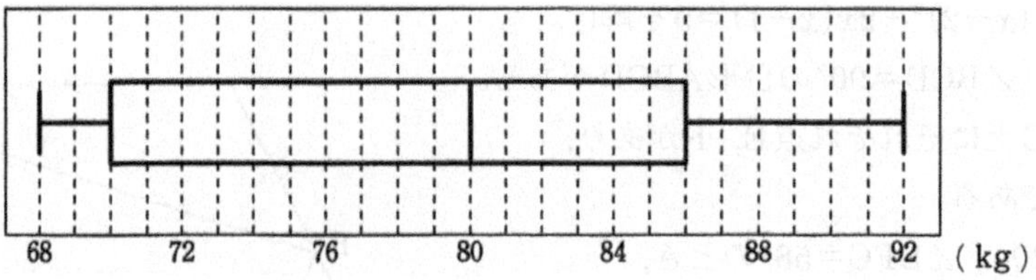

（1） 箱ひげ図からこのデータの四分位範囲を求めよ。
（2） 箱ひげ図からこのデータの平均値を求めよ。

4．A，B，Cの3人がそれぞれ以下のように3枚のカードを持っている。3枚の手札から，無作為に1枚のカードを取り出し，大きい数を出した人が勝ちとするゲームを行う。
ただし，どのカードを出すかは同様に確からしい。

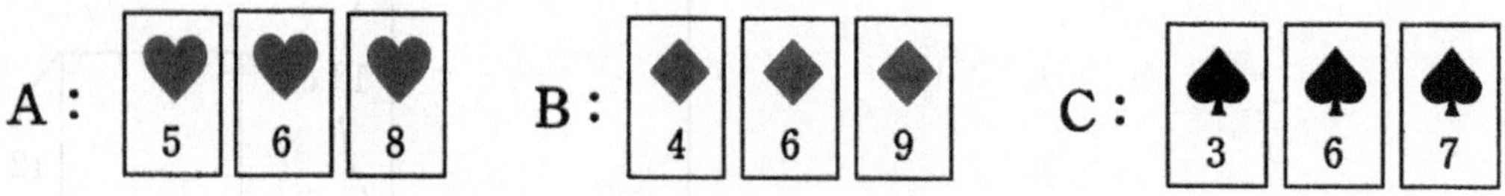

（1） A，Bの2人でゲームを行うとき，Aが勝つ確率を求めよ。
（2） A，B，Cの3人でゲームを行うとき，Aだけが勝つ確率を求めよ。
（3） Aが持っていた 

 のカードを 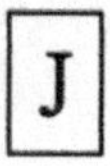

 に交換する。この 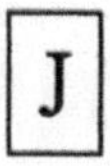

 のカードは 

 以外のカードすべてに勝つことができる。

（例）

Aが J，Bが ♦9，Cが ♠7 の場合はAの勝ち

Aが J，Bが ♦9，Cが ♠3 の場合はCの勝ち

このとき，Aだけが勝つ確率を求めよ。

5．図1のように，原点をOとするxy平面上に関数$y=x^2$がある。また平行四辺形ABCDの，点Aは$(-1,\ 11)$で，点B，C，Dは関数$y=x^2$上にある。点Cと点Dのx座標の差が1のとき，次の問いに答えよ。

（1） 点Bの座標を求めよ。

（2） 点Cの座標を求めよ。

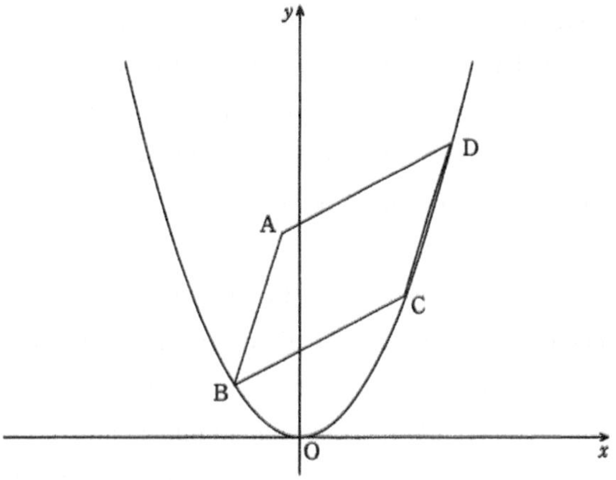

図1

さらに図2のように原点Oを通る直線mと辺BC，ADの交点をそれぞれE，Fとし，y軸と辺BC，ADの交点をそれぞれG，Hとする。台形ABEFと台形FECDの面積比が3：1のとき，

（3） GE：HFを最も簡単な整数の比で求めよ。

（4） 直線mの式を求めよ。

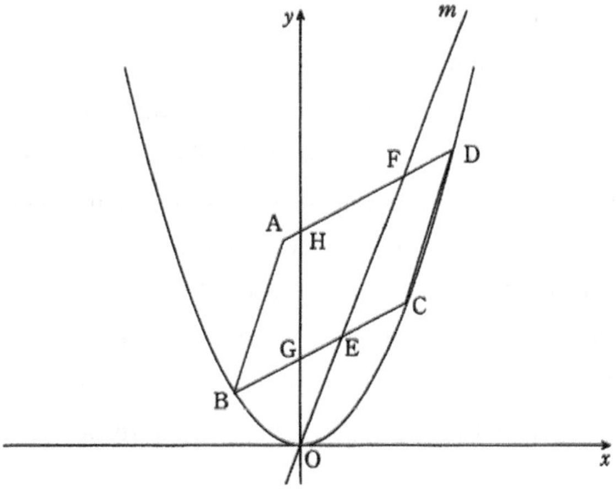

図2

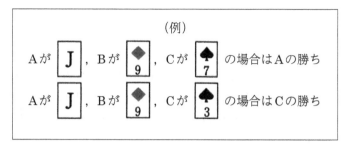

【英　語】（50分）〈満点：100点〉

【1】 次の文章を読んで，あとの設問に答えなさい。

One morning, my mom suddenly came into my room and said, "(1)The sun is shining, and birds are singing. What are you waiting for?" I opened my eyes, looked at the clock and found it was almost time to go to school. I realized I had been on my smartphone too much last night.

So, I didn't have time to finish my breakfast and had to pick up the pace to get on the bus for school. There, everyone was on their phones. They didn't have anything else to do, and sadly, I didn't, either. (2)It felt like there was nothing more to life than using our phones.

The school rules say we cannot use smartphones at school, but they do allow having them. So, what happens? We start using them as soon as we go out the school gate. (3), on our way home, we try very hard to forget what we have learned in our class.

This time, however, I somehow (4)dropped this routine and hadn't realized I left my phone at school. The bad news was that I didn't realize this until I came home and it was already getting dark. Then, I remembered I had set my alarm for 7 a.m. This means my phone starts playing a song from my favorite idol whom no one knows I like. If someone is in the classroom when that cute music comes from my locker, (5)? I *trembled with fear. I could not even tell my parents about it.

The best thing I could do was to get up early, make it to school earlier than (6) of my classmates, and stop my phone from ringing. I strongly decided to go to bed before 10 p.m. but there was still a while before I got sleepy. Then my mother, who knew nothing about my phone, said, "You should not use your phone so much! Use your time to study! " (7)It never sounded more reasonable to me than on that day! I sat in front of my desk and opened my notebook and textbook to review what I learned in class. I could not ask my friends for help as easily as usual, so I needed to read the *material carefully. It was tiring, but I felt this was what studying should be like.

It was around 5:50 a.m. when I *successfully woke up next morning. My father was already in the living room.

"Wow, what made you get up so early? A change of heart?"

"Nothing," I said. Sure, I had nothing to make me wake up so early.

I got on the bus, arrived at the classroom before 7 a.m., and found my phone in my locker. Then I realized (8ア)it was dead because (8イ)it had not been charged for a day. I didn't have to make (8ウ)it to school this early, after all.

But I didn't feel disappointed. I thought to myself, "Maybe I can do without (8エ)it today." For the first time in my life, (9) needed me more than I needed it. I felt that I was more in control of myself and my phone. Now I know there is more to my life than using my phone.

(注)tremble：身を震わせる　　material：教材　　successfully：上手くいって

問１　下線部(１)はどのようなことを言いたいか。適切に言い換えた表現を選び，記号で答えなさい。

ア　You have gotten up as early as birds!

イ　You are oversleeping!

ウ　You may sleep as long as you want to!

エ　It is good to get up in the sunlight!

問２　下線部(２)の意味を最も適切に表しているものを選び，記号で答えなさい。

ア　携帯電話をいじることで新たな知見を得られることはないと思う。

イ　人生の中で携帯電話をいじる暇があるなんてとんでもないことだと感じた。

ウ　人生の中で他人より多く携帯電話をいじることがあってはならない。

エ　携帯電話を使うことが人生の目的のようになってしまっているようだ。

問３　空欄(３)に入る語として最も適切なものを選び，記号で答えなさい。

ア　However　　イ　In addition　　ウ　In other words　　エ　For example

問４　下線部(４)とは具体的に何をしたことを意味するのか。最も適切なものを選び，記号で答えなさい。

ア　いつも使っている携帯電話を落としてしまった。

イ　落とした携帯電話を探して時間を無駄にした。

ウ　携帯電話をいつもとは違うものにしていた。

エ　いつもと違って携帯電話を使わなかった。

問５　空欄(５)に入る表現として最も適切なものを選び，記号で答えなさい。

ア　what will they think of me

イ　what should I tell my parents

ウ　how cute will it sound to my classmates

エ　where should I put my phone

問６　空欄(６)に入る語句として最も適切なものを選び，記号で答えなさい。

ア　any　　イ　some　　ウ　none　　エ　each

問７　下線部(７)の意図として最も適切なものを選び，記号で答えなさい。

ア　I could not understand what my mother said that day because it was impossible to follow her advice.

イ　What my mother said was totally unreasonable and I didn't want to do anything about it that day.

ウ　I usually don't listen well to what my mother says, but her advice was really timely for me that day.

エ　I found her advice unreasonable, but I knew I had to follow it.

問８　下線部(８)ア～エには異なるものを表している語がある。その語を選び，記号で答えなさい。

問９　空欄(９)に入る語句として最も適切なものを選び，記号で答えなさい。

ア　The phone　　イ　My life　　ウ　The battery　　エ　My school

問10　この文章の主人公(文章中の“I”)について誤っている記述を２つ選び，記号で答えなさい。

ア　主人公は通学中のバスの中で携帯電話を使うしかない事は情けないと自認していた。

イ　学校の門を出ると，主人公は学校で習ったことをたいていすべて忘れてしまう。

ウ　主人公はクラスの誰にも，とあるアイドルが好きであることを言っていない。
エ　主人公は勉強するとき，たいてい携帯電話で友人に相談しながらしている。
オ　主人公の携帯電話を翌朝に見つけた時，その携帯電話は故障していた。

【2】　次の文章を読んで，あとの設問に答えなさい。

Not having enough sleep is not good for both our mind and body, and many people know it has some demerits. (　1　), it can make stress go up, make it harder to focus and make good decisions, and make the body's defense system weaker, so people might get sick more easily. And there's more (2)bad effects related to not getting enough sleep − recent studies show that staying up late when they are young might affect how animals act when they grow up.

Scientists from Stanford University did a study with mice to see how not getting enough sleep when they are teenagers affects the mind. They disturbed the sleep of young mice (35-42 days old) and watched how they acted when they were grown-up at 56 days old. The adult mice that had a lack of sleep when young did (3)tests where they were introduced to a mouse, and after some time, they were introduced to the same mouse again and another mouse that they had never seen before.

Mice are naturally curious animals and usually are more interested in new mice they meet than ones they already know. (　4　), in this study, the mice that didn't get enough sleep were less interested in the new mice than the ones they already knew. So, the mice without enough sleep only cared about what they already knew and didn't care about new things. (5)This happened only in tests with adult mice that didn't get enough sleep when they are young. In another test, even if they cut down the sleep of mice only as adult, it didn't happen. Isn't it interesting? The scientists did more research and found that this change was because of hormones in their brain. Mice without enough sleep kept liking the mice they knew because of their interest, and they didn't care much about new mice.

Now, think about what this could be like in people. If students in junior high or high school stay up too late, they might find it hard to like new things and will only like things they already know, when they're grown-ups. For example, it may be difficult for them to make friends, try hobbies they never had before, or (　6　). Basically, they do not want to try new things. If this happens, life might get boring because every day is the same. (7)How many teenagers really know that not getting enough sleep now is connected to their future lives? Of course, because no one did tests directly on people, we can't be sure this is true for everyone. However, to make life more fun, getting enough sleep may be more important than staying up late to play videogames, be on our phones, or even study late at night.

問1　空欄(1)に当てはまるものを選び，記号で答えなさい。

ア　Also　　イ　For example　　ウ　As a result　　エ　However

問2　下線部(2)bad effectsと意味が最も近いものを選び，記号で答えなさい。

ア　demerits　　イ　diseases　　ウ　decreases　　エ　results

問３　下線部（３）のtestsの目的として正しいものを選び，記号で答えなさい。

ア　睡眠不足のネズミは，若いネズミと大人のネズミのどちらに興味を持つか

イ　若いネズミは，睡眠不足のネズミと睡眠の足りているネズミのどちらに興味を持つか

ウ　若い時に睡眠の足りなかったネズミは，初対面のネズミに興味を持つか

エ　大人になったネズミが，初対面のネズミに会うと睡眠不足になるかどうか

問４　空欄（４）に当てはまるものを選び，記号で答えなさい。

ア　Also　　イ　For example　　ウ　As a result　　エ　However

問５　下線部（５）の内容として最も適切なものを選び，記号で答えなさい。

ア　もともと知っているものよりも，新しく知ったものに興味を持った。

イ　もともと知っているものと新しく知ったものの両方に同じくらい興味を持った。

ウ　もともと知っているものに興味を持っていたが，新しく知ったものにはあまり興味を持たなかった。

エ　もともと知っているものにも新しく知ったものにもあまり興味を持たなかった。

問６　空欄（６）に入れることができる内容として正しいものを選び，記号で答えなさい。

ア　eat familiar delicious foods　　イ　have a good time with old friends

ウ　remember a friend's birthday party　　エ　find a place that seems interesting to visit

問７　下線部（７）から読み取れる筆者の意図として最も適切なものを選び，記号で答えなさい。

ア　何人の学生がこの事実を知っているのか調査したいと考えている。

イ　この結果がどのように影響しているか明らかにしたいと思っている。

ウ　睡眠と好奇心がどのくらい密接に結びついているか調査したいと考えている。

エ　多くの学生はこの関係について知らないだろうと考えている。

問８　本文の内容に合うものを2つ選び，記号で答えなさい。

ア　研究者たちは若いネズミと大人になったネズミそれぞれに他のネズミに会わせる実験をした。

イ　実験の結果，脳におけるホルモン分泌は関係ないことが分かった。

ウ　若い時に実験を施したネズミは新しいものへの興味をあまり持てなくなってしまった。

エ　もともとネズミはあまりほかの動物に対して興味がわかない動物である。

オ　若い時にした夜更かしの影響が大人になってから出る可能性がある。

カ　夜更かしはしすぎると大人になるまでずっと悪影響を及ぼし続ける。

問９　この文章のタイトルとして最も適切なものを選び，記号で答えなさい。

ア　Mice Don't Sleep Not to Get Interested

イ　Time Bomb − Sleep Affects Not in a Minute But Afterwards

ウ　Effects of Hormone to Keep Bodies Healthy

エ　Relationship between Sleep and Health − Less Sleep is Sometimes Important

【３】 空欄に入る最も適当な語句をア～オの中から選び，記号で答えなさい。

（１）　あなたはどのくらい平塚に住んでいますか。

How long (　　) in Hiratsuka?

ア　do you live　　イ　are you living　　ウ　did you live

エ　have you lived　　オ　have you living

（2） 昨日私は彼女に50分待たされた。

She kept me (　　) for fifty minutes yesterday.

ア　waited　　イ　to wait　　ウ　waiting

エ　was waiting　　オ　was waited

（3） その犬は私の弟が世話をしています。

The dog (　　) my brother.

ア　takes care of　　イ　is taken care of　　ウ　is taking care by

エ　is taken care of by　　オ　is taking care of by

（4） 彼は彼女がやってきたとき朝食をとっていた。

He (　　) breakfast when she arrived.

ア　had　　イ　has had　　ウ　was had

エ　was having　　オ　has having

（5） 私は彼の2倍の量の本を持っている。

I have (　　) as he has.

ア　as twice many books　　イ　twice as many books　　ウ　twice books as many

エ　many as twice books　　オ　books twice as many

【4】 次の日本語の文に合うように，与えられた語句を使い英文を完成させる時，[A]～[J]に入るものをそれぞれ選び，記号で答えなさい。ただし文頭に来る語も小文字で示してある。

（1） 母は夕飯の料理の手伝いをするように私に頼んだ。

My mother [ア to　イ her　ウ me　エ cook　オ help　カ asked] dinner.

My mother ______ ______ [A] ______ [B] ______ dinner.

（2） 私が父にあげたプレゼントは腕時計でした。

[ア to　イ was　ウ gave　エ I　オ my father　カ the present] an watch.

______ [C] ______ ______ [D] ______ an watch.

（3） その作家によって書かれた本は読みにくい。

Books [ア to　イ are　ウ read　エ written　オ difficult　カ by the author].

Books [E] ______ ______ [F] ______ ______.

（4） 彼はもう車を運転することのできる年齢だ。

He [ア to　イ is　ウ drive　エ enough　オ a car　カ old].

He ______ [G] ______ [H] ______ ______.

（5） 彼女はなんて素敵なドレスを着ているのでしょう。

[ア a　イ dress　ウ wears　エ nice　オ she　カ what]!

______ [I] ______ ______ [J] ______!

【5】 次の対話文を読んで，あとの設問に答えなさい。

留学生のジェシカさんが地図を見せながら香織さんに話しかけます。

Jessica：（ A ）

Kaori ：Sure.

Jessica：Could you tell me where (1)the nearest convenience store is?

Kaori ：Of course. We are at school. There is a convenience store next to the post office and in front of the supermarket.

Jessica：Oh, I see.

Kaori ：It is very close to our school. （ B ）

Jessica：Thank you very much.

Kaori ：（ C ）If you have time, I will show you the area using this map.

Jessica：Oh, really? （ D ）

Kaori ：No problem. If you go straight on ABC street and turn right, you'll find (2)a bus stop on your left.

Jessica：I see.

Kaori ：If you go north from the bus stop and turn left, you'll find (3)a park on your right.

Jessica：What is the building next to the library?

Kaori ：Which one?

Jessica：The larger one.

Kaori ：It is (4)a shopping mall. It has a lot of good shops. I often go shopping there with my friends.

Jessica：（ E ）

Kaori ：The one right in front of the shopping mall is (5)the police station.

Jessica：Now I understand what this area is like. Thank you so much.

Kaori ：Anytime!

問1 空欄（A）～（E）に当てはまるものを次のア～コの中からそれぞれ選び，記号で答えなさい。

ア How can I help you?
イ That's very kind of you.
ウ That makes sense.
エ It depends.
オ How come?
カ My pleasure.
キ May I ask you a favor?
ク You can't miss it.
ケ That sounds like a lot of fun.
コ Pardon?

問２　下線部(１)～(５)が指しているものを，挿し絵のあ～この中からそれぞれ選び，記号で答えなさい。

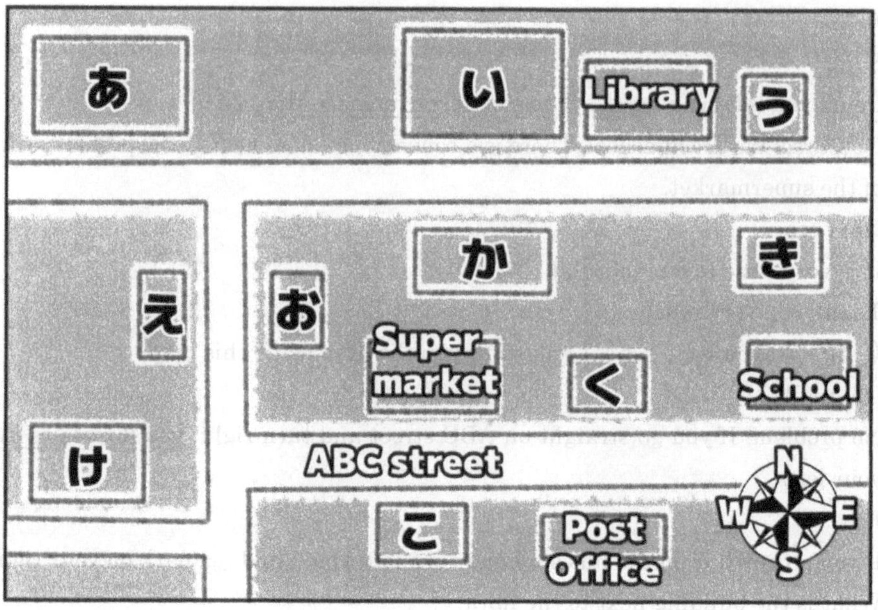

ウ　生徒Ｃ…【文章Ｂ】では善男が自分の見た夢を、専門家じゃない妻に話したせいで、見当違いの夢解きをされてしまったんだったね。

エ　生徒Ｄ…そうそう。そのせいで彼は最後に不幸な人生を歩むことになったんだ。元々はいい未来が訪れるだけの夢だったのにもったいない。

オ　生徒Ｅ…だから【文章Ａ】と【文章Ｂ】の両方から「自分が見た夢を安易に人に語ってはいけない」という教訓が読み取れるのかな。

り出し、向かい合って上座に招き寄せたので。

※8　すかしのぼせて…だまして。

問一、傍線部①～③の解釈として最も適当なものをそれぞれ後に続く選択肢より一つ選び記号で答えなさい。

①「世にいみじき夢なり」

ア　大した夢ではないはずだ

イ　まさかそんな夢を見るはずがない

ウ　実にすばらしい夢である

エ　非常に不可解な夢である

オ　とても不思議な夢である

②「人に語りたまふな」

ア　他の人に伝えなさるべきだ

イ　人にお伝えになってはいけません

ウ　誰にも伝えずにいらっしゃったのか

エ　後世に語り継がれるべきです

オ　私に言ってはいけないことです

③「よしなきことを語りてけるかな」

ア　悪いことを言ってしまったなあ

イ　つまらないことを言ってしまったなあ

ウ　恐ろしいことを聞いてしまったなあ

エ　怒らせるようなことを言ったのだろうか

オ　嫌なことがあったのだろうか

問二、本文には次の一文が抜けている。【文章A】の中のどこに補うべきか。挿入箇所直前の五字を抜き出して答えなさい。（句読点も一字に含む。）

夢を取られざらましかば、大臣までもなりなまし。

問三、【文章A】の内容に合致するものを次の選択肢より一つ選び記号で答えなさい。

ア　まき人は、夢解きの女からこの機会に太郎君の夢を盗んでしまうのがよいと助言を受けた。

イ　まき人は、任期を終えたら都に帰ってしまう太郎君よりも地元に貢献する自分を大切にすべきだと訴えた。

ウ　まき人は夢解きの女の言葉に従い、太郎君と同じ言動を取ったうえで、太郎君の衣を受け取って帰った。

エ　太郎君の夢を盗んだまき人は、太郎君と同じようにその能力を開花させ、とうとう唐に派遣されるまでになった。

オ　まき人は唐で分不相応な位にまで出世したのち、日本に多くのことを持ち帰り、帝に重用された。

問四、次に示すのは、【文章A】と【文章B】を読んだ五人の生徒が話し合っている場面である。本文の内容と異なる発言を次の選択肢より一つ選び記号で答えなさい。

ア　生徒A…【文章A】では、人の夢をうばったことで幸福になれたという出来事から、「夢を他人に聞かせてはいけない」という戒めが語られているね。

イ　生徒B…でも人の夢をもらうことで幸せになったわけだから、「まき人」はとても頭のいい人だったんだなあ、とも書かれているよ。

〔もとを訪れた。その時多くのお供を引き連れた国守の「太郎君」が現れ、まき人はとっさに部屋に隠れてしまう。〕

穴よりのぞきて見れば、この君入りたまひて、「夢をしかじか見つるなり。いかなるぞ」とて語り聞かす。※1女聞きて、「①世にいみじき夢なり。必ず大臣《おとど》までなり上《のぼ》りたまふべきなり。返す返すめでたく御覧《ごらん》じて候《さぶら》ふ。あなかしこあなかしこ、②人に語りたまふな」と申しければ、この君うれしげにて、衣を脱ぎて女に取らせて帰りぬ。

その折《をり》、まき人部屋より出でて、女にいふやう、「夢は取るといふことのあるなり。この君の御夢、我らに取らせたまへ。国守は四年過ぎぬれば帰り上りぬ。我は国人なれば、いつも長らへてあらんずる上に、郡司の子にてあれば、我をこそ大事に思はめ」といへば、女、「のたまはんままにはべるべし。さらば、おはしつる君のごとくにして入りたまひて、その語られつる夢をつゆも違《たが》はず語りたまへ」といへば、まき人よろこびて、かの君のありつるやうに入り来て、夢語りをしたれば、女同じやうにいふ。まき人うれしく思ひて、衣を脱ぎて取らせて去りぬ。

その後、文を習ひよみたれば、ただ通りに通りて、才《ざえ》ある人になりぬ。※2おほやけ聞こしめして、試《こころ》みらるるに、まことに才深くありければ、唐《もろこし》へ、「物よくよく習へ」と遣《つか》はして、久しく唐にありて、さまざまの事ども習ひ伝へて帰りたりければ、帝かしこき者に思《おぼ》しめして、次第になしあげたまひて、大臣までになされにけり。

されば、夢取る事はげにかしこき事なり。かの夢取られたりし備中守の子は、司《つかさ》もなき者にてやみにけり。されば、夢を人に聞かすまじきなりと言ひ伝へける。

※1　女…夢解きの女。夢の吉凶を占い判断する人。
※2　おほやけ…帝。天皇のこと。

【文章B】

これも今は昔、伴大納言善男《ばんだいなごんよしを》は※3佐渡国《さどのくに》郡司が従者《ずさ》なり。かの国にて善男夢に見るやう、※4西大寺と東大寺とをまたげて立ちたりと見て、妻の女にこのよしを語る。妻のいはく、「そこの股こそ裂かれんずらめ」と合はするに、善男おどろきて、「③よしなきことを語りてけるかな」とおそれ思ひて、主の郡司が家へ行きむかふところに、郡司きはめたる※5相人《さうにん》なりけるが、※6日ごろさもせぬに、ことのほかに※7饗応《きやうおう》して円座《わらふだ》取り出で、向かひて召《め》しのぼせければ、善男あやしみをなして、「我を※8すかしのぼせて、妻のいひつるやうに股など裂かんずるやらん」とおそれ思ふほどに、郡司がいはく、「汝、やんごとなき高相の夢見てけり。それに、よしなき人に語りてけり。必ず大位にはいたるとも、事出《い》で来て罪をかうむらんぞ」といふ。

しかる間、善男縁につきて京に上りして、大納言にいたる。されどもなほ罪をかうむる。郡司が言葉に違はず。

※3　佐渡国…旧国名。現在の新潟県佐渡島全域を指す。
※4　西大寺と東大寺…奈良県にある高野寺と大和の国分寺。
※5　相人…人相を見る人。
※6　日ごろさもせぬに…普段はしないのに。
※7　饗応して円座取り出で、向かひて召しのぼせければ…酒や食事を出して座布団を取

ウ　満開の梅林が現実のものとならないように、実際の家族も期待通りに行動してくれないことに対し、静かに憎しみを感じているということ。

エ　本当の母は自分を愛してくれず、兄たちはからかうばかりであったことで、家族に対するやり場のない不満を抱くようになったということ。

オ　家族の真実を隠されたまま育ったことが心の傷となり、潜在意識下で家族という制度そのものへの不信感が生まれたということ。

問七、本文冒頭部に二重傍線部X「昔噺《むがしこ》」とあるが、これは方言で、「むかしばなし」を意味する言葉である。この「昔噺」は修治にとってどのようなものか。**誤っているもの**を次の選択肢より一つ選び記号で答えなさい。

ア　夜眠れないときに母親だと信じていたきゑが語ってくれた、幸せな子供時代の象徴となるもの。

イ　きゑと離れた後、ふとした時に何度も反復してしまう、寂しさを紛らわせるときの拠り所となるもの。

ウ　読み書きができるようになる前から音とリズムに親しんできた、自分のルーツと言えるもの。

エ　病気で亡くなった実の母に代わり母親役をかってでた叔母との絆を、強固なものにするきっかけとなったもの。

オ　文字を覚える前から親しんだことで、時間を忘れるほど夢中になれる読み物への興味を培う基礎となったもの。

問八、『修治』のモデルである太宰治について左のようにまとめた。太宰の作品として**誤っているもの**を次の傍線部ア～オより一つ選び記号で答えなさい。

> まとめ
>
> 一九〇九年、青森県で有数の大地主の六男として生まれる。本名は津島修治。病弱な生母の代わりに、叔母や乳母に育てられた。生きる苦悩や祈りを作品に込めていた太宰であるが、石原末知子と結婚し甲府市に新居を構えた時期に書かれた『ア富嶽百景』などの作品は、精一杯生きようとする明るさに満ちている。第二次世界大戦末期、死を意識した太宰は、自分の故郷を訪ね、子守であった越野たけと再会を果たし、その旅の様子を『イ城の崎にて』で描いた。物語的作品である『ウ走れメロス』や滅びゆく美しいものへの憧れと自己犠牲が描かれた『エ斜陽』など多くの小説を残したが、結核の病状が悪化し、心身の衰弱がはなはだしくなったころに出版された『オ人間失格』は、結果的に彼の遺書とも言うべき精神的な自伝的小説となった。

四　次の【文章A】【文章B】はどちらも『宇治拾遺物語』の一節です。これら二つの文章を読み後の設問に答えなさい。

【文章A】

〔備中国（現在の岡山県西部）の郡司の息子である「ひきのまき人」は、ある日の夢を占ってもらおうと、夢解きの「女」の

号で答えなさい。

ア　きゑと実の親子ではないかもしれないという、一抹の不安を感じる瞬間があるということ。

イ　冷静に考えると、きゑの母親としてのあり方に疑問が生じる瞬間があるということ。

ウ　きゑと本当の親子になりたいという願いが叶わず、悲しくなる瞬間があるということ。

エ　自分の置かれた境遇に感づいた後も、やり切れない思いが募る瞬間があるということ。

オ　きゑの実子ではないという雰囲気を察し、茫然自失となる瞬間があるということ。

問四、傍線部③「婿、婿……」と「兄」が「からかった」のはどういう意味か。最も適当なものを次の選択肢より一つ選び記号で答えなさい。

ア　本当に五所川原の家の子になるために、きゑの養子になるという意味。

イ　本当は金木の家の子であるのに、きゑと暮らすことを選んだという意味。

ウ　本当は金木の家の子であるのに、きゑの家にしばらく下宿するという意味。

エ　本当に五所川原の家の子になるために、きゑの家に引越しするという意味。

オ　本当は金木の家の子であるのに、きゑの義理の息子のようだという意味。

問五、傍線部④「修治にとっての竜宮」とはどういうことか。その説明として最も適当なものを次の選択肢より一つ選び記号で答えなさい。

ア　自分のことをからかう兄たちからいつも守ってくれるきゑに、兄たちに遠慮せず思いっきり甘えられる場所ということ。

イ　自分に対する扱いを不服に思い原因を探っていた修治が、その思いを忘れるほど、笑顔が絶えず温かみが感じられる場所ということ。

ウ　居心地の悪さを感じて生きてきた修治にとって、他人の言動に惑わされずに、母親と信じているきゑと安心して過ごせる場所ということ。

エ　自分の好きな人だけを集めて理想の家族を作りあげることができる、生家の人間を見返すことが可能となる場所ということ。

オ　自分には本当の家族はいないと薄々察しつつ、それでもなお、きゑと従姉たちの本当の家族の一員になれたと感じられる場所ということ。

問六、傍線部⑤「家にたいする無意識の怨恨が生じた」とはどういうことか。その説明として最も適当なものを次の選択肢より一つ選び記号で答えなさい。

ア　修治の承諾も得ずにいきなり二度の引っ越しを行った家族に対し、自覚しないほど小さな怒りを感じたということ。

イ　家族関係を突然是正されたことで、これまでの人生がまやかしのように感じられ、気づかぬうちに家族に対する恨みの念が湧いたということ。

実の姉よりも親しくしてきたきゑの娘たちのうち、三女のきぬは昨年十三歳で早世していたが、実家に寄食する肩身の狭さから解き放たれたきゑ、津島歯科医院の開業に意気揚がる婿の季四郎、妻のりえ、二人のあいだにできた赤ん坊の幸子、従姉のふみ、ていとの暮らしには、活気が溢れ、笑いが絶えなかった。

叔母の一家とともに、修治もここで、他人の視線やよけいな違和感に煩わされない、一家団欒《だんらん》の楽しみというものを、初めて味わった。

いつまでもつづけばいいとおもった［B］感は、三月の下旬に終止符を打たれる。修治としては、自分の本当の家庭である五所川原から、ただ学校へ入るだけのために、一時的に金木へ帰されるものとおもっていたのだが、実の母と信じていたきゑとの関係は、それっきり断ち切られた。

タケも五所川原のきゑの家へ女中に行って、姿を消した。たまに金木の津島家にも、顔を出すのだけれど、妙によそよそしい態度で、修治と顔を合わせるのを避けようとする。たぶんタケを通じてきゑと連絡をとるのを用心したいしに、そういう態度をとるよう命じられていたのだろう。

だれよりも愛した専属の語り部も家庭教師も、ともに身辺から失われてしまった。その［C］感は、日を追うにつれて強烈さを増して行く。

学校から帰ると、かつて叔母の一家と暮らして、いまは空き部屋になっている十畳間のそばの裏階段から、二階に上がり、きゑの声と語り口をおもい出しながら、かすかに奇跡を期待して、戸をひとつひとつ開けてみる。

一つ目の蔵には、米が一杯つまっていたんだと。
二つ目の蔵には、味噌が一杯つまっていたんだと。
三つ目の蔵には、……

しかし、何度繰り返して開けても、大半は空っぽのがらんどうで、ひそかに期待していた満開の梅の林は、どこにも現われない。

騙された……。そう感じたときから、修治の胸の底には、⑤家にたいする無意識の怨恨が生じた。

（『辻音楽師の唄　～もう一つの太宰修伝』　長部　日出雄）

問一、空欄A～Cに入る語として最も適当なものを次の選択肢よりそれぞれ一つ選び記号で答えなさい。（ただし、同じ記号は複数回使用できない。）

ア　劣等　　イ　幸福　　ウ　焦燥
エ　喪失　　オ　達成　　カ　解放

問二、傍線部①「いしは東京から帰って来た源右衛門に相談を持ちかけた」とあるが、何のための相談か。最も適当なものを次の選択肢より一つ選び記号で答えなさい。

ア　修治をきゑから引き離す際、説得するための相談。
イ　修治が小学校入学の際、不都合がないようにするための相談。
ウ　修治が五所川原から帰る際、不自由しないための相談。
エ　修治に真実を告白する際、心の準備をするための相談。
オ　修治が引っ越しをする際、時期を決めるための相談。

問三、傍線部②「心を冷やす微妙な違和感」とあるが、どういうことか。その説明として最も適当なものを次の選択肢より一つ選び記

学齢前の通学は、二年目に入り、読む尋常小学読本は巻三まで進んでいた。その巻の最後は、浦島太郎の話である。浦島が竜宮に行って、乙姫の歓迎をうけ、毎日ご馳走を食べるところと、別れぎわに乙姫から、決して蓋をお開けなさいますな、といわれて玉手箱を渡されるところを、きゑから聞いた茶売りが見るのを禁じられる蔵の話に、そっくりだ……と修治はおもった。

正式な入学が翌春に迫った年の秋ごろ、①いしは東京から帰って来た源右衛門に相談を持ちかけた。

――修治はすっかり、きゑば母親とおもいこんでいる。そうおもいこんだまま、学校さ入ったんでは、いろいろ差障《さしさわ》りが起きるんでねえか。

――それはそんだけんども、どうすればいい。

――あれほど懐《なつ》いているきゑから、いきなり引き離したら、修治はきっと、泣いて泣いて、どうしようもねえべ。ンだから、まず、きゑば分家させてさ、……

と、いしはかねてからの考えを話した。

きゑの長女りえは、昨秋、歯科医師を婿に迎えて、最初の子供を身籠り、出産を間近に控えていた。子供が生まれ、年が明けたら、きゑの一家を、五所川原に分家させ、婿に歯科医院を開業させる。

その引越しに、修治を同行させ、二箇月ほど一緒に過ごさせたあとで、入学の直前に呼び戻したら、きゑとうまく離れさせられるのではないか……というのである。

修治は、祖母いしを「オバサ」、父源右衛門を「オドサ」、母たねを「オガサ」、そして叔母きゑを「ガッチャ」と呼んで育った。「オバサ」「オドサ」「オガサ」は、よその人が大家の祖母、父、母を呼ぶときの尊称で、「ガッチャ」はふつう子が母を呼ぶのに遣う言葉だ。

自分とおなじようにきゑを「ガッチャ」と呼ぶ実の娘たちとともに、修治は叔母一家五人と、裏階段脇の十畳間にずっと同居して暮らしてきた。

物心ついて以来のことだから、人間関係の呼び方からしても、日常生活の環境と習慣からしても、修治がきゑを実の母親とおもいこんだのも無理はない。子守のタケでさえ、津島家に来てから一年近くも、修治をきゑの長男と信じていたくらいであった。

けれど、早熟で敏感な子供だから、自分の実感の切れ目から時折しのびこんで来て、②心を冷やす微妙な違和感は、とうぜん意識していたろう。幼児に似つかわしくない不眠症も、じつはそれが一因であったのかもしれない。

修治は、きゑが自分を捨てて家を出て行く夢を見て、夢のなかでも目が覚めてからも、激しく泣きつづけたことがある。

年が明けた正月の中旬、五所川原へ引っ越す叔母の一家と一緒に、大きな幌《ほろ》つきの馬橇《ばそり》に乗りこんだ修治を、兄の一人が、

――③婿《むご》、婿《むご》……。

と、笑いながらからかった。

その口調に、軽侮の響きを聞いて、修治は屈辱を覚えたが、鈴の音とともに、橇が滑りだし、広大な雪原の道を駆けぬけ、生家の大きな赤屋根が小さくなるにつれて、それはしだいに［A］感に変わって行った。

五所川原の新しい家での生活は、④修治にとっての竜宮であった。

に、あらすじの役割を与えているということ。

イ　分かりやすさを求める読者のために、あらかじめ内容を説明することで、多様な想像を促そうとしているということ。

ウ　分かりやすさを求める読者のために、食い違いが生じないように、表題において作品内容を端的に説明し単純化しているということ。

エ　分かりやすさを求める読者のために、どのようにも解釈可能である混沌とした作品内容を、遠回しに伝えようとしているということ。

オ　分かりやすさを求める読者のために、作品の構造的特徴を抽象化し、日常的な言語に置き換え理解可能な状態にしているということ。

問六、本文の内容に合致するものを次の選択肢より二つ選び記号で答えなさい。

ア　映像に限らず文学の世界においても、極端な分かりやすさを求める風潮に制作側もおもねるようになり、作品の質が低下している。

イ　現代の若者は、明文化されない作品の余白部分を嫌い、映像から伝わってくる雰囲気を積極的に楽しむようになっている。

ウ　倍速視聴は様々なものが高速化する現代においては当然の結果であり、今後ますます社会の変化は加速していく。

エ　触れる作品やＳＮＳなど、扱うメディアのあり方によって、私たちのものの考え方や社会のあり方に影響を与える。

オ　閉鎖された環境下で極端な考え方が強調されると、自己を相対化し得る多様な意見が耳に届きにくくなる。

カ　作家が込めた深い意図を探る行為は既に陳腐化しており、作品からは多様性が失われ、どの作品も似通ったものになっている。

三　次の文章を読み後の設問に答えなさい。

眠りにつくまで、不眠症の修治は、いつも添い寝するきゑから、数知れず X 昔噺《むがしこ》を聞かされて育った。子守にきたタケに、文字を教えられるのは、もう少しあとの話である。

目で読む文字を知るまえ、夜ごと耳から流れこんで、胸の奥に染みこみ、心のなかで共鳴して響きつづける旋律と韻律を帯びた言葉が、修治にとっての母語《ぼご》であった。

まだ学齢に達するまえから、修治が言葉と文字を学ぶ場は、専属の家庭教師といっていいタケと一緒に読本を読む雲祥寺《うんしょうじ》の境内や、金木《かなぎ》第一尋常小学校の教室だけではなかった。

浄土真宗大谷派の南台寺の日曜学校には、慈照和尚の興味深い話と、備えつけられた児童向けの蔵書を楽しみに、大勢の子供が集まって来る。

南台寺は津島家の菩提寺で、修治は祖母いしの勧めで通いはじめたのだけれど、間もなくそこの蔵書を片っ端から読むのに熱中しはじめた。すでに黙読を身につけていたので、いくら読んでも疲れない。

日曜でない日も、タケが南台寺から本を借りて来てくれる。子守のタケからすれば、修治はなかなかじっとしていない悪戯《いたずら》好きなのに、本さえ預けておけば大人しくしている不思議な子供であった。

X「寓意」

ア　世間であれこれとりざたすること。

イ　実際にはない、作り上げたこと。

ウ　遠まわしに社会や人物の欠陥などを批評すること。

エ　人の気持をあおり立てて、ある行動を起こすようにしむけること。

オ　他の物事に仮託して、ある意味をあらわすこと。

Y「礼賛」

ア　すばらしいものとして、ほめたたえること。

イ　自分の考えを曲げてでも、他人の気に入るように調子を合わせること。

ウ　勢力範囲を急速に拡大させること。

エ　世間に広く知れ渡ること。

オ　広く世間から評判を得ること。

問三、傍線部①「とりわけ珍しい光景ではない」とあるが、どういうことか。その説明として最も適当なものを次の選択肢より一つ選び記号で答えなさい。

ア　直接的説明を重視する作品にばかり触れているため、逆説的表現に理解が及ばないということが日常化しているということ。

イ　言外に表現された意味を汲み取ることができず、表面上の表現からしか情報を得ようとしない姿勢が日常化しているということ。

ウ　表面上に現れる情報で理解可能であると思いこんでいるため、行間を意図的に無視することが日常化しているということ。

エ　作品上の余白部分にある意味よりも直接的な表現を好むため、誰に対しても正確な説明を求める姿が日常化しているということ。

オ　１０秒の沈黙に意味を与え視聴者に考えさせる作品よりも、直接的表現を多用し余白部分を削る作品の方が日常化しているということ。

問四、傍線部②「『わかりにくい』という意見が出る」とあるが、なぜか。その理由を説明したものとして最も適当なものを次の選択肢より一つ選び記号で答えなさい。

ア　多少白けたり勢いがなくなったとしても、作品を説明的にすることで観客を思考停止させ、映像に集中させようとするから。

イ　分かりやすさに人々が群がる時代において、分かりにくさは観客に不快感を生じさせ、作品が忌避されてしまうと考えるから。

ウ　一部の人にしか通じない表現は製作者の傲慢でしかなく、観客に広く受け入れられるためには分かりやすくすべきという主張を持つから。

エ　端的な表現で分かりやすさを演出する視聴者目線の作品は、観客の感動を一層かき立てることにつながると錯覚しているから。

オ　分かりにくいからこそ面白いという作品のテーマを、現代の観客は受け取ってくれないのではないかと不安に感じるから。

問五、傍線部③「親切な〝商品説明〟」とあるが、どういうことか。その説明として最も適当なものを次の選択肢より一つ選び記号で答えなさい。

ア　分かりやすさを求める読者のために、内容を象徴するべき表題

作品の奥深さは到底伝えられない」などという理想論は、出版の現場ではほとんど意味をなさない。毎日大量に刊行される書物の洪水の中、特定の1冊を手に取って棚の良い位置に並べてもらうには「とっかかり」が必要不可欠。それが一般読者に対してだけでなく、本に関わるプロである書店員に対しても必要になっている時代なのだ。

「説明セリフの多さ」と「できるだけ短くシンプルに」は一見して相反しているように見える。しかし、いかようにも解釈の余地があるカオスな事象を、誤解なく、一意的に、わかりやすく単純化するという意味においては、実は同じことだ。

その好例がライトノベル（ラノベ）のタイトルだ。

ラノベの定義については諸説あり、ジャンルや傾向によっては「ファンタジー小説」「ライト文芸」「新文芸」といった呼び方も存在するが、ここでは「漫画やアニメ調の挿し絵や表紙を採用し、純文学に比べて読みやすさと娯楽性が特徴的な小説」くらいにしておこう（「若年向け作品」と定義する場合もあるが、現在のライトノベル読者は若年層に限らない）。

ラノベの売り場を眺めると、やたら長いタイトルのものが目立つ。タイトルが内容を直接的に説明することで、あらすじの役割を果たしているのだ。以下はどれもここ10年以内の人気作だ。

『ダンジョンに出会いを求めるのは間違っているだろうか』
『転生したらスライムだった件』
『幼なじみが絶対に負けないラブコメ』
『乙女ゲームの破滅フラグしかない悪役令嬢に転生してしまった…』
『魔王学院の不適合者 ～史上最強の魔王の始祖、転生して子孫たちの学校へ通う～』
『たとえばラストダンジョン前の村の少年が序盤の街で暮らすような物語』

消費者が誤解する余地のない、これ以上なく③親切な〝商品説明〟である。「本文を全部読んではじめて、タイトルに込められた深い意味が理解できる」などという設計は、プロダクトとして完全にNGなのだ。

（『映画を早送りで観る人たち』稲田豊史）

※1 大学4年生…筆者は大学生を対象にアンケートを行なっており、その際の回答を引用している。
※2 小林雄次…脚本家。「ウルトラマン」シリーズほか、『スター☆トゥインクルプリキュア』『ふしぎ駄菓子屋 銭天堂』などの脚本を手掛ける。
※3 サマリー…要約。

問一、空欄A～Cに入る四字熟語として最も適当なものを次の選択肢よりそれぞれ一つ選び記号で答えなさい。（ただし、同じ記号は複数回使用できない。）

ア 快刀乱麻　イ 合縁奇縁　ウ 相思相愛
エ 一蓮托生　オ 時代錯誤　カ 温故知新
キ 金科玉条　ク 当意即妙

問二、二重傍線部X、Yの語句の意味として最も適当なものを、それぞれ後に続く選択肢より一つ選び記号で答えなさい。

見を歯切れよく短いセンテンスで叫ぶ者は、ネット上でフォロワーを集めやすい。

ブロガー・実業家の山本《やまもと》一郎《いちろう》は、メンタリストＤａｉＧｏが２０２１年8月に自身のＹｏｕＴｕｂｅチャンネルで「ホームレスに存在価値はない」と発言して炎上した際、ＹｏｕＴｕｂｅという媒体の仕組みを「『より過激なことを言って、動画視聴数を稼いだもの勝ち』という『教祖ビジネス』を促進する側面があります」とした上で、こう続けた。

「この手の『教祖ビジネス』というものは、それらしい知識を新書や学説から漁り、本人の言葉で分かりやすく、視聴者の目線まで下げて断定的な物言いで語ることで信者をかき集めるのが基本です。必ずしも、教祖は扱うテーマについて詳しくなくても構わないのが特徴です。必要なのは、分かりやすく、断定することで、わかってる感、理解してくれている感を醸《かも》し出し、疑いを抱かせず『俺を信じてついてこい』とやることです」

なお、ＤａｉＧｏ氏のＹｏｕＴｕｂｅチャンネル登録者数は、炎上から6ヶ月が経過した２０２２年2月時点でも約２３０万人をキープしている。

一部のオンラインサロンもそのような構造で成立している。サロン主は課金したメンバーを対象に、極端で煽情的な意見を歯切れよく短いセンテンスで叫び続ける。その状況は課金者だけのクローズドな場で展開するため、反対意見やツッコミといったノイズが外野から入りにくい。寄り道なく、最短距離で「答え」を授かることができる。

ある論点、ある問題提起に対して賛否たくさんの意見が並べられている状況は、それだけでわかりにくい。不快の原因となる。余計なノイズを除去し、シンプルでわかりやすい正解をひとつだけ用意する者や場所に、人は集う。

同じように、わかりにくさを排した映像作品にも人が集う。

「短くする」のは、わかりやすさへの近道だ。

２０１０年代初頭から爆発的に普及したＴｗｉｔｔｅｒ。その１４０字制限は、「できるだけ短く、シンプルに、誰にでもわかる言葉で、結論を最速で届けるべし」という流儀を、１０年かけてネット空間に植え付けた。無論、ネット空間が言論空間のすべてではないが、多くの人にとって、もっとも身近な言論空間であることは確かだろう。

ＰＶを稼ぐ目的のネット記事が「結論を1行目に書け、タイトルにひねりはいらない、一言に要約できる内容にしろ」を[C]としているのは、よく知られた話。

ＬＩＮＥ社が運営する「ライブドアニュース」には、たかだか数百字の短いニュースにすら「ざっくり言うと」という3行の箇条書きサマリー※3が冒頭にくっついている。

ベストセラーや話題書の内容を要約するサービスも乱立している。「本1冊の内容を３０００字でサクッとチェック」「5分で読める分量にサマリー」「忙しいビジネスマンにうってつけ」。そんな売り文句が並ぶ。

昨今では出版社が、自社が刊行する書籍のサマリーを公式に用意する。日々多忙な書店員に内容を知ってもらうためだ。「サマリー」では

「でも、どっちも『好き』って言ってなかったから、違うんじゃない？　好きだったら、そう言うはずだし」

暗喩《あんゆ》や皮肉《ひにく》やX寓意《ぐうい》を理解できない人はＴｗｉｔｔｅｒなどでもよく観察される。たとえば、ある B な発言をした著名人に対して、誰かが「こいつ、昭和の人間かよ」という皮肉をツイートする。すると「え？　彼の年齢からして昭和生まれではないですよね」というリプが届く。

①とりわけ珍しい光景ではない。

アニメーション映画『この世界の片隅に』（２０１６年）などのプロデュース会社・ジェンコの代表取締役・真木《まき》太郎《たろう》氏によれば、説明セリフの多い作品が増えた理由のひとつは、製作委員会（製作費を出資する企業群）で脚本が回し読みされる際、②「わかりにくい」という意見が出るからだ。

なぜ製作委員会は、そこまで「わかりやすさ」を求めるのか。

「観客がわかってくれないんじゃないかって、不安なんだろうね。本来、セリフで説明しすぎると白けちゃうから、多少わからなくても映画に集中させるほうがいいし、僕個人としては、わかりやすくすることだけが作品を良くする解決策だとは、まったく思わない。ただ、『わかりにくいから直してほしい』と言ってくる委員会メンバーが多いのは事実」

真木氏は、押井守《おしいまもる》監督の『機動警察パトレイバー　ｔｈｅ　Ｍｏｖｉｅ』（１９８９年）や今敏《こんさとし》監督の『千年女優』（２００２年）をはじめ、３０年以上にわたる商業作品のプロデュース経験がある。それだけに、「ＴＶドラマはもちろん、映画に関しても、説明セリフの多い作品が２０年前、３０年前と比べて圧倒的に増えた」との言葉には、重みがある。

佐藤氏は、そんなオーダーに対してどうしているのか。

「『説明しないとわかりにくい』って言われちゃうことについては、基本的には敗北感しかない。でも、僕ははっきりと言います。〝わかりやすくしてください〟は〝おもしろくしてください〟と、イコールではないですよって。『多少おもしろくなくなってもいいから、わかりやすくしてくれ』というオーダーなら、筋が通っているので聞きますけど」

わかりやすくした結果、どうなるのか。

「勢いがなくなります。それは当然で、全部説明しちゃったら、観ている人の思考がそこで止まっちゃうから。やや理解が追いつかない程度、多少視聴者を置いていくくらいじゃないと、勢いが出ない。脚本はどっちでも書けるけど、じゃあどっちを取りますかって話をします」

そんなオーダーをされるまでもなく、最初から説明的なシナリオを書いてくる脚本家も多い。※2小林雄次《こばやしゆうじ》氏も言う。

「最近の作品をたくさん観ている脚本家が、先回りして説明的なシナリオを書いてくる傾向はあると思います。彼らはわかっているんですよ。今の最先端のシナリオでは親切にセリフで説明すべきである、という〝正解〟が」

「わかりやすいこと」がY礼賛《らいさん》される世の中だ。極端で煽情《せんじょう》的な意

【国語】（五〇分）〈満点：一〇〇点〉

一 次の1～5の傍線部の漢字と同じものをそれぞれ後に続く選択肢より一つ選び記号で答えなさい。

1 心配はトロウに終わった。
ア 現在の心境をトロする。　イ 物語のトチュウで電話が鳴る。
ウ 再建をキトする。　エ 目的地にトホで向かう。
オ カト期の時代。

2 地域産業にコウセキを残す。
ア ギコウをこらした細工。　イ コウザイ相半ばする。
ウ コウリツの悪い作業工程。　エ 教育学をセンコウする。
オ コウキョウの施設。

3 悪ジュンカンにおちいる。
ア カンジョウ線の道路。　イ 占領地をヘンカンする。
ウ 十分にカンカクを取る。　エ 入会をカンユウする。
オ 注意をカンキする。

4 ガンジョウなやぐらを建てる。
ア 波瀾バンジョウな人生。　イ 自身のジョウシキを問い直す。
ウ 店がハンジョウする。　エ ジョウジョウ企業に就職する。
オ くだらないジョウダンを言う。

5 世論調査を民間にイタクする。
ア イフウ堂々とした態度。　イ イサイ承知した。
ウ 条例にイキョする。　エ カンイ的に修復する。
オ 当方にイロンはない。

二 次の文章を読み後の設問に答えなさい。

状況やその人物の感情を1から10までセリフで説明する作品が、近年増えてきた。「なんでもセリフで説明されていて、作品の余白部分が少ないと感じます。しかもそのセリフというのが、わかりにくい洒落た言い回しではなく、わかりやすくて安直」（※1大学4年生）。

そうした作品に慣れた視聴者は、セリフとして与えられる情報だけが物語の進行に関わっている、と思い込むようになる。

それゆえに、彼らの理屈はこうだ。

「倍速でもセリフは聞こえている（もしくは字幕で読めている）んだから、ストーリーはわかる。問題ない」

一方で、人物が登場しなかったり、沈黙が続いたりするようなシーンは、物語が進行していないとみなされ、10秒飛ばされる。

本来、10秒間の沈黙という演出には、視聴者に無音の10秒間を体験させるという演出意図がある（はずだ）が、そのような作り手側の意図は届かない。

『ドラえもん』などのファミリーアニメ、『交響詩篇エウレカセブン』などのSFアニメほか、実写映画やドラマの脚本、ゲームシナリオを手掛ける脚本家の佐藤大《さとうだい》氏は、こう嘆く。

「口では相手のことを『嫌い』と言っているけど本当は好き、みたいな描写が、今は通じないんですよ」

近い話は、筆者も聞いたことがある。とある作品のワンシーンで、男女が無言で見つめあっているが、互いに相手から視線を外さない。明らかに好意を抱きあっている描写だ。しかしある視聴者は、それが A の意味だとわからず、誰かから教えられると、こう反論した。

MEMO

2024年度

解　答　と　解　説

《2024年度の配点は解答欄に掲載してあります。》

＜数学解答＞《学校からの正答の発表はありません。》

1.　(1)　$-24ab^{10}$　　(2)　$\frac{5\sqrt{3}}{2}$　　(3)　1

2.　(1)　$m=-\frac{3}{2}$，$n=-4$　　(2)　$x=1$，5　　(3)　∠BFE＝51°　　(4)　$a=11$

　(5)　106cm　　(6)　$\angle x=54°$　　(7)　980円　　(8)　88cm^2

3.　(1)　16　　(2)　79kg

4.　(1)　$\frac{4}{9}$　　(2)　$\frac{8}{27}$　　(3)　$\frac{13}{27}$

5.　(1)　B(−2，4)　　(2)　C(3，9)　　(3)　GE：HF＝1：2　　(4)　$y=5x$

○推定配点○

各5点×20　　計100点

＜数学解説＞

1.　(単項式の乗除，平方根，計算の工夫)

基本　(1)　$(-2ab^3)^2\div\left(-\frac{3}{4}a^2b\right)^2\times\left(-\frac{3}{2}ab^2\right)^3=4a^2b^6\times\frac{16}{9a^4b^2}\times\left(-\frac{27a^3b^6}{8}\right)=-24ab^{10}$

基本　(2)　$\sqrt{48}-3\sqrt{6}\times\frac{1}{\sqrt{8}}=4\sqrt{3}-\frac{3\sqrt{6}}{2\sqrt{2}}=4\sqrt{3}-\frac{3\sqrt{3}}{2}=\frac{5\sqrt{3}}{2}$

(3)　$506^2\times4^2-2025\times2023=(506\times4)^2-(2024+1)(2024-1)=2024^2-(2024^2-1)=1$

2.　(1次関数，2次方程式，角度，数の性質，平面図形，方程式の利用)

重要　(1)　$y=mx+2$に$x=0$，4をそれぞれ代入して，$y=2$，$4m+2$　　$m<0$より，yの変域は，$4m+2\leqq y\leqq2$　　$y=\frac{3}{2}x+n$に$x=0$，4をそれぞれ代入して，$y=n$，$6+n$　　よって，yの変域は，$n\leqq y\leqq6+n$　　変域が一致するから，$4m+2=n$…①，$2=6+n$…②　　②より，$n=-4$　　これを①に代入して，$4m+2=-4$　　$m=-\frac{3}{2}$

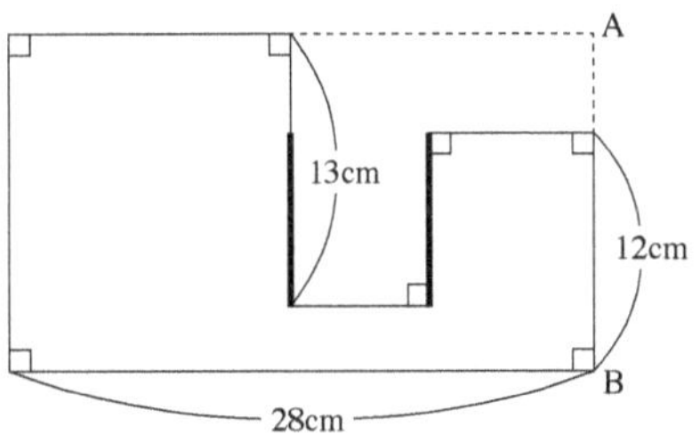

基本　(2)　$(x+2)^2-2x(x-1)=9$　　$x^2+4x+4-2x^2+2x-9=0$　　$x^2-6x+5=0$　　$(x-1)(x-5)=0$　$x=1$，5

基本　(3)　平行線の錯角は等しいから，∠ADF＝∠DFC＝58°　よって，∠EDF＝58°−20°＝38°　　DE＝DFより，∠DFE＝(180°−38°)÷2＝71°　　したがって，∠BFE＝180°−71°−58°＝51°

(4)　$365\div a=3a$余り2より，$3a^2+2=365$　　$a^2=\frac{363}{3}=121$　　$a>0$より，$a=11$

(5)　右の図で，太線部分の長さを$a$cmとすると，線分ABの長さは，$13-a+12=25-a$(cm)だから，この図形の周の長さは，$(28+25-a)\times2+a\times2=106$(cm)

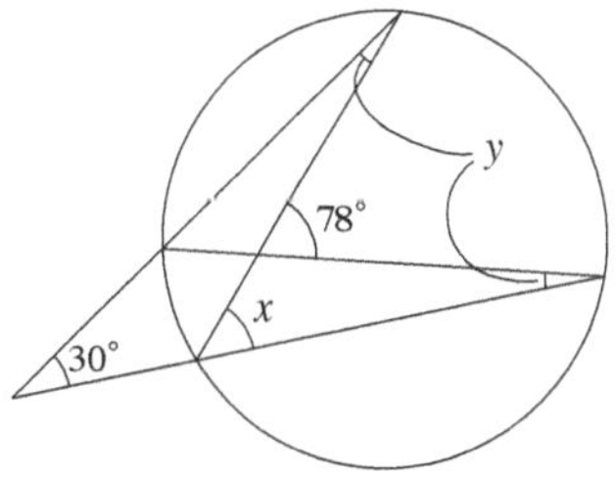

基本　(6)　右の図で，三角形の内角と外角の関係より，$\angle x+\angle y=78°$…①，$\angle y+30°=\angle x$…②　　①−②より，$\angle x-30°=78°-\angle x$　　$\angle x=(30°+78°)\div2=54°$

(7)　商品Aの定価をx円，商品Bの定価をy円とすると，$x+y=1470$…①，$x\times(1-0.3)+\frac{1}{2}y=931$より，$1.4x+y=1862$…②　　②－①より，$0.4x=392$　　$x=980$(円)

重要　(8)　△ACDと△EBDにおいて，仮定より，∠ACD＝∠EBD　∠ADC＝∠EDB＝90°　2組の角がそれぞれ等しいから，△ACD∽△EBD　　相似比はAD：ED＝CD：BD＝16：6＝8：3　　よって，AE：ED＝(8－3)：3＝5：3　　角の二等分線の定理より，BA：BD＝AE：ED＝5：3　　よって，AB＝$\frac{5}{3}$BD＝10　　△ABDに三平方の定理を用いて，AD＝$\sqrt{10^2-6^2}=8$　　したがって，△ABC＝$\frac{1}{2}\times(6+16)\times8=88$(cm^2)

基本　3.　(データの整理)

(1)　第1四分位数は70kg，第3四分位数は86kgだから，四分位範囲は，86－70＝16(kg)

(2)　最小値は68kg，第1四分位数は体重の軽い方から2番目と3番目の平均で70kg，中央値は体重の軽い方から4番目と5番目の平均で80kg，第3四分位数は体重の軽い方から6番目と7番目の平均で86kg，最大値は92kgだから，平均値は，$(68+70\times2+80\times2+86\times2+92)\div8=\frac{632}{8}=79$(kg)

4.　(確率)

基本　(1)　カードの数の組み合わせは，(A，B)＝(5，4)，(5，6)，(5，9)，(6，4)，(6，6)，(6，9)，(8，4)，(8，6)，(8，9)の9通りで，このうち，Aが勝つのは下線の4通りだから，求める確率は，$\frac{4}{9}$

(2)　3人のカードの数の組み合わせの総数は3×3×3＝27(通り)　このうち，題意を満たすのは，(A，B，C)　＝(5，4，3)，(6，4，3)，(8，4，3)，(8，4，6)，(8，4，7)，(8，6，3)，(8，6，6)，(8，6，7)の8通りだから，求める確率は，$\frac{8}{27}$

(3)　題意を満たすのは，(A，B，C)＝(5，4，3)，(J，4，6)，(J，4，7)，(J，6，6)，(J，6，7)，(J，9，6)，(J，9，7)，(8，4，3)，(8，4，6)，(8，4，7)，(8，6，3)，(8，6，6)，(8，6，7)の13通りだから，求める確率は，$\frac{13}{27}$

重要　5.　(図形と関数・グラフの融合問題)

(1)　AB//DC，AB＝DCより，点Aと点Bのx座標の差も1だから，点Bのx座標は－2　　$y=x^2$に$x=-2$を代入して，$y=(-2)^2=4$　　よって，B(－2，4)

(2)　点Cのx座標をtとすると，C$(t,\ t^2)$，D$(t+1,\ (t+1)^2)$　AB//DC，AB＝DCより，$(t+1)^2-t^2=11-4$　　$2t+1=7$　　$t=3$　　よって，C(3，9)

(3)　直線BCの傾きは，$\frac{9-4}{3-(-2)}=1$だから，直線BCの式を$y=x+b$とすると，点Bを通るから，$4=-2+b$　　$b=6$　　よって，G(0，6)　　直線ADの式を$y=x+c$とすると，点Aを通るから，$11=-1+c$　　$c=12$　　よって，H(0，12)　平行線と比の定理より，GE：HF＝OG：OH＝6：12＝1：2

(4)　GE：HF＝1：2より，点Eのx座標をsとすると，点Fのx座標は$2s$と表せる。また，D(4，16)　台形ABEFと台形FECDの面積の比は，(AF＋BE)：(FD＋EC)の線分比に等しいから，$\{(2s+1)+(s+2)\}:\{(4-2s)+(3-s)\}=(3s+3):(7-3s)$　　よって，$(3s+3):(7-3s)=3:1$　　$3s+3=3(7-3s)$　　$12s=18$　　$s=\frac{3}{2}$　　$y=x+6$に$x=\frac{3}{2}$を代入して，$y=\frac{15}{2}$　　よって，E$\left(\frac{3}{2},\ \frac{15}{2}\right)$　したがって，直線mの傾きは，$\left(\frac{15}{2}-0\right)\div\left(\frac{3}{2}-0\right)=5$より，直線$m$の式は$y=5x$

★ワンポイントアドバイス★

本年度は大問5題構成に戻り，小問数も20題で同じであった。出題内容も難易度もほぼ変わらず，取り組みやすい内容である。できるところから解いていこう。

＜英語解答＞《学校からの正答の発表はありません。》

【1】 問1 イ　問2 エ　問3 ウ　問4 エ　問5 ア　問6 ア　問7 ウ
問8 ウ　問9 イ　問10 イ，オ

【2】 問1 イ　問2 ア　問3 ウ　問4 エ　問5 ウ　問6 エ　問7 エ
問8 ウ，オ　問9 イ

【3】 (1) エ　(2) ウ　(3) エ　(4) エ　(5) イ

【4】 (1) A ア　B イ　(2) C エ　D オ　(3) E エ　F オ
(4) G カ　H ア　(5) I ア　J オ

【5】 問1 A キ　B ク　C カ　D イ　E ケ　問2 (1) こ　(2) え
(3) あ　(4) い　(5) か

○推定配点○

【1】 問1・問2・問4・問5・問7・問10　各3点×7　他　各2点×4

【2】 問1・問2・問4・問9　各2点×4　他　各3点×6

【3】 各2点×5　【4】 各3点×5(各完答)　【5】 各2点×10　計100点

＜英語解説＞

重要 【1】 （長文読解問題・物語文：内容把握，適語選択補充，指示語，内容正誤判断）

（全訳） ある朝，お母さんが私の部屋に入って来て言った。「(1)太陽が輝いているし，鳥もさえずっている。何をぐずぐずしているの？」 私は目を開け時計を見るともうすぐ学校に行く時間だとわかった。昨夜携帯電話を使いすぎていたことに気づいた。

したがって，朝ご飯を食べ終える時間はなく，学校に行くバスに乗るために急がなければならなかった。そこでは皆が自分の携帯電話をいじっていた。悲しいことに，他にすることがなく，それは私も同じだった。(2)携帯電話を使うこと以上に人生で意味のあるものなど何もないかのように感じた。

学校の規則では学校で携帯電話を使用することはできないが，持っていることは許可されている。そうするとどうなるだろうか。私たちは学校の門を出た途端に携帯電話を使い始める。(3)ウつまり，帰宅途中に私たちは授業で学習したことを必死に忘れようとしているということだ。

しかしながら，今回はどういうわけか(4)いつものこの習慣をせず，学校に携帯電話を忘れてきてしまったことに気がつかなかった。最悪なことに家に帰るまでこのことに気がつかず，あたりはもう既に暗くなっていた。そして私は目覚ましアラームを午前7時にセットしていたことを思い出した。つまり，誰も私が好きなことを知らない大好きなアイドルの歌が携帯電話から流れてしまうということだ。もし私のロッカーからかわいい音楽が流れ出した時に誰かが教室にいたら(5)ア彼らは私のことをどう思うだろう？ 私は恐怖で身を震わせた。このことを両親に話すことさえもできなかった。

私にできる最善の策は，朝早く起きてクラスメートの(6)誰よりも早く学校にたどり着き携帯電話が鳴るのを止めることだ。夜10時前には寝ようと強く決心したが，眠くなるまでには時間があった。そこで，母が携帯電話のことを何も知らずに言った。「携帯電話を使いすぎないように！ 勉強に時間を使いなさい！」(7)この日ほど私はその言葉に納得したことはない。私は机の前に座り，授業で学習したことを復習するために教科書とノートを開いた。いつもと同じように簡単に友人に助けを求めることができなかったので，教材を注意深く読む必要があった。それは疲れる作業だったが，これが勉強のあるべき形だと感じた。

翌朝は上手くいって目が覚めた時，時間は午前5：50頃だった。父は既に居間にいた。

「おぉ，なんでこんなに早く起きた？ 心変わりでもしたのか？」

「何でもないよ」と私は言った。もちろん，こんなに早く起こしてくれるものなど何もなかった。

私はバスに乗り，午前7時前には学校に到着し，自分のロッカーで携帯電話を見つけた。そして気づいた。(8イ)それは一日充電されていなかったので，(8ア)それは電池切れしていた。結局，こんなに早く(8ウ)学校に来る必要はなかったのだ。

しかしがっかりはしなかった。「今日は(8エ)それなしでやっていけるかもしれない」と心の中で思った。人生で初めて(9)私の人生は私がそれを必要とする以上に私を必要としていた。自分自身と携帯電話を自分が管理している気持ちになった。自分の人生には携帯電話を使うこと以上に意味があるということが今ではわかっている。

問1　What are you waiting for? は「何をぐずぐずしているの?」という意味の口語表現。続く文からも時間がないことがわかるので，イ「寝坊している！」が正解。　ア「とても早く起きたね」直訳すると「鳥ほどに早く起きる」という意味になるが，英語では，birdsは早起きの代名詞として使われることがある。　ウ「寝たいだけ寝ていいよ」 エ「太陽の光の中で起きるのはいいことだ」

問2　there is more to A than B 「B以上にAには意味がある」 ここではnothing「何もない」という否定語があるので「携帯電話を使うこと以上に人生で意味のあるものは何もない」ということ。したがって，エが正解。

問3　前文の「学校の門を出た途端に携帯電話を使い始める」のは，言い換えると，学校からの帰路は携帯電話を使うことに必死で，授業で学習したことを考えることはないということ。ウIn other words「つまり[言い換えると]」を入れる。　ア「しかしながら」 イ「加えて」 エ「たとえば」

問4　this routine「この習慣」は前段落にある[学校の門から出た途端に携帯電話を使う」習慣を指す。dropには「(習慣などを)やめる」という意味がある。エが正解。

問5　もし大好きなアイドルの音楽が自分の携帯から流れるのを誰かに聞かれたら，という内容に続くので，ア「彼らは私のことをどう思うだろう」が適当。　イ「両親に何と言うべきだろうか」 ウ「クラスメートに，なんてかわいく聞こえることだろう」 エ「どこに私の携帯電話を置くべきか」

問6　earlier than any of my classmatesで「クラスメートの誰よりも早く」という意味になる。any of ～で「～の誰でも」という意味。

問7　Itは前文の母の言葉。直訳すると「それはその日に聞くよりも納得がいくように私に聞こえることは決してない」つまり，ウ「いつもは母の言うことはよく聞いていないが，その日は私にとってとてもタイムリーな忠告だった」が適当。　ア「私は母の忠告に従うことは不可能だったので母が言ったことが理解できなかった」 イ「私の母が言ったことは全て理不尽だったのでそのことについてその日は何もしたくなかった」 エ「彼女の忠告は理不尽だとわかったが従わなければならないことはわかっていた」

問8　ア「それは電池切れだった」 イ「それは充電されていなかったので」 エ「それなしでやる」いずれもitは携帯電話を指す。　ウ<make it to ＋ 場所>で「その場所にたどり着く」という意味。ウのみ異なる。

問9　続く文で「自分自身と携帯電話を自分が管理する」とあるので，My lifeを入れ「私の人生は私がそれを必要だと思っている以上に自分を必要としていた」という意味にする。

問10　ア　第2段落最後から2文目に一致。　I didn't either.はI didn't have anything else to do either.ということ。sadly「悲しいことに」　イ　第3段落第3文参照。学校の門から出るとすぐに携帯電話を使い始める。たいていすべて忘れるという記述はない。　ウ　第4段落第4文に一致。idol whom no one knows I like「私が好きだと誰も知らないアイドル」 whomは人を先行詞に取る目的格の関係代名詞。　エ　第6段落最後から2文目に一致。as usual「いつものように」　オ　最後から2段落目第2文参照。「充電されていなかったので」があるのでit was deadは「電池切れ」の状態を表す。故障していたのではない。

重要【2】（長文読解問題・論説文：適語選択補充，語彙，内容把握，内容正誤判断）

（全訳）　十分な睡眠を取らないのは私たちの心身の両方に良くなく，それには悪い点がいくつかあることを多くの人たちが知っている。(1)たとえば，ストレスを増大させ，集中し良い決断をすることを困難にさせ，身体の免疫力を落とすので人々は簡単に病気になるかもしれないのだ。また，睡眠を十分に取らないことに関連する(2)悪い影響はもっとあるのだ ― 最近の研究に，若い時に夜更かしをすることが大人になった時の動物がどのように行動するかに影響を与えるかもしれないことが示されている。

スタンフォード大学の科学者たちは10代に十分な睡眠を取らないと精神にどのような影響があるかを調べるためにネズミで研究した。彼らは若いネズミ（生後35から42日）の睡眠を妨害し生後56日に成長したネズミがどのように行動するかを観察した。若い時に睡眠不足だった大人のネズミをあるネズミに会わせ，しばらくしてからまた同じネズミと以前に会ったことがないネズミに会わせるという実験を行った。

ネズミは元来好奇心が旺盛で，たいていは既に知っているネズミよりも新しく会うネズミに興味を持つ。(4)しかしながら，この研究では，十分な睡眠を取っていないネズミは新しいネズミには既に知っているネズミよりも関心を持たなかった。したがって，十分な睡眠を取っていないネズミは既に知っているものにしか関心を持たず，新しいことには関心を示さなかった。(5)これは若い時に十分な睡眠を取らなかった大人のネズミの実験でしか起こらなかった。別の実験で，大人のネズミになった時にだけ睡眠を削ってもこれは起こらなかったのだ。これは興味深くないだろうか? 科学者たちは更に研究を進め，この変化は脳内ホルモンによるものだということを突き止めた。十分な睡眠を取っていないネズミは自分たちの関心により，知っているネズミを好きになり続け新しいネズミにはさほど関心を持たなかったのだ。

さあ，これが人間だったらどのようになるか考えてみよう。もし中学や高校の学生が夜更かしをしすぎたら，成長した時に新しいことを好きになることが難しくなり，既に知っていることしか好きにならないかもしれない。たとえば，新しい友人を作ったり，以前やったことがない趣味に挑戦したり，(6)エ訪れたら面白そうな場所を見つけることが彼らにとっては難しいことになるかもしれないのだ。基本的に彼らは新しいことには挑戦したくないのだ。もしこれが起こったら，毎日が同じなので人生は退屈なものになるかもしれない。(7)10代のどれだけの人が今十分な睡眠を取らないことが将来の人生に結び付いていることを知っているだろう。もちろん，誰も人間で実験をしていないのでこれが誰にでも当てはまるという確信はない。しかしながら，人生をより面白くするために，テレビゲームをしたり，携帯電話をいじったり，夜遅くまでたとえ勉強しているのであっても，それよりも十分な睡眠を取る方が大事かもしれない。

問1　デメリットの具体例が続くので，イ For example「たとえば」を入れる。　ア「～もまた」　ウ「結果として」　エ「しかしながら」

問2　bad effectsは「悪い影響」の意味なのでアdemerits「悪い点」が正解。　イ「病気」　ウ「現象」　エ「結果」

問3　testsの後に具体的な実験内容が書かれており，ウの内容と一致。theyは若い時に睡眠が足りなかったネズミを指す。

問4　直前の文で，ネズミは元来好奇心が旺盛だとあるが，空所後に新しいことに興味を持たない結果が出たという内容が続くので，エ However「しかしながら」を入れる。

問5　Thisは直前の内容を指す。直前の文の内容と一致するのはウ。care about ～「～に関心を持つ」 what they already knew「既に知っていること」このwhatはthe thing whichと先行詞の意味を含む関係代名詞。

問6　For example「たとえば」に続くので，直前の「新しいことを好きになるのが難しい」具体例を示す内容を選ぶ。エ「訪れたら面白そうな場所を見つける」が適当。　ア「なじみにあるおいしい料理を食べる」　イ「旧友と楽しい時間を過ごす」　ウ「友人の誕生日を覚えている」

問7　「10代のどれだけの人が今十分な睡眠を取らないことが将来の人生に関係してくることを知っているだろう」という意味。「どのくらい知っているだろう，おそらく知らないだろう」ということなので，エが正解。

問8　ア　第2段落最終文参照。大人になったネズミにだけ実験を行っているので不一致。　イ　第3段落最後から2文目に不一致。　ウ　第3段落第2文に一致。less interested in ～「～にあまり興味を持たない」the ones(= mice) that they already know「それらが既に知っているネズミ」と関係代名詞thatが省略されている。　エ　第3段落最初の文に不一致。curious「好奇心旺盛」オ　第4段落第2文に一致。stay up too late「夜更かししすぎる」grown-up「成長した」might「…かもしれない」　カ　第4段落第2文参照。when they're grown-ups「成長した時に」なので不一致。

問9　ア「興味を持たないために眠らないネズミ」　イ「時限爆弾一睡眠はすぐにではなく後から影響が出る」　ネズミの実験からもわかるように，若い時の睡眠不足は大人になってからその悪影響が出るので，イのタイトルが適当。ウ「身体を健康に保つためのホルモンの影響」エ「睡眠と健康の関係一少ない睡眠も時には重要」

基本【3】（語句選択補充問題：現在完了，分詞，受動態，進行形，比較）

(1)　<How long + have[has] + 主語 + 過去分詞　～?>「どのくらいの期間～していますか？」 How longと現在完了形を使うことで期間をたずねる表現になる。エ have you lived を入れる。

(2)　<keep + 人 + …ing>で「人がずっと…している」という意味。ウ 現在分詞waitingを入れる。

重要 (3)　take care of ～「～の世話をする」の受身形be taken care of に動作主を表すby brotherを続ける。take care ofのofも，動作主を導くbyも省略することはできないので，エ is taken care of byを入れる。

重要 (4)　「朝食を取っていた」は，彼女がやって来た過去の時点で進行中だった動作を表すので，エ was havingを入れる。「持つ」という意味のhaveは「持っている状態」を表すので進行形にできないが，「食べる[飲む]」という意味のhaveはwas havingのような進行形で使うことができる。

(5)　<A is 倍数詞 + as + 原級 + as B>「AはBのX倍～だ」は倍数表現。ここでは原級に当たるところにmany booksとBが持つ本の多さを表す語句が使われている。イ twice as many books を入れる。

重要【4】（語句整序問題：不定詞，関係代名詞，分詞，感嘆文）

(1)　(My mother) asked me to help her cook (dinner.)　<ask + 人 + to …>「人に…して

くれるように頼む」 <help ＋ 人 ＋ 動詞の原形>「人が…するのを手伝う」を組み合わせる。<ask＋人>の「人」にはme，<help＋人>の「人」にはherが入る。

(2) The present I gave to my father was (an watch.) 「私が父にあげたプレゼント」The present (that) I gave to my fatherは関係代名詞が省略されており，この部分がひとまとまりで文の主語になる。

(3) (Books) written by the author are difficult to read. Books written by the author「その作家によって書かれた本」written by the authorがひとまとまりでbooksを後置修飾し，この部分が文の主語になる。difficult to readで「読むのが難しい」の意味。副詞用法の不定詞。

(4) (He) is old enough to drive a car. <～ enough to …>で「…するのに十分な～」という意味。old enough to drive「運転するのに十分な年」→「運転できる年齢」

(5) What a nice dress she wears! 感嘆文<What a[an] ＋ 形容詞 ＋ 名詞 ＋ 主語 ＋ 動詞!>「なんて～なのでしょう」この構文に当てはめる。

基本 **【5】** （対話文：適文選択補充，内容把握）

(全訳) ジェシカ：(A)キお願いしてもいいですか？

カオリ　：もちろん。

ジェシカ：(1)一番近いコンビニがどこにあるか教えてくれる？

カオリ　：もちろん。私たちは学校にいる。郵便局の隣でスーパーの前にコンビニがある。

ジェシカ：あぁ，わかりました。

カオリ　：私たちの学校の近くよ。(B)ク見逃すことはないわ。

ジェシカ：どうもありがとう。

カオリ　：(C)カどういたしまして。もし時間があるようなら，この地図でこの地域のことを教えてあげましょうか。

ジェシカ：わぁ，本当に？ (D)イ親切にしてくださりどうもありがとう。

カオリ　：いえいえ。ABC通りをまっすぐ行って右に曲がると左手に(2)バス停がある。

ジェシカ：わかりました。

カオリ　：バス停から北に向かって左に曲がると右手に(3)公園がある。

ジェシカ：図書館の隣の建物は何？

カオリ　：どっちの方？

ジェシカ：大きい方。

カオリ　：それは(4)ショッピングモールよ。良いお店がたくさんある。友達とよく買い物に行くの。

ジェシカ：(E)ケとても楽しそうね。

カオリ　：ショッピングモールの真正面が(5)警察署。

ジェシカ：これでこの地域がどんなか理解できたわ。どうもありがとう。

ジェシカ：またいつでも言ってね。

問1 全訳参照。 ア「何かお手伝いしましょうか?」 ウ「なるほど」 エ「場合による」 オ「どうして?」 コ「もう一回言ってくれる?」

問2 (1) 「一番近くのコンビニ」次のカオリのセリフ参照。next to ～「～の隣」 in front of ～「～の前」郵便局の隣でスーパーの前なので「こ」。 (2) 「バス停」(2)を含む文参照。go straight「まっすぐ行く」 turn right「右に曲がる」 on your left「左手に」 ABC通りをまっすぐ行き右折しその左手なので「え」。 (3) 「公園」(3)を含む文参照。go north「北に向かう」 turn left「左に曲がる」 on your right「右手に」 バス停から北に向かい左折しその右手なので「あ」。 (4) 「ショッピングモール」直前2つのジェシカのセリフ参照。next to ～「～の隣」 larger one「大きい方の建物」oneはbuildingを指す。図書館の隣で大きい方の建物は「い」。 (5) 「警察署」(5)を含む文参照。right in front of～「～の真正面」 ショッピングモール「い」の真正面なので「か」。

★ワンポイントアドバイス★

最終問題では地図をたどりながら文章を読んでいこう。情報は全て地図内に書き込んでいくとよい。道順や地図の問題では，go straight, turn right[left], on your right[left], go north[south, east, west]など決まった表現を確認しておきたい。

＜国語解答＞《学校からの正答の発表はありません。》

一 1 エ 2 イ 3 ア 4 ア 5 イ

二 問一 A ウ B オ C キ 問二 X オ Y ア 問三 イ 問四 イ
問五 ア 問六 ア・オ

三 問一 A カ B イ C エ 問二 ア 問三 ア 問四 オ 問五 ウ
問六 イ 問七 エ 問八 イ

四 問一 ① ウ ② イ ③ イ 問二 みにけり。 問三 イ 問四 イ

○推定配点○

一 各2点×5 二 問一・問二 各2点×5 他 各5点×5

三 問一・問八 各2点×4 問五・問六 各5点×2 他 各4点×4

四 問一 各3点×3 他 各4点×3 計100点

＜国語解説＞

一 (漢字の読み書き)

1 徒労 ア 吐露 イ 途中 ウ 企図 エ 徒歩 オ 過渡期
2 功績 ア 技巧 イ 功罪 ウ 効率 エ 専攻 オ 公共
3 循環 ア 環状線 イ 返還 ウ 間隔 エ 勧誘 オ 喚起
4 頑丈 ア 波乱万丈 イ 常識 ウ 繁盛 エ 上場企業 オ 冗談
5 委託 ア 威風堂々 イ 委細 ウ 依拠 エ 簡易 オ 異論

二 (論説文－脱語補充，四字熟語，語句の意味，文脈把握，内容吟味，要旨)

問一 A 直前の「明らかに行為を抱き合っている描写」にあてはまる語として，お互いに恋して，愛し合っている，という意味の「相思相愛」が入る。 B 直後の「『こいつ昭和の人間かよ』」という発言を意味すると語として，時代遅れ，という意味の「時代錯誤」が入る。 C 直前の「『結論を1行目で書け，タイトルのひねりはいらない，一言で要約できる内容にしろ』」という内容を指すので，絶対的なよりどころとなる思想や信条を意味する「金科玉条」が入る。

問二 X 直前の「暗喩や皮肉」と並立しているので，「他のものに仮託して，ある意味を表す」とするオが適切。「寓意」は，他の物事に託して，ある意味をそれとなく示すこと。 Y 「礼賛」は，すばらしいと褒めたたえること。

問三 直前の示されている「暗喩や皮肉や寓意を理解できない人」の例を指しているので，表面上

表現からしか情報を得ようとしない姿勢が日常化している」とするイが適切。

やや難 問四　直後に「なぜ製作委員会は，そこまで『わかりやすさ』を求めるのか」とあり，その回答は，「ある論点……」から始まる段落に「ある論点，ある問題提起に対して賛否たくさんの意見が並べられている状況は，それだけでわかりにくい。不快の原因となる。余計なノイズを除去し，シンプルでわかりやすい正解をひとつだけ用意する者や場所に，人は集う」「同じように，わかりにくさを排した映像作品にも人が集う」とあるので，イが適切。

問五　前に「タイトルが内容を直接的に説明することで，あらすじの役割を果たしているのだ」とあり，直前に列挙されているタイトルを「親切な”商品説明“」としているので，アが適切。

やや難 問六　アは，本文に「『サマリー(要約)では作品の奥深さは到底伝えられない』などという理想論は，出版の現場ではほとんど意味をなさない。」「いかようにも解釈の余地があるカオスな事象を，誤解なく，一意的に，わかりやすく単純化する」とあることと合致する。オは，「一部の……」で始まる段落に「一部のオンラインサロンもそのような形で成立している。サロン主は課金したメンバーを対象に，極端で煽情的な意見を歯切れよく短いセンテンスで叫び続ける。その状況は課金者だけのクローズドな場で展開するため，反対意見やツッコミといったノイズが外部から入りにくい」とあることと合致する。

三　(小説－脱語補充，情景・心情，文脈把握，内容吟味，表現技法，大意，文学史)

問一　A　直後の「ここで他人の視線やよけいな違和感に煩わされない」という心地よさにあてはまる語として，「解放(感)」が適切。　B　直後に「いつまでもここにいたいとおもった」という心情にあてはまるものとして「幸福(感)」が適切。　C　直前に「身辺から失われてしまった」とあるので，「喪失(感)」が適切。

問二　相談内容は，「修治はすっかり，きゑば母親とおもいこんでいる。そうおもいこんだまま，学校さ入ったんでは，いろいろ差障り起きるんでねえか」「あれほど懐いているきゑから，いきなり引き離したら，修治はきっと泣いて泣いて，どうしようもねえべ。ンだから，まず，きゑば分家させてさ，……」というものなので，アが適切。

やや難 問三　直前に「叔母きゑを『ガッチャ』と呼んで育った。……『ガッチャ』はふつう子が母を呼ぶのに遣う言葉だ」「日常生活の環境と習慣からしても，修治がきゑを実の母とおもいこんだのも無理はない」「自分の実感の切れ目から時折しのびこむ」とある。実の母と思い込んでいるが，実はそうではないとを感じことを「微妙な違和感」と表現しているので，「実の親子ではないかもしれないという，一抹の不安」とするアが適切。

問四　直前に「五所川原へ引っ越す叔母の一家と一緒に，大きな幌つきの馬橇に乗り込んだ修治」とあるので，「きゑの義理の息子のようだ」とするオが適切。「婿」は，婿入りした男，という意味で，ここでは，まるで叔母一家の養子になったようだ，というからかいの意味でつかわれている。

問五　直後に「実家に寄食する肩身の狭さから解き放たれたきゑ，……活気が溢れ，笑いが絶えなかった」「叔母の一家ととともに，修治もここで，他人の視線やよけいな違和感に煩わされない。一家団欒の楽しみというものを，初めて味わった」とある。叔母一家との気兼ねない暮らしを「竜宮」と表現しているので，ウが適切。「竜宮」は，想像上の宮殿のことで，居心地の良い夢のような場所のたとえ。

やや難 問六　直前に「騙された……」とあり，その前には「修治としては，自分の本当の家庭である五所川原から，ただ学校へ入るだけのために，一時的に金木へ帰されるものとおもっていたのだが，実の母と信じていたきゑとの関係は，それっきり断ち切られた」とあるので，「家族関係を突然是正された」とするイが適切。「無意識の怨恨が生じた」を「気づかぬうちに家族に対する恨みの念が湧いた」と言い換えていることにも着目する。

問七 「昔噺」については，「不眠症の修治は，いつも添い寝するきゑから……聞かされて育った」「目で読む文字を知るまえ，夜ごと耳から流れこんで，胸の奥に染み込み，心のなかで共鳴して響き旋律と韻律を帯びた言葉が，修治にとっての母語であった」とある。後に「母たね」とあるので，「病気で亡くなった実の母の代わりに」とあるエは適切でない。

問八 イの『城崎にて』は志賀直哉の作品。

四 （古文－口語訳，語句の意味，脱文補充，文脈把握，内容吟味，大意）

〈口語訳〉【文章A】穴からのぞいて見ると，太郎君がお入りになって，「こんな夢を見た。どういうことか」と語り聞かす。夢解きの女はそれを聞いて，「実にすばらしい夢です。必ず大臣にまで上りつめるでしょう。重ね重ねすばらしいことです。ああ，おそれ多い。人にお伝えなさってはいけません。」と申し上げたので，この太郎君はうれしそうな様子で，衣を脱いで，夢解きの女に与えて帰った。

その時，まき人が部屋から出て来て，夢解きの女に「夢は(他者から)取るということがあります。太郎君の御夢，私に取らせてください。国守は(任期の)四年が過ぎれば京に帰ります。私はこの国の人間であるから，常にここに住んでいる上に，私は郡司の子であるから，私こそ大事にされるべきです」と言うと，女は「おっしゃる通りにしましょう。では，太郎君のようにしてお入りになって，(太郎君が)語られた夢を少しも相違なく話してください」と言ったので，まき人は喜んで，太郎君のしたように入り，夢語りをすると，女は(太郎君のときと)同じように言う。まき人はうれしく思って，衣を脱いで(太郎君と同じように)女に与えて帰った。

その後，書物を習い読むと，ひたすら突き進み，(まき人は)教養のある人になった。(これを)帝がお聞きになって，試してみると，本当に豊かな教養があるので，「よくよく学びなさい」と唐へ遣わして，長い間唐にいて，さまざまなことを習い伝えて帰ると，帝は立派な人物だと認めて，しだいに重用して，大臣までになさった。

だから，(他者の)夢を取ることは，本当に恐ろしいことである。夢を取られた備中守の子は，司にもなれない者のままであった。だから，夢を人に聞かせてはならないと言い伝えられている。

【文章B】これも今は昔，伴大納言善男は佐渡国の郡司の家来であった。その国で善男は，西大寺と東大寺をまたいで立つ夢をみて，妻にこれを話す。妻は「その股は裂けるだろう」と言うので，善男は驚いて，「つまらないことを言ってしまったなあ」と恐ろしく思って，主の郡司の家に行ったところ，郡司はたいそうすぐれた人相を見る人で，普段はしないのに，ことさらに酒や食事を出して座布団を取り出し，向かい合って上座に招き寄せたので，善男は不思議に思って，「私をだまして，妻の言うように股を裂こうとするのではないか」と恐れていると，郡司は「おまえは，すばらしい高相の夢を見た。そして，つまらない人に話した。(だから)必ず高い地位には就くが，事件が起きて罪を被るだろう」と言う。

そうしているうちに，善男は縁あって京に上り大納言になった。しかし，それでもやはり，罪を被った。郡司の言葉に間違いはなかった。

問一 ① 「いみじ」は，良い意味でも悪い意味でも，普通でない，という意味。ここでは，直後に「必ず大臣までなり上りたまふべきなり」とあるので，「すばらしい夢」とするウが適切。② 「語りたまふな」は，文末が「な」と禁止の表現になっているので，「お伝えになってはいけません」とするイが適切。③ 「よしなし」は，つまらない，意味がない，役に立たない，という意味なので，「つまらなこと」とするイが適切。

問二 脱落文は，「(もしも)夢を取られなかったならば，大臣にもなっていただろう」という意味なので，「司もなき者にてやみにけり。」の後に補うのが適切。

問三　イは，まき人の言葉に「国守は四年過ぎぬれば帰り上りぬ。我は国人なれば，いつも長らへてあらんずる上に，郡司の子にてあれば，我をこそ大事に思はめ」とあることと合致する。
問四　イ(生徒B)の発言は，まき人について，本文に「その後，文を習ひよみたれば，ただ通りに通りて，才ある人になりぬ。」とあることと合致しない。

★ワンポイントアドバイス★

現代文は，文脈を丁寧に追って，要旨をしっかりとらえる力をつけよう！
古文は，注釈を参照しながら長文を読みこなす力をつけ，大意を的確にとらえる練習をしよう！

MEMO

大切なことはメモしておこうネ！

2023年度

★★★★★★★★★★★★★★★★★★★★★★★★

入　試　問　題

2023年度

平塚学園高等学校入試問題

【数　学】（50分）〈満点：100点〉

1．次の計算をせよ。

（1）　$\dfrac{3x-5y+1}{2}-\dfrac{2x-y+2}{3}$

（2）　$12a^2b^3\times\left(-\dfrac{a}{3}\right)^3\div\left(-\dfrac{2}{3}ab^2\right)^2$

（3）　$(2+\sqrt{2})(3-\sqrt{2})+(1-2\sqrt{2})^2$

2．次の各問いに答えよ。

（1）　$x^2(2y-3)+(3-2y)$を因数分解せよ。

（2）　$x=\dfrac{-2+\sqrt{13}}{3}$，$y=\dfrac{-2-\sqrt{13}}{3}$のとき，$x^6y^4-x^8y^{10}$の値を求めよ。

（3）　8%の食塩水200gがある。これに食塩を何g加えれば20%の食塩水になるか。

（4）　$\angle x$の大きさを求めよ。

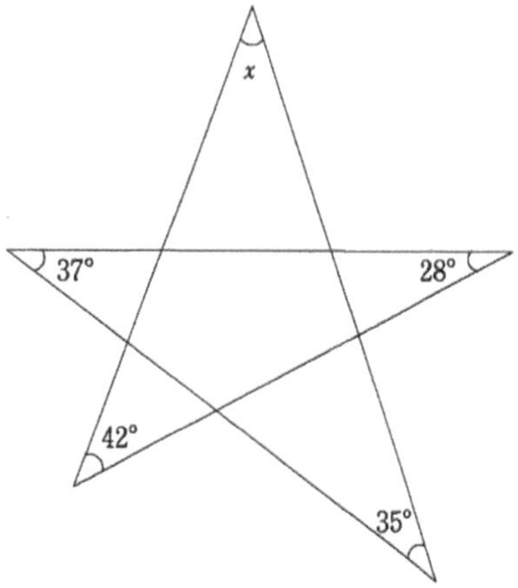

（5）　次の式のa，b，c，dに当てはまる自然数を求めよ。

$$\frac{42}{29}=a+\cfrac{1}{b+\cfrac{1}{c+\cfrac{1}{d}}}$$

（6）　連立方程式

$$\begin{cases}2ax+by=4\\ax-by=14\end{cases}$$

の解が，$x=2$，$y=-1$であるとき，定数a，bの値を求めよ。

（7） 1辺の長さが1cmの正三角形ABCがある。各頂点を中心とする半径1cmの円を3つ描くとき，図の斜線部分の面積を求めよ。ただし円周率はπとする。

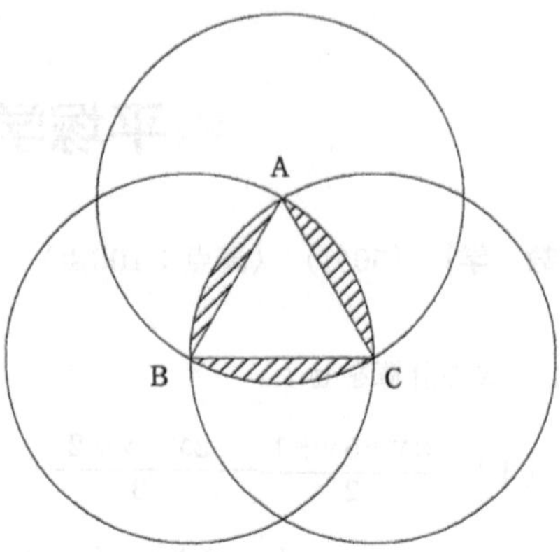

（8） ある店では，消費税8%の商品Aと消費税10%の商品Bが販売されている。この2つの商品を現金で1つずつ購入するとき，消費税の合計金額は70円である。この店ではキャッシュレス決済(現金を利用しない決済方法)を使うと5%分の金額が支払い時に値引きされるという。キャッシュレス決済を利用して商品Aと商品Bを1つずつ購入したところ，支払った金額は836円であった。このとき，商品Aの税込み価格を求めよ。

3．辺ABと辺ACの長さが1cm，∠BAC＝36°の二等辺三角形ABCがある。∠ABCの二等分線と辺ACの交点をDとするとき，次の問いに答えよ。

（1） ∠ADBの大きさを求めよ。

（2） 辺BCの長さを求めよ。

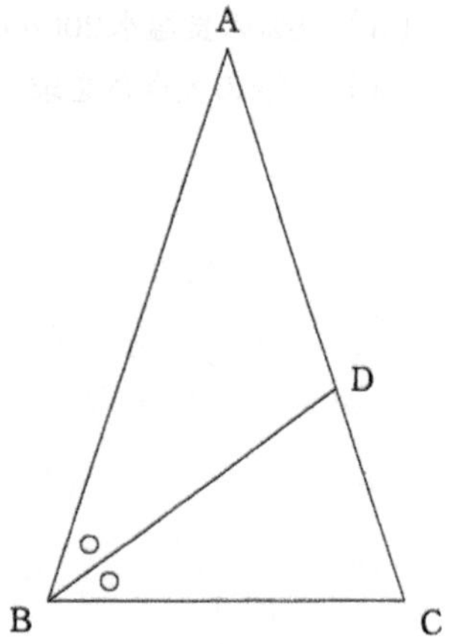

4．放物線$y=\frac{1}{4}x^2$上に2点A(−2, 1)とB(4, 4)がある。

（1） 直線ABの方程式を求めよ。

（2） 原点Oを通り，直線ABと平行な直線と，放物線$y=\frac{1}{4}x^2$との交点をPとする。このとき，線分OPの長さを求めよ。

（3） (2)の点Pを通り，四角形OPBAの面積を2等分する直線の方程式を求めよ。

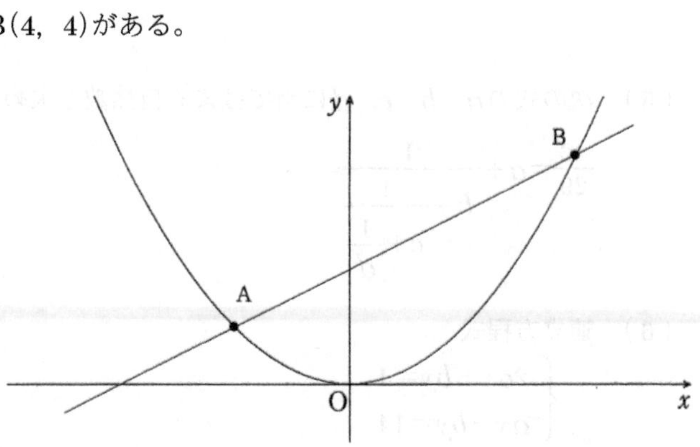

5．すべての辺の長さが6cmである正四角錐OABCDがある。次の問いに答えよ。

（1） 正四角錐OABCDの体積を求めよ。

（2） 辺OCの中点をMとするとき，線分AMの長さを求めよ。

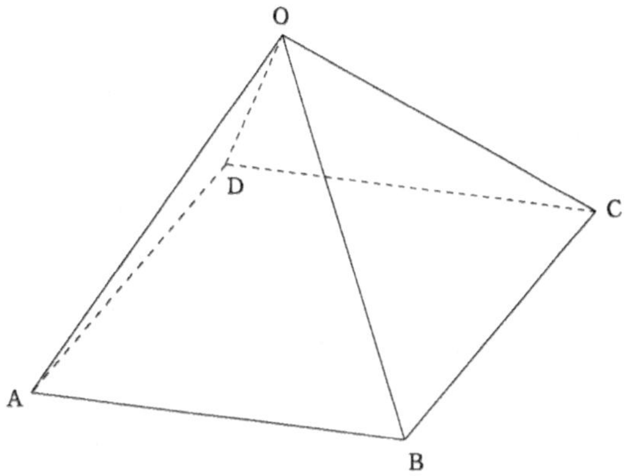

6．図のようなゲームがある。以下の㋐～㋒のルールに従って進めていく。

> ㋐さいころを投げて，出た目の数だけそれぞれのステージを時計回りに進み，止まったマスに書かれた数字を得点とする。
> ㋑さいころを投げて，コマがちょうどP，Qに止まった時に限り，別のステージのP，Qに移動しなければならない。その際，得点は入らない。
> ㋒スタート地点は(ステージB)のPとする。

（1） さいころを2回投げたとき，得点の合計が2点となる確率を求めよ。

（2） さいころを3回投げたとき，得点の合計が3点となる確率を求めよ。

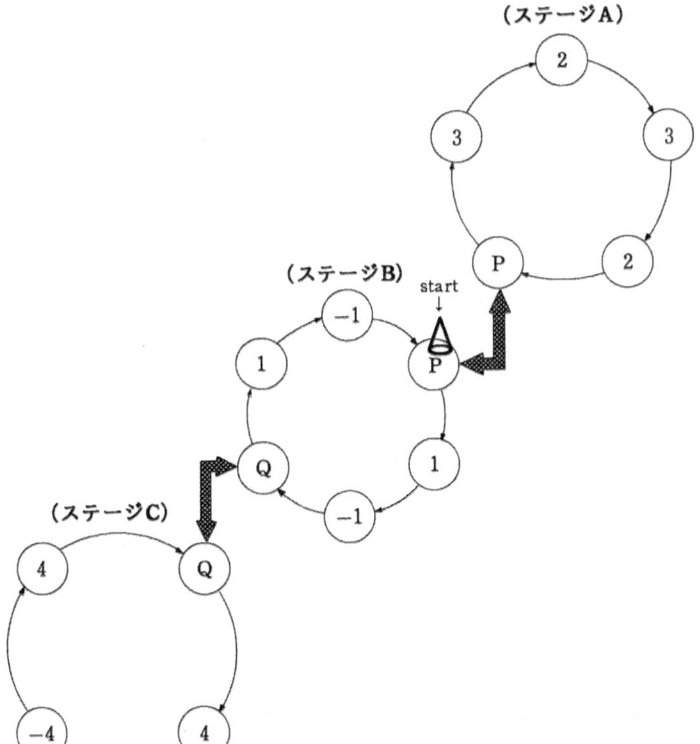

【英　語】（50分）〈満点：100点〉

【1】 次の文章を読んで，あとの設問に答えなさい。

Every year, thousands of people look in the Rocky Mountains in the US for a $2 million treasure. The treasure belongs to (1) Forrest Fenn. He has collected art for his whole life. In 2010, when he was 80, he went into the Rocky Mountains by car and then on foot. He put the treasure somewhere in the woods. So that's one (2) clue about where it is：an old man can walk there with a heavy box.

But the nine most important clues are in a poem (available to read on his website). They are much more difficult to understand. Treasure hunters look at every word in the poem and they look for extra clues in Forrest's two books about his life.

Here is one part to start with：

Begin it where warm waters stop
And take it in the canyon down,
Not far, but too far to walk.
Put in below the home of Brown.

'Warm waters' and 'the home of Brown' are probably important clues. Warm and cold water could be two (3). Brown might be a person because names usually start with (4). So, maybe you have to look for people called Brown who live in the Rocky Mountains. Unfortunately, a lot of people have the surname Brown !

The only way to test your ideas is to try and find the treasure. Forrest says people should wait until spring because the winter weather is dangerous. He also says people shouldn't go alone. But not everyone listens. Three people have gone missing while they were looking for the treasure. (5) The police want Forrest to take the treasure back and put a photo of himself with the box on the Internet. They think the treasure hunters will stop looking and no more people will die.

But Forrest says no. He thinks people spend too much time inside their houses and offices on their computers and phones. He wants families to learn about nature and have adventures together.

(6) His plan is working. Some treasure hunters have looked for the box many times. Marti and her daughter Libbi travel from their home in Georgia to look for it in Montana. Libbi says, "I was really afraid of bears around every corner for the first two years, but you slowly become (7) afraid of animals. I love seeing so many animals up close, camping in the mountains and crossing rivers. It's all so exciting, even if we never find the treasure."

But there are people who think the whole thing is a (8) trick. Some say maybe Forrest had a box of treasure, but they don't believe he put it in the mountains. Others say he took the box back years ago. They say maybe he just likes knowing people are talking about him. But many of the people who say it's a trick often still go to the Rocky Mountains to test their ideas. Of course, maybe someone has already found the treasure but they haven't told anyone. But that won't stop more people going to look for the treasure this spring. Are you interested in the treasure hunt ?

問1　下線部(1)Forrest Fennが表すものを次のア～エの中から選び，記号で答えなさい。

ア　an art collector who really needs money to buy more paintings

イ　an old man who has hidden a box with an aim

ウ　a writer of a book about wonderful nature of Rocky Mountains

エ　one of the treasure hunters looking for the treasure

問2　下線部(2)clueと意味が最も近いものを次のア～エの中から選び，記号で答えなさい。

ア　place　　イ　puzzle　　ウ　secret　　エ　hint

問3　空欄(3)に当てはまるものを次のア～エの中から選び，記号で答えなさい。

ア　rivers　　イ　mountains　　ウ　treasures　　エ　treasure hunters

問4　空欄(4)に当てはまるものを次のア～エの中から選び，記号で答えなさい。

ア　a big letter　　イ　a plain color　　ウ　a famous poet　　エ　heavy rain

問5　下線部(5)について次の英語の質問に対する答えをア～エの中から選び，記号で答えなさい。

Question：Why do the police want Forrest to show his treasure to people on the Internet ?

ア　Because that is the only way to test their ideas.

イ　Because he told them not to go alone in winter.

ウ　Because they want to find out the three missing treasure hunters.

エ　Because they don't want people to die anymore.

問6　下線部(6)について次の英語の質問に対する答えをア～エの中から選び，記号で答えなさい。

Question：What is his plan ?

ア　for people to work at their office rather than at home

イ　for people to look for the treasure more safely

ウ　for more people to learn about nature and enjoy the experience there

エ　for more people to learn how dangerous mountain camping is

問7　空欄(7)に当てはまるものを次のア～エの中から選び，記号で答えなさい。

ア　more　　イ　less　　ウ　much　　エ　too

問8　下線部(8)trickと意味が最も近いものを次のア～エの中から選び，記号で答えなさい。

ア　lie　　イ　art　　ウ　magic　　エ　mystery

問9　本文の内容に合うものを次のア～カの中から2つ選び，記号で答えなさい。

ア　The treasure box is too heavy for people to carry by themselves.

イ　There are only nine pieces of information about where the treasure is.

ウ　The police are looking for the three people who stole the treasure.

エ　A mother and her daughter from Georgia haven't found the treasure but are still happy.

オ　Most of the people who doubted there is treasure to look for have stopped going to the Rocky Mountains.

カ　No one but Forrest can check if the treasure is still there or not.

【2】 次の文章は，ある父親の視点から，妻・娘との三人家族に起こった出来事について書かれている。文章を読んで，あとの設問に答えなさい。

People often say fathers and daughters are similar in personality, but (1) I didn't think so. Jane looks more like her mother than me. But the more important thing is that she doesn't listen to other people carefully and she often forgets things. Her mother often says we are similar, but (2) I didn't see any reasons to make her believe so, until today.

Today, I planned a surprise party for her graduation from high school. I ordered a nice bag that she can use at her new school and made a special dinner with my wife. I told Jane this morning to come home by 6 p.m. Of course, I did not tell her there would be a surprise for her when she returns. Then, she answered, "Yes, I know, I know !"

No, (3) she didn't. It was around 7 p.m., and she was still not home. I tried calling her, but I was greeted by her recorded voice saying "Thanks for calling, but I'm in the middle of something." I sighed,

"I'm speechless...(4a)."

My wife then smiled and said,

"Yes, (4b)."

"What do you mean ? You keep saying that, but (4c)."

"(4d)." She smiled again.

Then, Jane came home.

"I'm home, Mom and Dad !"

I tried hard to (5) [possible / make / voice / as / as / my / soft] and said：

"Where have you been ? We were getting worried about you."

"Sorry Dad !" she said. "I saw I missed your call, so here I am. I was choosing the best bag as a present for you and I totally forgot about the time ! Today's your birthday, isn't it ?"

"Is it ? Oh no ! I totally forgot it."

I found my wife carrying a birthday cake behind me, and she said,

"Don't you remember when we talked about (6) you want for your birthday last week ? I asked you to think about your present, but you just said "I know" because your mind was too excited about the surprise party. You guys are too much like each other !" she laughed.

We three had a good time celebrating both (7a) and (7b). I was happy because Jane was surprised by the dinner and my present. As I thought, she did not remember what I said this morning, but it's not a problem now. Now (8) I know my wife has been right all this time, because we surprised each other and, also, the bags we chose were the same color. (9) I think this should be counted as one of my presents.

（注） greet：あいさつや返事をする　　speechless：言葉が出ない

問1　下線部(1)の言い換えとして最も適当な文を次のア～エの中から選び，記号で答えなさい。

ア　I thought Jane's personality was similar to me.

イ　I thought Jane's personality was different from me.

ウ　I didn't think Jane looked like me.

エ　I didn't think Jane liked me.

問2　下線部(2)の意味として最も適当なものを次のア～エの中から選び，記号で答えなさい。

ア　なぜ妻が，私と娘が似ていると思うのか，私には分からなかった。

イ　どうして私が妻と娘が似ていると思えるか，私には分からなかった。

ウ　妻と私が似ていると信じるに足る理由が，私には分からなかった。

エ　私と娘が似ていないと信じている妻が，私には理解できなかった。

問3　下線部(3)に表れている筆者の考えを次のア～エの中から選び，記号で答えなさい。

ア　She didn't answer my question.

イ　She didn't understand what I said.

ウ　She didn't know there would be a surprise party.

エ　She didn't tell me she would never return.

問4　空欄(4a)～(4d)に入るセリフを次のア～エの中からそれぞれ選び，記号で答えなさい。

ア　I don't understand　　　イ　She is just like you

ウ　She is always like this　　エ　You will soon

問5　下線部(5)の[　]内の語句を意味が通るように並び替えて，解答欄に記入しなさい。

問6　空欄(6)に入る語として適切なものを次のア～エの中から選び，記号で答えなさい。

ア　which　　イ　what　　ウ　when　　エ　how

問7　空欄(7a)(7b)に入るものの組み合わせを次のア～エの中から選び，記号で答えなさい。

ア　(7a) my graduation　　(7b) Jane's birthday

イ　(7a) my wife's birthday　　(7b) Jane's graduation

ウ　(7b) Jane's graduation　　(7b) my birthday

エ　(7a) my birthday　　(7b) my wife's birthday

問8　下線部(8)と筆者が言った理由を次のア～エの中から選び，記号で答えなさい。

ア　Thanks to his wife, he remembered when his birthday was.

イ　He finally understood how similar he was to his daughter.

ウ　His wife knew that his daughter was graduating from her high school.

エ　He understood that his wife had been standing on his right.

問9　下線部(9)に表れている筆者の思いを次のア～エの中から選び，記号で答えなさい。

ア　娘が自分の好みを理解していなかったことに対する嘆き。

イ　妻と一緒にJaneの卒業を無事に祝うことができたという満足感。

ウ　自分の言うことをあえて守らなかった，独立していく娘への感心。

エ　自分の思いもしなかった形で親子の繋がりを確認できた嬉しさ。

問10　父親である筆者と娘であるJaneの共通点として不適切なものを次のア～オの中から選び，記号で答えなさい。

ア　物事に夢中になると他の事に意識が回らないところ。

イ　贈り物の趣味が同じであるところ。

ウ　時間に対して厳しいところ。

エ　サプライズが好きなところ。

オ　人の話をあまり聞かない癖があるところ。

【3】 空欄に入る最も適当な語句をア～オの中から選び，記号で答えなさい。

（1） 彼らは子供のころからの知り合いです。

They (　　　) each other since their childhood.

ア　know　　イ　are knowing　　ウ　are known　　エ　have known　　オ　knew

（2） 私はスマートフォンを確認するために立ち止まった。

I (　) my smartphone.

ア　stopped check　　イ　stopped checking　　ウ　stopped to check

エ　was stopped to check　　オ　was stopped checking

（3） これ以上牛乳を買う必要はありません。

We (　　　) buy more milk.

ア　mustn't　　イ　mustn't need to　　ウ　don't have to

エ　need not to　　オ　don't need

（4） 携帯電話をマナーモードに設定の上，通話はお控え下さい。

Please set your mobile phone to the silent mode and refrain from (　　　) the phone.

ア　telling with　　イ　talking to　　ウ　talking on

エ　speaking to　　オ　speaking with

（5） 皆さまにお知らせいたします。ホワイト航空201便成田行きの最終のご搭乗案内でございます。

(　　　) your attention, please ? This is the final boarding call for White Airlines flight 201 to Narita.

ア　Shall I have　　イ　Shall we have　　ウ　Can you have

エ　Do you have　　オ　May I have

【4】 次の（1）～（5）の日本文に合うように，与えられた語を使い英文を完成させる時，[A]～[J]に入るものをそれぞれ選び，記号で答えなさい。ただし文頭に来る語も小文字で示してある。

（1） エイジは彼のチームで最年長の選手です。

Eiji is [ア other　イ than　ウ in　エ player　オ any　カ older] his team.

Eiji is ＿＿ ＿＿ [A] ＿＿ [B] ＿＿ his team.

（2） 私はその試合が何時に開始するのか知りません。

I don't [ア will　イ time　ウ what　エ start　オ know　カ the game].

I don't ＿＿ [C] ＿＿ ＿＿ [D] ＿＿.

（3） 親切にも彼女は私の仕事を手伝ってくれました。

It was kind [ア to　イ with　ウ of　エ me　オ her　カ help] my task.

It was kind __E__ ______ ______ __F__ ______ ______ my task.

（4） あれは私が今までに見た中で最も面白い映画でした。

That was the [ア have　イ I　ウ movie　エ that　オ exciting　カ most] ever seen.

That was the ______ __G__ ______ ______ __H__ ______ ever seen.

（5） 飛行機でドイツに行くのにはおよそ12時間かかります。

[ア to　イ it　ウ about　エ takes　オ twelve　カ hours] go to Germany by air.

______ __I__ ______ ______ __J__ ______ go to Germany by air.

【5】 次の対話文を読んで，あとの設問に答えなさい。

Miki　：Hello...Nice to meet you. My name is Miki. And you must be...

Ms.Harris　：Ms.Harris. (　A　)? Welcome to The Ms.Harris Etiquette School !

Miki　：So, this is my first time learning table manners.

Ms.Harris　：Don't worry ! I will teach you everything. Please be seated and relax !

Miki　：Yes. But...I don't know where to start...

Ms.Harris　：(　B　)?

Miki　：I mean...we, Japanese, always eat with chopsticks. There are so many knives and forks here !

Ms.Harris　：Oh, I see. No problem. We've prepared (1)a pair on the table for you.

Miki　：(　C　). But, I have to try these knives and forks and get used to them.

Ms.Harris　：Good ! I can offer you some easy instructions on western table manners. These knives and forks are put in order. You use them from the outside in, see ?

Miki　：O...okay, but what about the small spoon on the top ?

Ms.Harris　：Oh, that's for dessert. You use (2)it last and the other big spoon is for the soup.

Miki　：Yeah, it's rounded. I see. Is the soup also brought last ?

Ms.Harris　：No. Usually you're going to be served with a soup and salad, first. So, you use (3)the bigger one at the beginning of dinner.

Miki　：And these biggest knife and fork are for the main dish ?

Ms.Harris　：That's right. See, it's very easy.

Miki　：But that leaves two more knives. What are they for ?

Ms.Harris　：Which two ?

Miki　：The smallest one and the second smallest one. I think the smallest one is a butter knife.

Ms.Harris　：Yes, it is. And you must have forgotten (4)that one for salad.

Miki　：Eat salad with a knife ? I didn't know that !

Ms.Harris　：And the bread is going to be served with the main dish. You'd better leave (5)it till then.

Miki　：Ok, I will...woops ! I dropped it.

Ms.Harris　：Hold it ! Picking up a dropped knife is also bad manners. Waiter !

Waiter　:(D), ma'am.

Miki　: Th...thank you very much.

Waiter　:(E). Enjoy your dinner.

問1　空欄(A)～(E)に当てはまるものを次のア～コの中からそれぞれ選び，記号で答えなさい。

ア　How do you do　　イ　Thank you　　ウ　Give me a break

エ　What do you do　　オ　Who are you　　カ　Pardon

キ　Here he comes　　ク　I feel sorry　　ケ　You're welcome　　コ　Here you are

問2　下線部(1)～(5)が指しているものを，挿し絵のア～クの中からそれぞれ選び，記号で答えなさい。

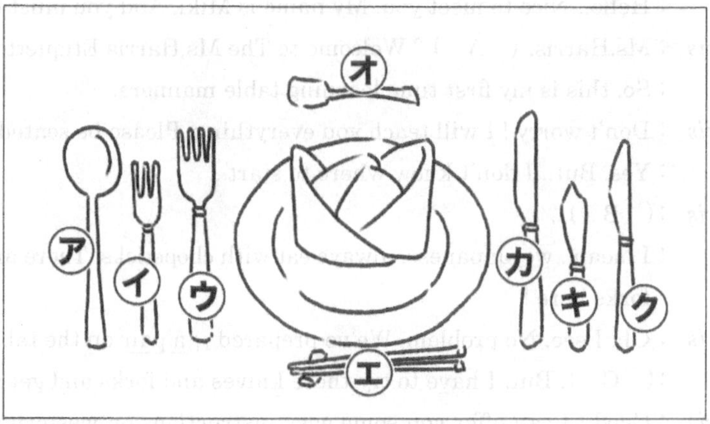

問五、本文の内容として最も適当なものを次の選択肢より一つ選び記号で答えなさい。

ア　捕らえられた兼康の境遇は、昔の人が不憫に思った中国の故事と同じであった。

イ　木曾殿は兼康の言動を不審に思い、倉光の次郎に様子を見に行くように先行させた。

ウ　宗康は自領に行こうとする兼康に偶然播磨で出会い、その後、道中付き従った。

エ　倉光の三郎は自ら持参した酒で宴を開き、そのまま酔っぱらって眠ってしまった。

オ　兼康は倉光の次郎の率いる源氏軍に無理やり酒を飲ませて、寝ている間に殺してしまった。

＊9　韋の韝、毳の幕…なめし皮の肘あてと毛織の幕。
＊10　なまぐさき肉、酪のつくり水…生臭い獣肉と獣の乳汁。
＊11　知行…土地を領有して支配すること。
＊12　御辺…二人称。そなた。貴公。貴殿。
＊13　播磨…旧国名。現在の兵庫県南西部を指す。
＊14　備前国…旧国名。現在の岡山県南東部を指す。

問一、二重傍線部Ｘ「五月」の旧暦の読み方として適当なものを次の選択肢より一つ選び記号で答えなさい。

ア　むつき　　イ　きさらぎ　　ウ　うづき
エ　さつき　　オ　ふづき

問二、傍線部①・②の本文における意味として最も適当なものを、それぞれ後に続く選択肢より一つ選び記号で答えなさい。

①「聞こゆる兵」
ア　脆弱な若武者　　イ　落ちのびた逃亡者
ウ　名の知れた武者　　エ　事情に通じた武士
オ　勇猛な武者

②「左右なう斬るべきにあらず」
ア　にべもなく斬らねばならない
イ　切腹させないはずがない
ウ　むやみに斬らせようとしてはならない
エ　ためらわずに斬ってはならない
オ　簡単に斬り捨ててやるつもりはない

問三、傍線部③「恐ろしけれ」とあるが、何に対する心情を表しているか。その説明として最も適当なものを次の選択肢より一つ選び記号で答えなさい。

ア　捕虜にしたにもかかわらず、過酷な労働や粗末な食事を与えるといった木曾殿の残酷さ。
イ　たった数日の手厚い庇護《ひご》によって、一族を裏切ろうと考えてしまう人間の非情さ。
ウ　どれほど手ひどい命令に従っていたとしても、いずれは必ず殺されてしまうという事実。
エ　自身一人しかいなくても、木曾殿の首を取って見せようと画策する兼康の浅はかさ。
オ　屈辱を味わいながらも、なんとかして生き延びて再び自軍に戻ろうとする兼康の執念。

問四、傍線部④「この由」の内容として最も適当なものを次の選択肢より一つ選び記号で答えなさい。

ア　兼康は源氏に保護されたことによって、もはや戦に出る気がなくなっており、中立の立場を取ろうとしていること。
イ　恩を受けた木曾殿にならば、たとえ戦場で殺されたとしてもかまわないと言ったということ。
ウ　木曾殿への忠誠のあかしとして、馬の飼育に適した自領に案内したいと申し出ているということ。
エ　兼康が自分の領地にいる一族も源氏の味方につけようと、説得をしに自分の領地に戻りたがっているということ。
オ　兼康が甘い話をもちかけて木曾殿を騙し、反逆しようと策を練っているということ。

オ　「赤ん坊の掌」「行き昏れた旅人」などの比喩を用い、希望にあふれる青年であった香田が過去と決別するまでの経過を象徴的に表現している。

カ　言葉というものが必ずしも人間の思考や感情を正確に表現できるわけではないという言語学的なテーマについて正面から扱っている。

四、次の文章は『平家物語』の一節です。文章を読み後の設問に答えなさい。

ここに平家の御方《みかた》に候《さぶら》ひける、[*1]備中国の住人、[*2]瀬尾太郎兼康《せのをのたらうかねやす》は、①聞こゆる兵《つはもの》にてありけれども、去《い》んぬるX五月[*3]北国の戦の時、運や尽きにけん、[*4]加賀国の住人、[*5]倉光次郎成澄《くらみつのじらうなりずみ》が手にかかつて、生捕《いけどり》にこそせられけれ。その時已に斬らるべかりしを、[*6]木曾殿、「あつたら男《をのこ》を、②左右《さう》なう斬るべきにあらず」とて、[*7]弟三郎成氏《おとうとさぶらうなりうぢ》に預けられてぞ候ひける。人あひ心ざままことに優なりければ、倉光もねんごろにもてなしけり。[*8]蘇子卿《そしけい》が胡国《ここく》にとらはれ、李少卿《りせうけい》が漢朝へ帰らざりしがごとし。遠く異国につける事も、昔の人の悲しめりしが所なり、と云へり。[*9]韋《おしかは》の鞲《たまき》、毳《かも》の幕《ばく》、もつて風雨を防ぎ、[*10]なまぐさき肉《しし》、酪《らく》のつくり水、もつて飢渇《きかつ》にあつ。夜は寝《い》ぬる事なく、昼は終日《ひねもす》に仕へて、木を伐り草を刈らずと云ふばかりに随ひつつ、いかにもして敵《かたき》をうかがひ討つて、今一度旧主を見ばや、と思ひたちける兼康が、心の中こそ③恐ろしけれ。

ある時瀬尾太郎、倉光の三郎に云ひけるは、「去んぬる五月より、かひなき命を助けられ参らせて候へば、誰《たれ》を誰とか思ひ参らせ候ふべき。今度《こたび》御合戦候はば、命をば木曾殿に奉らん。それに就き候ひては、先年兼康が[*11]知行し給ひし備中の瀬尾と云ふ所は、馬の草飼《くさかひ》よき所にて候ふ。[*12]御辺《ごへん》、申して賜はらせ給へ。案内者せん」と云ひければ、倉光三郎、木曾殿に④この由を申す。木曾殿、「さては不便の事をも申すごさんなれ。まことには汝《なんぢ》先《ま》づ下つて、馬の草などをも構へさせよ」とぞ宣《のたま》ひける。倉光三郎、かしこまつて承つて、手勢三十騎ばかり、瀬尾太郎を相具《あひぐ》して、備中国へ馳《は》せ下る。瀬尾が嫡子《ちやくし》小太郎宗康《むねやす》は、平家の御方に候ひけるが、父が木曾殿より暇《いとま》給はつて下ると聞いて、年来《としごろ》の郎等《らうだう》ども催《もよほ》し集めて、その勢百騎ばかりで、父が迎《むかひ》に上りけるが、[*13]播磨《はりま》の国府《こふ》で行きあうたり。それよりうち連れ下る程に、[*14]備前国三石《みついし》の宿《しゆく》に留《とま》つたりける夜、瀬尾が相知つたる者ども、酒を持たせて来《きた》り集まり、夜もすがら酒盛《さかもり》しけるが、倉光の勢三十騎ばかりを強ひ伏せて、起こしも立てず、倉光三郎を始めとして一々に皆刺し殺してげる。

＊1　備中国…旧国名。現在の岡山県西半部を指す。
＊2　瀬尾太郎兼康…妹尾兼康。平氏方の武将。
＊3　北国の戦…倶利伽羅峠の戦い。源義仲軍と平維盛率いる平家軍との合戦。
＊4　加賀国…旧国名。現在の石川県南部を指す。
＊5　倉光次郎成澄…北陸武士。源義仲の家臣。
＊6　木曾殿…源義仲。
＊7　三郎成氏…倉光次郎成澄の弟。
＊8　蘇子卿が胡国にとらはれ、李少卿が漢朝へ帰らざりし…前漢（中国）の名臣、蘇子卿と李少卿が、自国から遠く離れた国に拘留され、長く帰郷がかなわなかったことを指す。

いる。

問三、傍線部②「口にする言葉はすべて穢れていると思った」とあるが、香田がこのように思ったのはなぜか。最も適当なものを次の選択肢より一つ選び記号で答えなさい。

ア　海軍予備学生である香田にとって女性に好意を寄せること自体が規則違反で、そもそもの職業選択の間違いを笙子の父に優しく指摘され、何を言ってもごまかせないと感じたから。

イ　笙子の父からすると香田は娘の未来を託すことができない相手であるが、そのことに無自覚な香田は丁寧に説明したところで自分の真意が笙子の父には理解できないと感じたから。

ウ　笙子の父親の娘を思う真剣な思いに応えることができない立場である香田にとって、どのような返答をしても自分の気持ちを正確には言い表せないと感じたから。

エ　将来を誓うことができないのに笙子との交際を続けたことについて、誠意ある回答を求める笙子の父に適切な弁明ができないと感じたから。

オ　娘を思いやり温かな眼差しを向け続ける理想の父親像を目の当たりにして、自分の笙子を思う気持ちは偽りであったのかもしれないと感じたから。

問四、笙子の父の人物像として最も適当なものを次の選択肢より一つ選び記号で答えなさい。

ア　恋愛を禁止されている時代に堂々と娘と交際をしている香田に対し、はっきりと不満を言えないでいる気弱な人物。

イ　結婚をしたいという娘の希望を叶えるための努力を全くしてくれない香田に対して、不甲斐なさを感じている真面目な人物。

ウ　日々緊迫していく社会状況の中浮ついた気持ちで付き合いを続けている二人に対し、人としての生き方を繰り返し諭す穏やかな人物。

エ　愛情が深く香田にも丁重に接するが、不可抗力の現実の中で親として何もしてあげられず葛藤する誠実な人物。

オ　香田が笙子との将来を考えることなく今の楽しさだけを享受しているように思い込み、娘の選んだ恋人を軽蔑する心の狭い人物。

問五、本文についての説明として適当なものを次の選択肢より二つ選び記号で答えなさい。

ア「鼠色」「茜色」「橙色」などの色彩表現や夕日が刻々と暮れていく様子を所々に用い、時間の経過をわかりやすく描写している。

イ　戦時中でも希望を持ちながら生きる若者世代と、辛い現実を受け入れざるを得ないと考える親世代を対比させることで、社会の理不尽さを明確に表わしている。

ウ　物資不足で誰もが空腹にあえいでいた戦時下であるはずなのに、笙子の父が香田に「薩摩芋」を渡したのは、娘が選んだ恋人に真摯に向き合おうとしていたからである。

エ「一頭の勇気ある猿」「一頭の聡明な猿」という表現を用いることで、戦争の原因が、猿から進化していない人間による武器や言葉の使用にあると遠回しにほのめかしている。

何事もお国のためです。
必ず生きて帰ります。
立派に死んで見せます。
どうか忘れてください。

胸にうかんだ言葉のひとつひとつは、すべてが虚偽で、汚泥にまみれていた。

軍刀や銃や、大砲や戦闘機や軍艦をずらりと並べて、さあこれが文明だと言うのとどこも変わりがなかった。

「ごちそうさまでした」

いくらかはましと思える言葉をようやく口に出して、香田は上水のほとりを去った。

橙《だいだい》色の紗《しゃ》をかけた駅頭には、青春を奪われた若者たちが、行き昏れた旅人のようにおのれの影を踏んでいた。

（『無言歌』著・浅田次郎）

問一、二重傍線部X～Zの語句の意味として最も適当なものを、それぞれ後に続く選択肢より一つ選び記号で答えなさい。

X「道草を食いながら」
ア　道中ゆっくり進みながら
イ　途中で別の事をしながら
ウ　自分の趣味に没頭しながら
エ　事前に時間を調整しながら
オ　周囲をよく見渡しながら

Y「眦を決して」
ア　意志を固めて　　イ　視線をそらして
ウ　動揺を隠して　　エ　睨みつけて
オ　決意を翻して

Z「美辞麗句」
ア　真実をうまく隠すための言葉
イ　現実を逃避するための言葉
ウ　うわべだけを飾り立てた言葉
エ　価値判断が難しい言葉
オ　相手を騙すための言葉

問二、傍線部①「国民服を着た男」とあるが、香田の「男」に対する心情の変化について、最も適当なものを次の選択肢より一つ選び記号で答えなさい。
ア　笙子との恋を反対されると思い反発心を持っていたが、予想に反して男に怒られずに済んだことから拍子抜けしている。
イ　隠していた笙子との関係が暴かれ逆恨みをしていたが、常に冷静で合理的に物事に対処する男の姿を見て尊敬の念を抱いている。
ウ　笙子との関係を壊す存在だと敵視していたが、空腹に耐えきれずに男のくれた芋を食べてしまい敗北感を感じている。
エ　笙子がうつむいているのは男に説教されたからだと勘違いしていたが、互いに笙子のことを思う同志だと感じ男を信頼し始めている。
オ　恋人を守ろうと意気込んでいたが、男が笙子だけでなく自分のことも気遣ってくれていることがわかり居ずまいを正して

た。笙子のかたわらに①国民服を着た男が立って、こちらを睨《にら》みつけていた。

女学校の担任教師か、さもなくば工場の上司だろうと思った。二人の関係が知れて、こっぴどく説教されるのだろう。

嘘はつかない。恋愛のどこが悪いのだと開き直ってやる。

香田はY眦《まなじり》を決して笙子に歩み寄った。

「香田正也さんです」

笙子が俯《うつむ》きかげんに言った。とことん説教をされたのかと思うと、怒りがこみ上げてきた。

「君は何も言わなくていい」

香田はそう言って男に向き合った。背丈が高く、度の強いメガネをかけていた。工場では見かけぬ人物だし、齢を食っているから、校長か教頭かもしれないと思った。

「ここは傍目があるので、少し歩きましょう」

男は穏やかに言って、香田の背を押した。

夕まぐれの駅頭から少し歩くと、小川のほとりに出た。北口の駅舎とプラットホームの間を流れる、玉川《たまがわ》上水だった。

男はぽつんと灯《とも》る街灯の下で、雑嚢の中から古新聞にくるんだ薩摩《さつま》芋《いも》を取り出し、二つに折った。

「昼の残りですが、よろしかったら」

「はあ、いただきます」

言葉より先に手が出てしまった。腹がへっていた。

男は自分の芋をさらに割って、尻尾の端を口に放り込むと、ほとんどそっくりそのまま笙子に渡した。

香田は顎を止めた。男の正体がわかったのだった。芋は弁当の残りではなくて、香田と笙子のために残しておいたのだと思った。

「香田です。失礼しました」

角帽を脱いで、深々と頭を下げた。

「こちらこそ、申し遅れました。会社を早退《はやび》けして、待ち伏せておりました」

しばらくの間、三人は言葉を探しあぐねて、西空の夕映えを見つめていた。茜《あかね》色の地平に、赤ん坊の掌《てのひら》を並べたような欅《けやき》の影がつらなっていた。

「海軍予備学生では、生きて帰れんでしょう。今からでも、どうにかならんのですか」

娘の希《のぞ》みならば、この人は何ひとつ反対などしないのだろう。その真心に応ずる答えを、香田は思いつかなかった。どれほどのZ美辞麗句をつらねようとも、あるいは自分が詩人であったとしても、②口にする言葉はすべて穢《けが》れていると思った。

三人が三人、言葉の穢れに畏れおののいて、何ひとつしゃべれぬままに、ただ声を絞って泣いた。

遠い昔、一頭の勇気ある猿の手にした炎が、実はその瞬間から穢れていたのと同様に、一頭の聡明《そうめい》な猿が獲得した言葉は、やはりその瞬間から穢れていたのだった。

その穢れに気付いてしまえば、炎も言葉も知らなかったころの猿に戻って、人はただ嘆くほかはなかった。

ご心配をおかけしました。

分不相応でした。

ウ　読み終えたとき必ず作者の意図に辿り着くように、常に自分の読み方を振り返り確認することが大切だから。

エ　読書には、主観的な読み方を排除し、目の前の文字情報にとらわれない広い視野が求められるから。

オ　原始的な狩猟者が獲物を臭いでかぎ分けるように、読書にも内容の真偽をかぎ分ける力が必要だから。

問六、本文についての説明として適当なものを次の選択肢より二つ選び記号で答えなさい。

ア　本は筆者のすべてを表し得ないという読書する上での前提を挙げ、【資料3】のような読書への主体的関与を【資料1】も求めている。

イ　【資料1】での一般的読者が陥る読書についての誤りを、【資料2】【資料3】において専門家の説明を用いることで解決している。

ウ　【資料2】では忘れることに積極的な価値を与えているが、【資料1】では忘れることで考える力が失われると危機感を示している。

エ　【資料2】で示された忘れることと新しい閃きを得ることの因果関係を、【資料3】では方法論として解説している。

オ　どの資料も、読書に対して示唆に富んだ指摘がなされており、読書という行為を考え直す契機となる。

カ　すべての資料が多読に言及しており、それぞれの立場から読書が持つ問題点を明らかにしている。

三、次の文章を読み後の設問に答えなさい。

郊外の駅頭は鼠色《ねずみいろ》にたそがれている。砂利《じゃり》を敷きつめた駅前広場に、工場を引けた学生たちが屯《たむ》ろしていた。

住宅地も商店街も南側で、工場が大増産体制に入った数年前に、北口の駅舎と広場が造られたという話である。だから広場の砂利も白く、駅舎も小体《こてい》ながら新木《あらき》の香りがして、まるで神社か何かのように清浄な気が漂っていた。

それでも工場の門から北口までは、二十分も歩かねばならない。どうかすると茶畑と雑木林の道をたどるうちに、とっぷりと日が昏《く》れてしまう。しかしそんなときはこれ幸いと、男女が身を寄せ合って駅まで歩いた。

万が一見咎《みとが》められても、女の一人歩きは物騒です、と答えればよかった。

運がよければ、笙子《しょうこ》と落ち合うこともできた。女学生のほうがたいてい解散は早いから、急ぎ足で行けばどこかで笙子に追いついた。むろん笙子もそのつもりで、X道草を食いながらのんびりと歩いていた。

女学生のうしろ姿は一様で、みなもんぺの裾にゲートルを巻き、弁当箱の入った雑嚢と防空頭巾を背中に回していた。食い物が同じせいか、体格も似ていた。

名前を呼ぶわけにもいかないから、追い抜きざまにひとりひとりの顔を盗み見て気味悪がられた。そうして、その日はとうとう会えぬまま、北口の駅頭まで来てしまったのだった。

駅舎の軒先に笙子が佇《たたず》んでいた。手を挙げかけて、香田はためらっ

＊3　インゴルド…イギリスの社会人類学者（一九四八〜）。

問一、Ａ〜Ｄに入る語として最も適当なものを次の選択肢よりそれぞれ一つ選び記号で答えなさい。（ただし、同じ記号は複数回使用できない。）

ア　さらに　イ　たとえ　ウ　つまり　エ　だが
オ　なぜなら　カ　もし

問二、傍線部①「多読の結果、愚者となった人間」とあるが、どういうことか。【資料1】を読み、その説明として最も適当なものを次の選択肢より一つ選び記号で答えなさい。

ア　学者は、多くの本を読むことで知識は増すものの、自ら思考するという人間本来のあり方を忘れているということ。
イ　読書が日常化している学者は、他人の思想で頭の中が埋め尽くされてしまい、自分で思考する力に欠如するということ。
ウ　読書が仕事の中心である学者は、実は労苦を伴う思考を避け、安楽な読書を好む怠惰な存在であるということ。
エ　日々本を読むという勤勉さが、かえって本が持つ内容から自らを遠ざけているという矛盾に、学者たちは気づいていないということ。
オ　今の学者は、多くの本を読む中で思考を深める一方で、自らの思想に執着し、他者の思想を受け入れ難くなっているということ。

問三、二重傍線部Ｘ「他人の考えた過程を反復的にたどるにすぎない」とあるが、これと同じ内容を【資料2】から二十二字で抜き出し、最初と最後の三字を答えなさい。

問四、傍線部②「渾然一体になる」とあるが、読書を通じてこのような状態になるために【資料1】ではどうすればよいと考えられているか。その説明として最も適当なものを次の選択肢より一つ選び記号で答えなさい。

ア　繰り返し同じ本を読み返すことで、徐々に書かれたものの本質に近づき、他者の思想を使いこなせるように心がけるべきだ。
イ　読んだものを自分の精神に取り込むには、内容を整理して取捨選択するための客観的視点が重要である。
ウ　たくさんの本を読んだとしても、その内容のすべてを身につけることは不可能であると開き直ることが必要だ。
エ　読書を通じて得たものを、読み終えた後で繰り返し吟味し、じっくりと思索を巡らせる以外に方法はない。
オ　読んだ内容を後でいつでも考え直せるように、意識的に忘れる姿勢を持たなければならない。

問五、傍線部③「〝狩猟者〟なる表現はきわめて重要な意味をもつ」とあるが、「重要な意味をもつ」のはなぜか。【資料3】を読み、その理由を説明したものとして最も適当なものを次の選択肢より一つ選び記号で答えなさい。

ア　読書とは、ただ文字情報を受容するのではなく、自ら進んで内容を読み取ろうとする積極的姿勢を伴うものだから。
イ　読書において、内容を読み違えることなく受け取るには、慎重に読み進める姿勢が必要とされるから。

こともあるだろう。

　しかし、そのような試行錯誤の経験を幾度も踏むことで、読者の読み方はしだいに鍛え上げられていく。[*3]インゴルドは経験に鍛えられた読者は書かれた文章を「原始の狩猟者のように読み進むことになる――地図を見るのではなく踏み跡《トレイル》を辿ることによって」と表現する。ここでいう③〝狩猟者〟なる表現はきわめて重要な意味をもつ。ある〝文字空間〟を旅する読者＝狩猟者は、マップやチャートをもっていないので、著者がその本を書き記すときに残したさまざまな〝踏み跡〟――単語や文章など――を手がかりにして、いま自分がいる場所と進むべき方角を推論し続けなければならない。

　インゴルドは読書における地図の有無を次のように対比する。

> 　踏み跡の追跡や徒歩旅行と、あらかじめ地図が与えられた航海との区別は決定的に重要である。航海士は地図という領海の完全な表示を眼の前に持っていて、出発前に辿るべきコースを設定《プロット》することができる。したがって旅はその筋書き《プロット》をなぞるものに過ぎない。それと対照的に、徒歩旅行では、以前に通ったことのある道を誰かと一緒に、あるいは誰かの足跡を追って辿り、進むにつれてその行程を組み立て直す。この場合、旅行者は目的地に到達したときに初めて自分の経路を把握したと言える。

　獲物を追いかける〝狩猟者〟の攻撃的なイメージはひとり静かに本を読む営みにはふさわしくないのではないかという意見もきっとあるだろう。しかし、リラックスして心安らかに本をひもとくときでも、あるいは仕事や勉強のため必要に迫られて読書するときでも、いったん本に没入すれば私たちはまちがいなく言葉や文章を〝狩って〟いる。小説であれば登場人物がどのような言動をするのか、物語のプロットがどんな展開を見せてくれるのかを期待しながら煽《あお》られるようにページをめくるだろう。また、専門的な学術書であれば、ある分野の専門知の体系がどのように組み立てられているのかを思い描きながらゆっくり読み進むだろう。本を読んでいるときは、たとえ自分ではそうと気づかなくても、読者は〝狩猟者〟の眼差しになっている。

　このように読者を〝狩猟者〟にたとえるならば、本を読むときの私たちの心構えは自ずと定まってくるにちがいない。たいして読む気もなく本のページを漫然とめくっているようでは獲物を狙う〝狩猟者〟とはとてもいえない。いやしくも〝狩猟者〟を自認するかぎり、私たちは目的や好奇心をもって真剣に本に相対しているはずだ。あるキーワードは本全体の中でどんな役割を果たすのだろうか。あるキーセンテンスが張る伏線はどのようなストーリーにつながり、最終的に回収されるのか。本を読み始めるとともに読者が出会う数多くの〝踏み跡〟や〝目印〟や〝痕跡〟などなど、本の〝文字空間〟を構成する各「部分」で目に留まるあらゆる証拠の断片が、最終的にはひとつの「全体」像としてまとまって立ち上がってくる。そのときまで、読者は〝狩猟者〟であり続ける。

（『読書とは何か――知を捕らえる15の技術』著・三中信宏）

＊1　ニーチェ…ドイツの思想家（一八四四～一九〇〇）。『ツァラトゥストラはこう言った』は代表作。

＊2　ゲーテ…ドイツの作家（一七四九～一八三二）。『ファウスト』は代表作。

忘れていくことによって、クリエイティブな発想ができるということなのでしょう。

だから私はあえて、読書ノートやメモを取ったりはしません。論文を読む時であれば、重要な箇所にマーカーで印をつけることはあるし、論文並みに専門的な本を読んでいて覚えておきたいフレーズが出てきた時に線を引くことは稀《まれ》にあります。ただ、一般的な本を読んで、意識的に線を引くというような習慣は全くありません。

私自身は昔から、本は気楽に読んで一度は忘れるということを繰り返してきました。今ではむしろ、「忘れっぽい」ことが強みだと思うようにしています。本全体の10％くらいが頭に残るぐらいでちょうどいい、というのが私の感覚です。

だから学生に論文の読み方を指導する際も、「覚えることより忘れる能力が大切」とよく言っています。読んだ内容を細かく思い出せるうちは、単に著者の主張を頭の中でリピートしているだけで、それは自分の頭の中に「入った」とは言えないからです。

得た知識が何となく頭の片隅に残っていて、いくつもの概念が溶け出して混ざり合っていくような感覚になることがあります。先述したように、愛読しているニーチェ[*1]の『ツァラトゥストラはこう言った』などは、私の身体の一部のようになっていて、ページを開くとフレーズが自然と頭の中でリフレインし始めます。この本を気楽にパラパラとめくっていくと、引っかかりを覚えるフレーズにも出くわします。

〈「これは気にいった。幸福よ！　束の間よ！　瞬間よ！」と一度だけ言ったことがあるなら、あなたがたは一切がもどってくることを欲したのだ！〉

これを読んでいる私の頭の中では、ゲーテ[*2]の『ファウスト』のクライマックス、主人公のファウストの言葉が混ざり合ってきます。

〈時よ止まれ！お前はいかにも美しい〉

このような記憶の溶け出しは、どの本を読んでいてもしょっちゅうあって、「あれ、どちらがどちらの作品だったか……」というぐらい②渾然一体《こんぜんいったい》になる場合もあります。「頭の中で溶けてしまってよくわからなくなった」という状態でも、脳の潜在意識には残っていますから、それぞれの断片は記憶に上ってくるのです。出典が明らかではなくなるまで頭の中で混ざり合っているからこそ、新たな閃きが降りてくるのだと思います。

（『忘れる読書』著・落合陽一）

【資料3】

考えてみれば、本を読むことは単なる機械的な受け身の〝情報取得〟ではなく、もっと身体的で試行錯誤をともなう積極的行為とみなした方が適切だろう。そもそも、ある本を読もうとするからには最初に何らかの動機づけが必要だ。自発的に読まないかぎり一ページも先に進めない。読み始めの最初のうちは、その本の全体像がまだ見えなくて、足元の単語や文章しか目に入らないだろう。ときには、キーワードやキーセンテンスの意味を盛大に読み間違えてしまう〝誤読〟もあるだろう。ときには、原義から大きく外れた〝深読み〟をしてしまう

自分でものを考える力を失って行く。つねに乗り物を使えば、ついには歩くことを忘れる。しかしこれこそ大多数の学者の実状である。彼らは①多読の結果、愚者となった人間である。 A 、暇さえあれば、いつでもただちに本に向かうという生活を続けて行けば、精神は不具廃疾となるからである。実際絶えず手職に励んでも、学者ほど精神的廃疾者にはならない。手職の場合にはまだ自分の考えにふけることもできるからである。 B 、発条《ばね》に、他の物体をのせて圧迫を加え続けると、ついには弾力を失う。精神も、他人の思想によって絶えず圧迫されると、弾力を失う。食物をとりすぎれば胃を害し、全身をそこなう。精神的食物も、とりすぎればやはり、過剰による精神の窒息死を招きかねない。多読すればするほど、読まれたものは精神の中に、真の跡をとどめないのである。 C 精神は、たくさんのことを次々と重ねて書いた黒板のようになるのである。したがって読まれたものは反芻《はんすう》され熟慮されるまでに至らない。だが熟慮を重ねることによってのみ、読まれたものは、真に読者のものとなる。食物は食べることによってではなく、消化によって我々を養うのである。それとは逆に、絶えず読むだけで、読んだことを後でさらに考えてみなければ、精神の中に根をおろすこともなく、多くは失われてしまう。しかし一般に精神的食物も、普通の食物と変わりはなく、摂取した量の五十分の一も栄養となればせいぜいで、残りは蒸発作用、呼吸作用その他によって消えうせる。

 D 読書にはもう一つむずかしい条件が加わる。すなわち、紙に書かれた思想は一般に、砂に残った歩行者の足跡以上のものではないのである。歩行者のたどった道は見える。だが歩行者がその途上で何を見たかを知るには、自分の目を用いなければならない。

（『読書について』著・ショウペンハウエル　訳・斎藤忍）

【資料2】

「本を読んでもなかなか知識が身につかない」という悩みを聞くことがあります。読書した内容を逐一《ちくいち》頭に入れ込んでいかなければ、と思い込んでいる人は、意外と多いように感じます。でも、ウェブで調べれば十分な知識は、記憶しておかなくてもいいと私は思います。必要な時にその都度、調べればいいからです。

これからの時代、クリエイティブであるための知的技術は、読後に自分の中に残った知識や考えをざっくりと頭に入れ、「フックがかかった状態」にしておくことです。何となくリンクが付いているような状態で頭の片隅に残しておけば、いずれ頭の中を「検索すれば」わかるからです。

そうするためにも、何かを読んで知識を得た時、適度に忘れていくことが大事なのだと思います。博物学者の荒俣宏は、こんなことを言っていました。

〈一冊の本を繰り返し読んだところで、大半は忘れているだろう〉
〈わからないことは、そのままにする〉
〈0点の成績をとりつづけることでたくわえられる「知の力」というものがあるのだ〉

『0点主義——新しい知的生産の技術57』講談社刊より

【国　語】（五〇分）〈満点：一〇〇点〉

一、次の1～5の傍線部の漢字と同じものをそれぞれ後に続く選択肢より一つ選び記号で答えなさい。

1　ソガイ感にさいなまれる。
ア　カンガイをこめて歌う。
イ　ガイアクとなる噂を流す。
ウ　ある政治家のダンガイを求める。
エ　奇想テンガイな考え。
オ　シガイチに野生動物が出没する。

2　感染の広がりはイゼンとして収まらない。
ア　全権を彼にイニンする。
イ　ウイ転変は世の習いである。
ウ　事件イライ慎んで行動している。
エ　イギョウを成し遂げた人物。
オ　ある文章にイキョした記事。

3　片付けるべき問題がサンセキしている。
ア　ボウセキ工場を見学する。
イ　セキネンの恨みを晴らす。
ウ　セキニン問題に発展する。
エ　イッセキを投じる。
オ　予選に勝ち残るのがセキの山だ。

4　資源はムジンゾウではない。
ア　国家の再建にジンリョクする。
イ　台風によるジンダイな被害。
ウ　何事も最初がカンジンだ。
エ　ジンソクに対処する。
オ　ジンジョウな手段では解決しない。

5　タクエツした技術を披露する。
ア　クッタクのない笑顔。
イ　市場をカイタクする。
ウ　ジュンタクな資源。
エ　ザタクに腰掛ける。
オ　朝食のシタクをする。

二、次の資料1～3は全て「読書」について書かれたものです。これらを読み後の設問に答えなさい。（なお【資料1】には、現在用いられていない表現が含まれているが、ここでは原典のまま表記している。）

【資料1】

読書は、他人にものを考えてもらうことである。本を読む我々は、X他人の考えた過程を反復的にたどるにすぎない。習字の練習をする生徒が、先生の鉛筆書きの線をペンでたどるようなものである。だから読書の際には、ものを考える苦労はほとんどない。自分で思索する仕事をやめて読書に移る時、ほっとした気持になるのも、そのためである。だが読書にいそしむかぎり、実は我々の頭は他人の思想の運動場にすぎない。そのため、時にはぼんやりと時間をつぶすことがあっても、ほとんどまる一日を多読に費やす勤勉な人間は、しだいに

2023年度

解　答　と　解　説

《2023年度の配点は解答欄に掲載してあります。》

＜数学解答＞ 《学校からの正答の発表はありません。》

1. (1) $\frac{5x-13y-1}{6}$　(2) $-\frac{a^3}{b}$　(3) $13-3\sqrt{2}$

2. (1) $(x+1)(x-1)(2y-3)$　(2) $-\frac{8\sqrt{13}}{9}$　(3) 30g　(4) $\angle x=38°$

　(5) $a=1$, $b=2$, $c=4$, $d=3$　(6) $a=3$, $b=8$　(7) $\frac{\pi}{2}-\frac{3\sqrt{3}}{4}$ cm^2　(8) 594円

3. (1) $\angle \mathrm{ADB}=108°$　(2) $\mathrm{BC}=\frac{\sqrt{5}-1}{2}$ cm

4. (1) $y=\frac{1}{2}x+2$　(2) $\mathrm{OP}=\sqrt{5}$　(3) $y=-\frac{1}{2}x+2$

5. (1) $36\sqrt{2}$ cm^3　(2) $\mathrm{AM}=3\sqrt{5}$ cm

6. (1) $\frac{1}{6}$　(2) $\frac{7}{72}$

○推定配点○

各5点×20　　計100点

＜数学解説＞

基本 1. (式の計算，平方根)

(1) $\frac{3x-5y+1}{2}-\frac{2x-y+2}{3}=\frac{3(3x-5y+1)-2(2x-y+2)}{6}=\frac{9x-15y+3-4x+2y-4}{6}=\frac{5x-13y-1}{6}$

(2) $12a^2b^3\times\left(-\frac{a}{3}\right)^3\div\left(-\frac{2}{3}ab^2\right)^2=12a^2b^3\times\left(-\frac{a^3}{27}\right)\times\frac{9}{4a^2b^4}=-\frac{a^3}{b}$

(3) $(2+\sqrt{2})(3-\sqrt{2})+(1-2\sqrt{2})^2=6-2\sqrt{2}+3\sqrt{2}-2+1-4\sqrt{2}+8=13-3\sqrt{2}$

2. (因数分解，式の値，方程式の利用，角度，数の性質，連立方程式，平面図形)

基本 (1) $x^2(2y-3)+(3-2y)=x^2(2y-3)-(2y-3)=(2y-3)(x^2-1)=(x+1)(x-1)(2y-3)$

重要 (2) $xy=\frac{-2+\sqrt{13}}{3}\times\frac{-2-\sqrt{13}}{3}=\frac{4-13}{9}=-1$より，$x^6y^4-x^8y^{10}=(xy)^4x^2-(xy)^8y^2=(-1)^4x^2-(-1)^8y^2=x^2-y^2=(x+y)(x-y)=\left(\frac{-2+\sqrt{13}}{3}+\frac{-2-\sqrt{13}}{3}\right)\left(\frac{-2+\sqrt{13}}{3}-\frac{-2-\sqrt{13}}{3}\right)=-\frac{4}{3}\times\frac{2\sqrt{13}}{3}=-\frac{8\sqrt{13}}{9}$

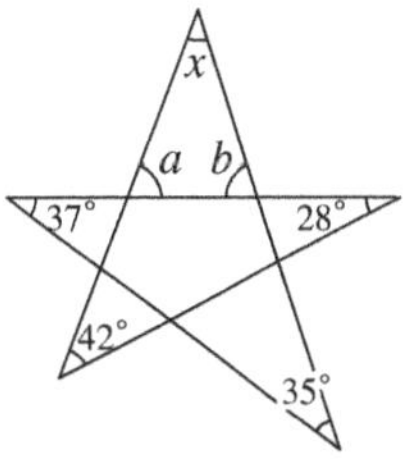

(3) 食塩をxg加えるとすると，$200\times\frac{8}{100}+x=(200+x)\times\frac{20}{100}$　$80+5x=200+x$　$4x=120$　$x=30$(g)

基本 (4) 右の図で，三角形の内角と外角の関係より，$\angle a=42°+28°=70°$　$\angle b=37°+35°=72°$　よって，$\angle x=180°-\angle a-\angle b=38°$

(5) $\frac{42}{29}=1+\frac{13}{29}$，$\frac{29}{13}=2+\frac{3}{13}$，$\frac{13}{3}=4+\frac{1}{3}$　よって，$a=1$，$b=2$，$c=$

4，$d=3$

基本 (6) $2ax+by=4$，$ax-by=14$に$x=2$，$y=-1$をそれぞれ代入して，$4a-b=4$…①，$2a+b=14$…② ①＋②より，$6a=18$ $a=3$ これを①に代入して，$12-b=4$ $b=8$

重要 (7) 1つの弓形の面積は，$\pi\times1^2\times\frac{60}{360}-\frac{1}{2}\times1\times\frac{\sqrt{3}}{2}\times1=\frac{\pi}{6}-\frac{\sqrt{3}}{4}$だから，斜線部分の面積は，$\left(\frac{\pi}{6}-\frac{\sqrt{3}}{4}\right)\times3=\frac{\pi}{2}-\frac{3\sqrt{3}}{4}$(cm²)

(8) 商品Aの税抜き価格をa円，商品Bの税抜き価格をb円とすると，$0.08a+0.1b=70$…①より，$4a+5b=3500$…② $(1.08a+1.1b)\times(1-0.05)=836$より，$1.08a+1.1b=880$…③ ③−①より，$a+b=810$…④ ④×5−②より，$a=550$ よって，商品Aの税込み価格は，$550\times1.08=594$(円)

3. (平面図形)

基本 (1) $\angle\mathrm{ACB}=\angle\mathrm{ABC}=(180^\circ-36^\circ)\div2=72^\circ$より，$\angle\mathrm{CBD}=72^\circ\div2=36^\circ$ よって，三角形の内角と外角の関係より，$\angle\mathrm{ADB}=72^\circ+36^\circ=108^\circ$

重要 (2) $\angle\mathrm{DAB}=\angle\mathrm{DBA}=36^\circ$より，DA＝DB BC＝BD＝AD＝$x$cmとすると，2組の角がそれぞれ等しいので，$\triangle\mathrm{ABC}\backsim\triangle\mathrm{BDC}$ AB：BD＝BC：DC $1:x=x:(1-x)$ $x^2+x-1=0$ 解の公式を用いて，$x=\frac{-1\pm\sqrt{1^2-4\times1\times(-1)}}{2\times1}=\frac{-1\pm\sqrt{5}}{2}$ $0<x<1$より，$x=\frac{-1+\sqrt{5}}{2}$ よって，$\mathrm{BC}=\frac{\sqrt{5}-1}{2}$(cm)

4. (図形と関数・グラフの融合問題)

基本 (1) 直線ABの傾きは，$\frac{4-1}{4-(-2)}=\frac{1}{2}$ 直線ABの式を$y=\frac{1}{2}x+b$とすると，点Aを通るから，$1=\frac{1}{2}\times(-2)+b$ $b=2$ よって，$y=\frac{1}{2}x+2$

重要 (2) 直線OPの式は$y=\frac{1}{2}x$ $y=\frac{1}{4}x^2$と$y=\frac{1}{2}x$からyを消去して，$\frac{1}{4}x^2=\frac{1}{2}x$ $x^2-2x=0$ $x(x-2)=0$ $x=0$，2 よって，P(2, 1)より，$\mathrm{OP}=\sqrt{(2-0)^2+(1-0)^2}=\sqrt{5}$

重要 (3) 直線ABとy軸との交点をCとすると，C(0, 2) AB//OPだから，△OAP：△ABP＝OP：AB＝$(2-0):\{4-(-2)\}=2:6=1:3$ また，△ACP：△BCP＝AC：CB＝2：4＝1：2 よって，(四角形OPCA)：△BCP＝(1＋1)：2＝1：1より，四角形OPBAの面積を2等分する直線は直線CPである。直線CPの傾きは，$\frac{1-2}{2-0}=-\frac{1}{2}$ 切片は2だから，$y=-\frac{1}{2}x+2$

5. (空間図形)

重要 (1) 正四角錐OABCDの高さをOHとすると，△OACは直角二等辺三角形だから，$\mathrm{OH}=\frac{1}{2}\mathrm{AC}=\frac{1}{2}\times6\sqrt{2}=3\sqrt{2}$ よって，正四角錐OABCDの体積は，$\frac{1}{3}\times6^2\times3\sqrt{2}=36\sqrt{2}$(cm³)

基本 (2) $\angle\mathrm{AOM}=90^\circ$だから，$\mathrm{AM}=\sqrt{\mathrm{OA}^2+\mathrm{OM}^2}=\sqrt{6^2+3^2}=3\sqrt{5}$(cm)

6. (確率)

(1) さいころの目の出方の総数は6×6＝36(通り) このうち，題意を満たすのは，ステージBの1のマスに2回止まるときが，(1, 3)，(1, 6)，(4, 3)，(4, 6)の4通り…① ステージAの2のマスに止まるときが，(6, 2)，(6, 4)の2通りあるから，求める確率は，$\frac{4+2}{36}=\frac{1}{6}$

(2) さいころの目の出方の総数は6×6×6＝216(通り) このうち，題意を満たすのは，ステージ

Bの1のマスに3回止まるとき，(1)の①のあと，3回目に3または6の目が出るときで，4×2＝8(通り)　ステージBの1のマスに止まり，ステージAの2のマスに止まるとき，(1，5，2)，(1，5，4)，(4，2，2)，(4，2，4)の4通り。ステージAの3のマスに1回止まるとき，(6，1，4)，(6，3，2)，(6，6，4)の3通り。ステージBの－1のマスに止まり，ステージCの4のマスに止まるとき，(2，1)，(5，4)のあと，3回目に1，3，5のいずれかの目が出るときで，2×3＝6(通り)　以上より，求める確率は，$\frac{8+4+3+6}{216}=\frac{7}{72}$

★ワンポイントアドバイス★

本年度は大問6題構成に変わったが，小問数は20題で同じであった。出題内容も難易度もほぼ変わらず，取り組みやすい内容である。できるところから解いていこう。

＜英語解答＞ 《学校からの正答の発表はありません。》

【1】 問1　イ　問2　エ　問3　ア　問4　ア　問5　エ　問6　ウ　問7　イ
問8　ア　問9　エ，カ

【2】 問1　イ　問2　ア　問3　イ　問4　a　ウ　b　イ　c　ア　d　エ
問5　make my voice as soft as possible　問6　イ　問7　ウ　問8　イ
問9　エ　問10　ウ

【3】 (1)　エ　(2)　ウ　(3)　ウ　(4)　ウ　(5)　オ

【4】 (1)　A　オ　B　エ　(2)　C　ウ　D　ア　(3)　E　ウ　F　カ
(4)　G　オ　H　イ　(5)　I　エ　J　カ

【5】 問1　A　ア　B　カ　C　イ　D　コ　E　ケ
問2　(1)　エ　(2)　オ　(3)　ア　(4)　ク　(5)　キ

○推定配点○

【1】，【2】　各3点×20(【2】問4完答)　【3】～【5】　各2点×20(【4】各完答)　計100点

＜英語解説＞

【1】 (長文読解問題・説明文：内容吟味，語彙，語句補充)

(全訳)　毎年，何千人もの人々が米国のロッキー山脈で200万ドルの宝物を探しています。財宝は(1)フォレスト・フェンのものです。彼は生涯にわたって芸術を収集してきました。2010年，80歳のとき，彼は車で，そして徒歩でロッキー山脈に入りました。彼は宝物を森のどこかに置きました。それで，それは宝物がどこにあるかについての1つの(2)手がかりになります：老人が重い箱を持って歩けるところなのです。

しかし，最も重要な9つの手がかりは詩の中にあります(彼のウェブサイトで手に入ります)。それらを理解することははるかに困難です。トレジャーハンターは詩のすべての単語を調べ，フォレストの人生についての2冊の本で追加の手がかりを探します。

ここでは，始まりの1つの部分を示します。

温水が止まったら始める
キャニオンダウンでそれを取って，

遠くないけど歩くには遠すぎる

ブラウンの家の下に入れます。

「暖かい海」と「ブラウンの家」は，おそらく重要な手がかりです。暖かい水と冷たい水は2つの(3)川かもしれません。名前は通常(4)大文字で始まるので，ブラウンは人かもしれません。それで，ロッキー山脈に住んでいるブラウンと呼ばれる人々を探す必要があるかもしれません。残念ながら，多くの人がブラウンという姓を持っています！

自分のアイデアを試す唯一の方法は，宝物を見つけようとすることです。フォレストは，冬の天候は危険なので，春まで待つべきだと言います。彼はまた，人々は一人で行くべきではないと言います。しかし，誰もが耳を傾けるわけではありません。3人が宝探しの途中で行方不明になりました。(5)警察は，フォレストが宝物を取り戻し，箱を持った自分の写真をインターネットに掲載することを望んでいます。彼らは，トレジャーハンターが探すのをやめて，これ以上人が死ぬことはなくなると考えています。

しかし，フォレストはノーと言います。彼は，人々が家やオフィスでコンピューターや電話に時間を費やしすぎていると考えており，家族が自然について学び，一緒に冒険をすることを望んでいます。

(6)彼の計画は機能しています。何人かのトレジャーハンターは箱を何度も探しました。マルティと娘のリッビは，ジョージア州の自宅からモンタナ州まで旅行に出かけます。リッビは次のように述べています。「最初の2年間は，いたるところでクマを怖がっていましたが，徐々に動物への恐怖心が(7)減りました。たくさんの動物を見たり，山でキャンプしたり，川を渡ったりするのが大好きです。宝物が見つからなくても，とてもエキサイティングです。」

しかし，すべてが(8)トリックだと考える人もいます。フォレストが宝の箱を持っていたのではないかと言う人もいますが，彼がそれを山に置いたとは信じていません。他の人は，彼が何年も前に箱を持ち帰ったと言います。彼らは，人々が自分について話していることを知っているのが彼は好きかもしれないと言います。しかし，それはトリックだと言う人々の多くも，彼らの考えを試すために，今だにロッキーによく行きます。もちろん，誰かがすでに宝物を見つけているかもしれませんが，彼らは誰にも話しはしません。しかし，そうだからといって，この春により多くの人々が宝物を探しに行くのを止めることはできません。あなたは宝探しに興味がありますか？

問1　ア 「もっと絵を買うために本当にお金が必要なアートコレクター」 お金が必要だとは書かれていないので，誤り。　イ 「狙いを定めて箱を隠した老人」 フォレストは人々を自然の中に誘うために宝物を隠したので，答え。　ウ 「ロッキー山脈の素晴らしい自然についての本の著者」 本を書いたとは書かれていないので，誤り。　エ 「宝物を探しているトレジャーハンターの一人」 宝物を隠した人物なので，誤り。

問2　clue は「手がかり」という意味の名詞である。ア「場所」，イ「パズル」，ウ「秘密」，エ「ヒント」

問3　「水」，「止まる」とあることから考える。ア「川」，イ「山」，ウ「宝物」，エ「トレジャーハンター」

問4　名前の初めの部分を表していることから考える。ア「大文字」，イ「無地の色」，ウ「有名な詩」，エ「強い雨」

問5　「質問：なぜ警察は，フォレストに彼の財宝をインターネット上の人々に見せることを望んでいるのか？」「トレジャーハンターが探すのをやめて，これ以上人が死ぬことはなくなると考えています」とあるので，エが答え。　ア 「それが彼らの考えを試す唯一の方法だから。」 警察は人々の安全を守りたいと考えているので，誤り。　イ 「冬は一人で行かないようにと彼が言っていたから。」 内容に関係がないので，誤り。 ウ 「行方不明のトレジャーハンター3人を探し出したいから。」 文中に書かれていない内容なので，誤り。 エ 「もう人を死なせたくないから」

問6 「質問：彼の計画は何か？」「人々が家やオフィスでコンピューターや電話に時間を費やしすぎていると考えており，家族が自然について学び，一緒に冒険をすることを望んでいます」とあるので，ウが答え。 ア 「人が自宅ではなくオフィスで仕事をすること」 自然に親しむことではないので，誤り。 イ 「人々がより安全に宝物を探すこと」 内容に関係がないので，誤り。 ウ 「自然について学び，そこでの体験を楽しむ人が増えること」 エ 「山でのキャンプの危険性をより多くの人に知ってもらうこと」 キャンプの危険性について語ってはいないので，誤り。

問7 less は little の比較級で「より少ない」という意味を表す。

問8 trick は「たくらみ，ごまかし」という意味の名詞である。ア「うそ」，イ「芸術」，ウ「魔術」，エ「神秘」

重要 問9 ア 「宝箱は自身で運ぶには重すぎる。」 フォレストは一人で運んだとあるので，誤り。 イ 「お宝のありかの情報は9つしかない。」 詩の中にあるヒントは9つだが，他にもあるので，誤り。 ウ 「警察は宝物を盗んだ3人を探している。」 文中に書かれていない内容なので，誤り。 エ 「ジョージア出身の母親と娘は宝物をまだ見つけていないが，それでも幸せだ。」 リッピの発言の内容に合うので，答え。 オ 「探すべき宝があると疑った人々のほとんどは，ロッキー山脈に行くのをやめた。」「それはトリックだと言う人々の多くも，彼らの考えを試すために，今だにロッキーによく行きます」とあるので，誤り。 カ 「宝物がまだそこにあるかどうかを確認できるのはフォレストだけだ。」 宝物はまだ見つかっていないので，答え。

【2】 （長文読解問題・物語文：内容吟味，語句補充，語句整序）

（全訳） よく父と娘の性格が似ていると言われますが，(1)私はそうは思いませんでした。ジェーンは私より母親に似ています。しかし，もっと重要なことは，彼女は他の人の話を注意深く聞かず，しばしば物事を忘れることです。彼女の母親は私たちが似ているとよく言いますが，今日まで(2)彼女にそう思わせる理由が見当たりませんでした。

今日，私は彼女の高校卒業のサプライズパーティーを企画しました。彼女が新しい学校で使える素敵なバッグを注文し，妻と一緒に特別なディナーを作りました。私は今朝ジェーンに午後6時までに帰宅するように言いました。もちろん，彼女が戻ってきたら驚くだろうとは言いませんでした。すると彼女は，「ええ，わかってる，わかってる！」と答えました。

いいえ，(3)彼女はわかっていませんでした。午後7時頃でしたが，彼女はまだ家にいませんでした。電話をかけてみたのですが，録音された声で「お電話ありがとうございます。ただ，私は何かをしている最中です」と出迎えられ，ため息をつきました。

「言葉が出ないよ…(4a)彼女はいつもこんな感じさ。」

すると妻は笑顔でこう言いました。

「ええ，(4b)彼女はあなたと同じよ。」

「どういう意味？ 君はよくそう言い続けるけど，(4c)よくわからないな。」

「(4d)すぐにわかるわよ。」彼女はまた微笑んだ。

その後，ジェーンが帰宅しました。

「ただいま，お父さん，お母さん！」

私は(5)できるだけ柔らかい声にしようと努力して，こう言いました。

「どこにいたの？ ぼくたちは君を心配してたんだよ。」

「ごめんなさいお父さん！」と彼女は言った。「お父さんへのプレゼントに最高のバッグを選んでいたのに，すっかり時間を忘れちゃった！　今日はお父さんの誕生日よね？」

「そう？　おお，なんてこった！　すっかり忘れていた。」

妻が私の後ろで誕生日ケーキを運んでいるのを見つけて，彼女が言いました。

「先週，誕生日に(6)何が欲しいか話し合ったの覚えてない？　プレゼントについて考えるように頼んだのに，サプライズパーティーに頭が興奮しすぎて『わかってるよ』と言っただけよね。あなたたちはお互い似すぎね！」彼女は笑いました。

私たち3人は，(7a)ジェーンの卒業式と(7b)私の誕生日の両方を祝い，楽しい時間を過ごしました。ジェーンが夕食と私のプレゼントに驚いてくれたので，私はうれしかったです。彼女は今朝私が言ったことを覚えていませんでしたが，今は問題ありません。今では，(8)妻がずっと正しかったことを知っています。なぜなら，私たちはお互いを驚かせ，選んだバッグも同じ色だったからです。(9)これは私のプレゼントの一つに数えるべきだと思います。

問1　直前に「父と娘の性格が似ている」とあり，そうは思わないと言っているので，イが答え。イ以外はすべてこの内容に合わないので，誤り。　ア「私はジェーンの性格が私に似ていると思った。」　イ「私はジェーンの性格は私とは違うと思った。」　ウ「私は，ジェーンが私に似ているとは思いませんでした。」　エ「私は，ジェーンが私を好きだとは思わなかった。」

問2　妻が「父と娘の性格が似ている」と信じる理由がわからなかったと言っているので，アが答え。イとウは妻と娘が似ているわけではないので，誤り。エは似ていると信じているので，誤り。

問3　ジェーンは午後6時までに帰宅することをわかっていなかったと言っているので，イが答え。イ以外はすべてこの内容に合わないので，誤り。　ア「彼女は私の質問に答えなかった。」　イ「彼女は私が言ったことを理解していなかった。」　ウ「彼女はサプライズパーティーがあることを知らなかった。」　エ「彼女は決して戻らないと私に言わなかった。」

問4　全訳参照。

問5　〈make A B〉で「AをBにする」という意味になる。また，〈as ～ as possible〉で「できるだけ～」という意味を表す。

問6　関係代名詞の what は〈the thing that ～〉という意味を表す。

基本　問7　両親はジェーンの卒業を，ジェーンは父親の誕生日を祝いたかったので，ウが答え。

問8　父親は自分の誕生日を忘れていたことを知って，自分とジェーンが似ていることを理解したので，イが答え。　ア「妻のおかげで，彼は自分の誕生日がいつだったかを思い出した。」妻のおかげで思い出したわけではないので，誤り。　イ「彼は自分が娘にどれだけ似ているかをようやく理解した。」　ウ「彼の妻は娘が高校を卒業することを知っていた。」父親も卒業について知っていたので，誤り。　エ「彼は妻が自分の右側に立っていたことを理解した。」内容に関係がないので，誤り。

問9　父親はジェーンとの新たな共通点を見出して喜んでいるので，エが答え。アは嘆いているわけではないので，誤り。イは同じ色のバッグを買ったという内容に関係がないので，誤り。ウは関係がない内容なので，誤り。

問10　ジェーンは時間を守らなかったので，ウが答え。

【3】（語句補充問題：現在完了，不定詞，助動詞，動名詞）

(1)「ずっと～している」という意味は，現在完了の継続用法で表す。

(2)不定詞の副詞的用法は「～するために」という意味で目的を表す。

基本　(3)〈don't have to ～〉で「～する必要がない」という意味になる。

(4)〈refrain from ～ing〉で「～することをひかえる」という意味になる。

(5)〈may I ～〉は相手に許可を求める言い方。

【4】（語句整序問題：比較，間接疑問文，不定詞）

(1)　(Eiji is) older than any other player in (his team.)　〈～比較級 than any other …〉で「他のどんな…よりも～」という意味を表す。

(2)　(I don't) know what time the game will start(.)　間接疑問文なので，〈疑問詞＋主語＋動詞〉の形になる。

(3)　(It was kind) of her to help me with (my task.)　〈it is ～ for S to …〉で「Sが…することは～である」という意味になる。「～」に入る語が人の性質を表すものである時には〈it is ～ of S to …〉となる。

(4)　(That was the) most exciting movie that I have (ever seen.)　〈最上級を伴う名詞＋ that ＋現在完了の経験用法〉で「～した中で一番…」という意味を表す。

(5)　It takes about twelve hours to (go to Germany by air.)　〈it takes … to ～〉で「～するのに…かかる」という意味になる。

【5】（会話文問題：語句補充，内容吟味）

ミキ　　　：こんにちは…初めまして。私の名前はミキです。あなたはきっと…

ハリスさん：ハリスです。(A)初めまして。ハリスのエチケットスクールにようこそ！

ミキ　　　：それで，テーブルマナーを習うのは初めてなんです。

ハリスさん：心配しないで！　すべてお教えします。座ってくつろいでください！

ミキ　　　：はい。でも…どこから始めたらいいか…

ハリスさん：(B)もう一度言ってくれますか？

ミキ　　　：つまり…私たち日本人はいつも箸を使います。ここにはたくさんのナイフやフォークがあります！

ハリスさん：ああ，わかりました。問題ありません。あなたのために(1)一組をテーブルに用意しました。

ミキ　　　：(C)ありがとう。でも，これらのナイフやフォークを使ってみて，慣れないと。

ハリスさん：いいですね！　西洋のテーブルマナーについて簡単な御指導をします。これらのナイフとフォークは規則通りに置かれています。外側から使ってくださいね。

ミキ　　　：わ…わかりました，でも上にあるスプーンはどうしますか？

ハリスさん：ああ，それはデザート用です。(2)それは最後に使って，他の大きなスプーンはスープ用です。

ミキ　　　：はい，それは丸いですね。わかりました。スープは最後にくるのですか？

ハリスさん：いいえ。ふつうはまずスープとサラダが給仕されます。それであなたは夕食の初めには(3)大きいほうのを使います。

ミキ　　　：これらの一番大きいナイフとフォークはメインディッシュ用ですか？

ハリスさん：そうです。ね，簡単ですよね。

ミキ　　　：でももう2つナイフが残っていますね。それらは何用ですか？

ハリスさん：どの2つですか？

ミキ　　　：一番小さいものと次に小さいのです。一番小さいのはバターナイフですね。

ハリスさん：はい，そうです。それからサラダ用の(4)ものを忘れているはずです。

ミキ　　　：ナイフでサラダを食べるのですか？　知りませんでした！

ハリスさん：それからメインディッシュといっしょにパンがきます。それまで(5)それを残しておいてください。

ミキ　　　：わかりました，そうします…あら！　落としちゃいました。

ハリスさん：そのままにして！　落としたナイフを拾うのは悪いマナーです。ウエイター！
ウエイター：(D)はい，どうぞ，お嬢さん。
ミキ　　　：ど，どうもありがとうございます。
ウエイター：(E)どういたしまして。夕食を楽しんでください。

問1　全訳参照。ウ「ちょっと待って」，エ「何をしますか」，オ「あなたは誰ですか」，キ「ここに彼が来ます」，ク「残念です」

問2　(1)　ミキのために箸も用意しておいたと言っている。　(2)　上にある小さなスプーンについて言っている。　(3)　スープに使う一番大きいスプーンについて言っている。　(4)　サラダに使う2番目に小さいナイフについて言っている。　(5)　バターに使う一番小さいナイフについて言っている。

★ワンポイントアドバイス★

【4】(4)には〈最上級を伴う名詞＋ that ＋現在完了の経験用法〉が使われており，これは現在完了形の否定文と such を使って書き換えられる。この文を書き換えると I have never seen such an exciting movie like that. となる。

＜国語解答＞ 《学校からの正答の発表はありません。》

一　1 エ　2 オ　3 イ　4 ア　5 エ
二　問一　A オ　B エ　C ウ　D ア　問二　イ　問三　(最初) 単に著　(最後) るだけ　問四　エ　問五　ア　問六　ア・オ
三　問一　X イ　Y ア　Z ウ　問二　オ　問三　ウ　問四　エ　問五　ア・ウ
四　問一　エ　問二　① ウ　② エ　問三　オ　問四　ウ　問五　ア

○推定配点○
一　各2点×5　二　問一　各2点×4　問二・問四・問五　各5点×3　他　各4点×3
三　問一　各3点×3　問二・問三・問四　各5点×3　他　各4点×2
四　問一　2点　問二　各3点×2　他　各5点×3　計100点

＜国語解説＞

一　(漢字の読み書き)

1　疎外　ア 感慨　イ 害悪　ウ 弾劾　エ 天外　オ 市街地
2　依然　ア 委任　イ 有為　ウ 以来　エ 偉業　オ 依拠
3　山積　ア 紡績　イ 積年　ウ 責任　エ 一石　オ 関
4　無尽蔵　ア 尽力　イ 甚大　ウ 肝心　エ 迅速　オ 尋常
5　卓越　ア 屈託　イ 開拓　ウ 潤沢　エ 座卓　オ 仕度

二　(論説文―脱語補充，接続語，文脈把握，内容吟味，要旨)

問一　A　直後の文末「～からである」に呼応する語として，理由を述べる意の「なぜなら」が入る。B　直前に「手職の場合にはまだ自分の考えにふけることもできる」とあるのに対し，直後には「……精神も，他人の思想によって絶えず圧迫されると，ついには弾力を失う」とあるので，逆接を表す「だが」が入る。C　直前に「多読すればするほど，読まれたものは精神の中に，真の跡をとどめないのである」とあり，直後で「……読まれたもの反芻され熟慮されるまでに至らない」と言い換えているので，説明や言い換えを表す「つまり」が入る。　D　直後で「……もう一つむずかしい条件が加わる」と付け加えているので，添加を表す「さらに」が入る。

問二　冒頭に「読書は，他人にものを考えてもらうことである」とあり，直前には「多読に時間を費やす勤勉な人間は，しだいに自分の力でものを考える力を失って行く」とある。直後には「暇さえあれば，いつでもただちに本に向かうという生活を続けて行けば，精神は不具廃疾となる」「多読すればするほど，読まれたものは精神の中に，真の跡をとどめないのである」と説明されているのでイが適切。

問三　同様のことは，【資料2】の「だから……」で始まる段落に「単に著者の主張を頭の中でリピートしているだけ(22字)」と表現されている。

やや難　問四　ここでいう「混然一体」は，「記憶の溶けだし」「『頭の中で溶けてしまってよくわからなくなった』という状態」「出典が明らかではなくなるまで頭の中で混ざり合っているからこそ，新たな閃きが下りてくるのだと思います」と説明されている。このような状態になることを【資料1】では「熟慮を重ねることによってのみ，読まれたものは，真に読者のものとなる」と表現されているのでエが適切。「反芻」は，繰り返し考え味わうこと。

やや難　問五　ここでいう「狩猟者」については，「地図を見るのではなく踏み跡を辿る」「読者＝狩猟者はマップやチャートを持っていないので，著者がその本を書き記すときに残したさまざまな“踏み跡”……を手がかりにして，いま自分がいる場所と進むべき方角を推論し続けなければならない」とあり，このような読書姿勢については，【資料3】の冒頭で「本を読むことは単なる機械的な受け身の“情報取得”ではなく，もっと身体的で試行錯誤をともなう積極的行為とみなした方が適切だろう」と説明されているので，「積極的姿勢を伴うものだから」とするアが適切。

やや難　問六　アは，「主体的関与」について，【資料Ⅰ】に「熟慮を重ねることによってのみ，読まれたものは，真に読者のものとなる」とあり，【資料3】には「本を読むことは単なる機械的な受け身の“情報取得”ではなく，もっと身体的で試行錯誤をともなう積極的行為とみなした方が適切だろう」とあることと合致する。オは，【資料1】に「熟慮を重ねることによってのみ，読まれたものは，真に読者のものとなる」，【資料2】に「何かを読んで知識を得た時，適度に忘れていくことが大事なのだと思います」「出典が明らかではなくなるまで頭の中で混ざり合っているからこそ，新たな閃きが降りてくる」，【資料3】に「本を読み始めるとともに読者が出会う……などなど，本の“文字空間”を構成する各『部分』で目に留まるあらゆる証拠の断片が，最終的にはひとつの『全体』像としてまとまって立ち上がってくる。」とあり，どれも「読書に対して示唆に富んだ指摘」といえるので，適切。

三　(小説―語句の意味，情景・心情，文脈把握，内容吟味，大意，表現)

問一　X「道草を食う」は，目的地へ向かう途中で，寄り道をしたりして時間を費やすこと。

Y「眦を決する」は，目を強く見開くことで，怒った時や決心したときの顔つきを意味する。ここでは，「恋愛のどこが悪いのだと開き直ってやる」という様子なのでアが適切。

Z「美辞麗句」は，語句を巧みに連ねて上辺を飾り立てた，耳に快い言葉のこと。

やや難　問二　直後に「こちらを睨みつけていた」とあり，香田は「嘘はつかない。……開き直ってやる」と意気込んでいたが，この後に「男の正体がわかったのだった。……」とあり，『『香田です。失礼しました』』と改まって挨拶をしているので，「自分のことも気遣ってくれていることがわかり居ずまいを正している」とするオが適切。

やや難　問三　前に「娘の希みならば，この人は何ひとつ反対などしないだろう」とあることから，「男」は笙子の父親であるとわかる。「『海軍予備学生では，生きて帰れんでしょう。今からでも，どうにかならんのですか』」と娘の今後を思う言葉を聞き，「その真心に応ずる答えを，香田は思いつかなかった」とあるので，ウが適切。アの「ごまかせない」，イの「父には理解できない」，エの「弁明」，オの「偽りであったかもしれない」は適切でない。

問四 「『こちらこそ，申し遅れました。……』」という丁寧な物腰からは誠実な人柄がうかがえる。また，「『海軍予備学生では……どうなかならんのですか』」という言葉からは娘の笙子を真に思いやる気持ちが読み取れるので，「誠実な人物」とするエが適切。アの「はっきりと不満を言えない」，イの「香田に対して，不甲斐なさを感じている」，ウの「繰り返し諭す」，オの「軽蔑する」は本文の内容と合致しない。

問五 本文は「駅頭は鼠色にたそがれている」「茜色の地平」「橙色の紗をかけた駅頭」と色彩表現が印象的で，それによって時間の経過を表しているといえるので，アは適切。イの「社会の理不尽さ」は本文のテーマではないので適切でない。ウは，笙子の父親が香田に薩摩芋を渡す場面が印象的であり，父親の香田に対する誠実な態度が感じられるので適切。エの「過去と決別するまでの経過」，オの「言語学的なテーマ」は適切でない。

四（古文一旧暦，口語訳，情景・心情，文脈把握，内容吟味，指示語，大意）

〈口語訳〉 平家方の備中国の住人，瀬尾太郎兼康は名の知れた武者であるけれども，去る五月の倶利伽羅峠の戦いの時に，運が尽きたのだろう，加賀国の住人である倉光次郎成澄の手にかかって捕われてしまった。その時，兼康が斬られそうになったところ，木曽殿が「惜しい男を，ためらわずに斬ってはならない」と言ったので，(兼康を)弟の倉光三郎成氏に預けた。(兼康の)人柄がすばらしいので，倉光三郎も丁寧にもてなした。蘇子卿が胡国に捕らわれ，李少卿が漢朝へ帰れなかった故事のようである。遠く異国にいることも，昔の人が悲しんだところである，という。なめし皮の肘あてと毛織の幕で風雨を防ぎ，生臭い獣肉と獣の乳汁で飢えをしのいだ。夜は寝ず，昼は終日仕えて，木を切り草を刈らずというほどに従いながら，どうすれば敵を討ってもう一度もとの主君に会えるか，と思っている兼康の心の中こそ恐ろしい。

ある時，瀬尾太郎兼康が倉光三郎成氏に「去る五月以降，取るに足らない命を助けていただきましたので，この度の合戦では(私の)命を木曽殿に捧げようと思います。それにつきましては，以前私が知行していました備中の瀬尾という所は，馬の食べる草を育てるのによい場所です。貴殿に(よい草を)提供させてください。ご案内しましょう」と言ったので，倉光三郎はこのことを木曽殿に申し伝えた。(木曽殿は)「では，倉光がまず(備中国へ)下って，馬の草を用意しなさい」とおっしゃる。倉光三郎はかしこまって承り，手勢三十騎ほどを従え，瀬尾太郎兼康を連れて，備中国へ下る。兼康の嫡子である小太郎宗康は平家方であるが，父が木曽殿より暇をもらって(備中国へ)下ると聞いて，長年の家臣たちを集めて，総勢百騎ほどで父を迎えに上ったが，播磨の国府で行き会った。それから連れ立って下り，備前国三石の宿に泊まった夜に，瀬尾を知る者たちが酒を持って集まり，一晩中酒盛りをしたが，(そこで)倉光の総勢三十騎を押し倒し，倉光三郎をはじめとして一人一人を皆刺殺したのであった。

問一 旧暦は，一月は「睦月(むつき)」，二月は「如月(きさらぎ)」，三月は「弥生(やよい)」，四月は「卯月(うづき)」，五月は「皐月(さつき)」，六月は「水無月(みなづき)」，七月は「文月(ふづき・ふみづき)」，八月は「葉月(はづき)」，九月は「長月(ながつき)」，十月は「神無月(かんなづき)」，十一月は「霜月(しもつき)」，十二月は「師走(しわす)」。

問二 ①「聞こゆ」には，評判になる，という意味があるので，「名の知れた」とするウが適切。

② 「斬るべきにあらず」と打消しの形になっているので，「斬ってはならない」とするエが適切。

問三 直前の「いかにもして敵をうかがひ討つて，今一度旧主を見ばや，と思ひたちける兼康が，心の中」に対して「恐ろしけれ」としているので，「なんとか生き延びて再び自軍に戻ろうとする兼康の執念」とするオが適切。

やや難 問四　直前の「『……今度合戦候はば，命をば木曽殿に奉らん。それに就きては，先年兼康が知行して給ひし備中の瀬尾と云う所は，馬の草飼よき所にて候ふ。御辺，申し賜はらせ給へ。案内者せん』」とい兼康の言葉を指すのでウが適切。

問五　アは，冒頭に「瀬尾太郎兼康は，……倉光次郎成澄が手にかかつて，生捕にこそせられけれ」とあり，「蘇子卿が胡国にとらはれ，李少卿が漢朝へ帰らざりしがごとし」とあることと合致する。

★ワンポイントアドバイス★

現代文は，文章を精読し，文脈を丁寧に追って解答する練習をしよう！
古文は，注釈を参照しながら長めの文章を読みこなす力をつけよう！

MEMO

大切なことはメモしておこうネ！

2022年度

★★★★★★★★★★★★★★★★★★★★★★★★

入　試　問　題

2022年度

平塚学園高等学校入試問題

【数　学】（50分）〈満点：100点〉

1．

（1） 次の式を計算せよ。

$5(2x-5y)-3(x-4y+1)+3^2$

（2） 次の式を因数分解せよ。

$(x-6)^2-25x$

（3） 次の方程式を解け。

$$\frac{x-1}{2}-\frac{2x-5}{3}=\frac{x+1}{6}$$

（4） 次の連立方程式を解け。

$$\begin{cases}\sqrt{3}x+\sqrt{2}y=6\sqrt{3}\\ \sqrt{2}x-\sqrt{3}y=\sqrt{2}\end{cases}$$

（5） $x=\sqrt{7}+\sqrt{2}$，$y=\sqrt{7}-\sqrt{2}$のとき，$-2(y^2-xy)+(x-y)^2$の値を求めよ。

（6） 右の図の$\angle x$の大きさを求めよ。
ただし，点Oは円の中心とする。

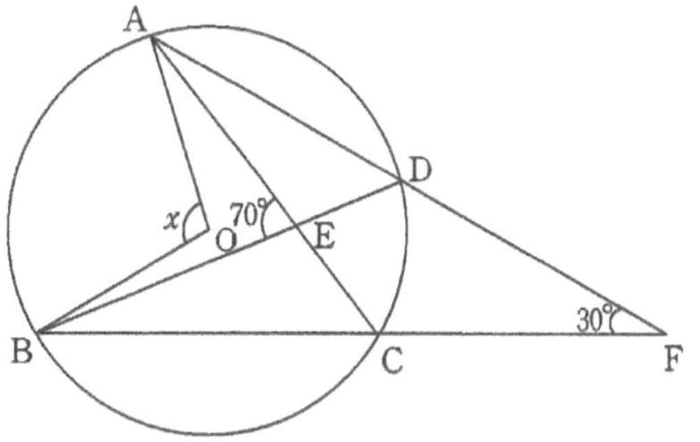

（7） xの2次方程式$x^2+ax+48=0$の2つの解が正の整数になるaの値は何個あるか。

（8） 長さa mの特急列車が最高時速b kmで走っている。この列車が最高時速のままA地点に差し掛かり，そこから43 km先にある長さ1800 mのトンネルに入って，列車の最後部が完全にトンネルから出るまでに合計15分かかった。また，この線路を走行中，同じ長さ，同じ速度の特急列車とすれ違うのに4秒かかった。この特急列車の最高時速を求めよ。ただし，「特急列車とすれ違う」とは，お互いの最前部がすれ違い始めてから，お互いの最後部がすれ違い終えるまでを指している。

（9） 下の図のように，ADの長さが23 cmの平行四辺形ABCDがある。頂点Dから辺BCの延長線上に垂線DHを引くと，DHの長さが$9\sqrt{3}$ cmとなった。頂点A，B，C，Dを中心として半径が6 cmのおうぎ形を作ったとき，図の斜線部分の面積を求めよ。ただし，円周率はπとする。

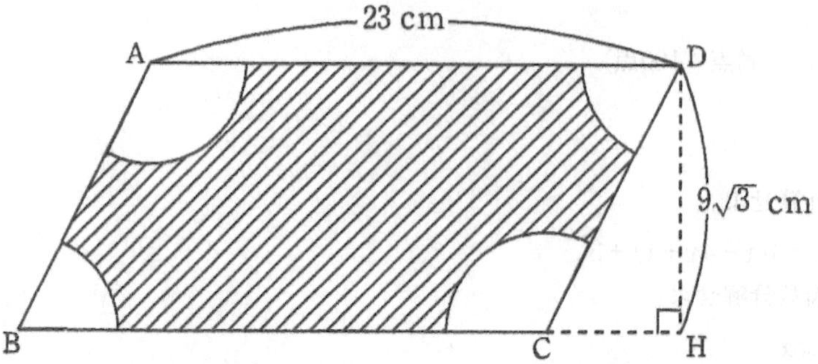

（10） ある電気屋さんの商品Xと商品Yについて，1日ごとの販売数を30日間にわたって調べた。そのデータを箱ひげ図にしたものが，（図1）である。この箱ひげ図から読み取れることとして，次の（ア）～（ウ）は正しいといえるか。A，B，Cの記号で答えよ。

A：正しい

B：正しくない

C：このデータからはわからない

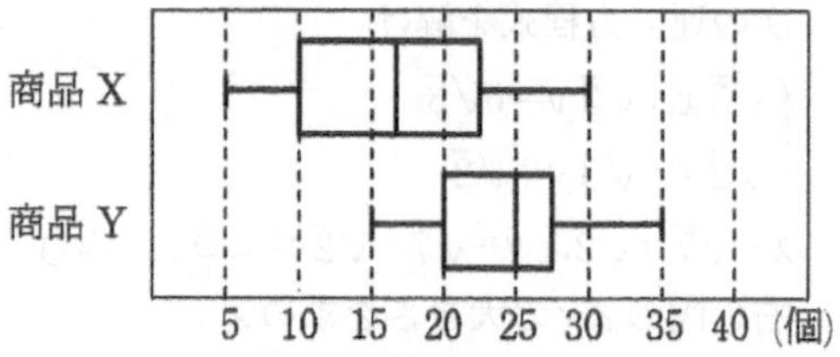

（図1）

（ア） 商品Yの1日ごとの販売数の平均値は25個である。

（イ） 商品Xは商品Yに比べて，1日ごとの販売数の四分位範囲が大きい。

（ウ） 1日ごとの販売数が25個以上の日について，商品Yが商品Xの2倍以上ある。

（11） 2つのa，bがともに整数ならば，$a+b$，abはともに整数である ――――（＊）

（ⅰ） （＊）の逆を求めよ。

（ⅱ） （＊）の逆が正しいかどうかを調べて，正しい場合には「正しい」と，正しくない場合には反例を示せ。

2．

下の図は，それぞれ放物線$y=\frac{1}{10}x^2$，$y=ax^2$のグラフである。直線ℓが，この2つの放物線およびy軸と，点A，B，C，D，Eで交わっている。点Eのy座標が10，CE＝$5\sqrt{5}$，AD：DE＝3：2である。

（1） 直線ℓの式を求めよ。

（2） aの値を求めよ。

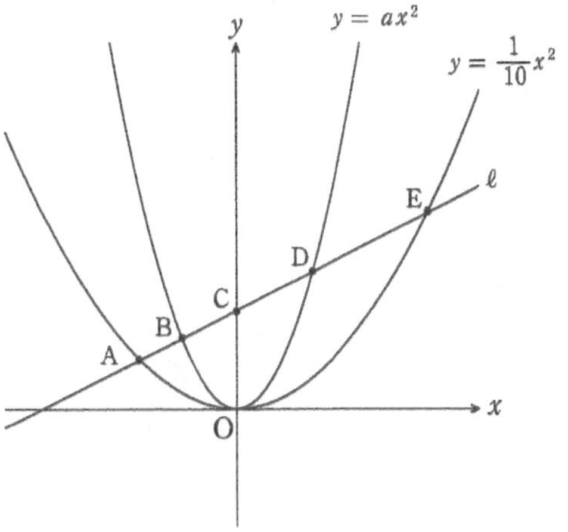

3．

（1） 半径が$\sqrt{3}$ cmの球がちょうど入るような円柱がある。この円柱の体積は，球の体積の何倍か。

（2） 下の図のように，半径が$\sqrt{3}$ cmの球に，立方体がぴったりと収まっている。このとき，この立方体の体積を求めよ。ただし，立方体がぴったりと収まるとは，球の内側に立方体のすべての頂点が接していることを指す。

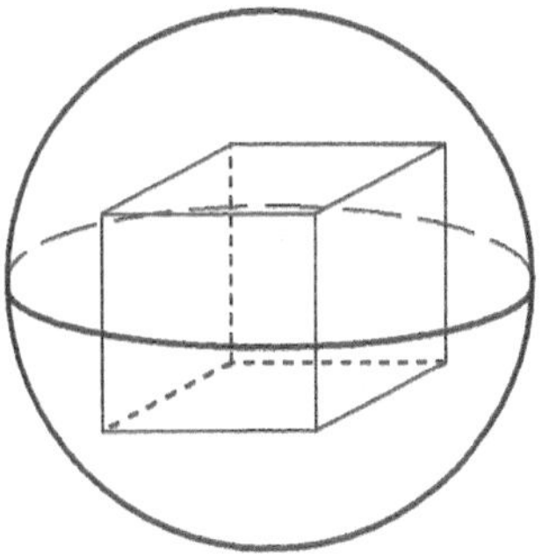

4．

右の図のように，2点A(－1，0)，B(4，0)をとる。さいころを2回投げて，1回目に出た目の数をm，2回目に出た目の数をnとする。このとき，次の問いに答えよ。ただし，座標軸の1目盛りの長さを1 cmとする。

（1） 点Pの座標を(m，n)とする。△PABの面積が15 cm^2となる確率を求めよ。

（2） 2直線$y=-\frac{1}{2}x+1$と$mx+ny=3$が交わる確率を求めよ。

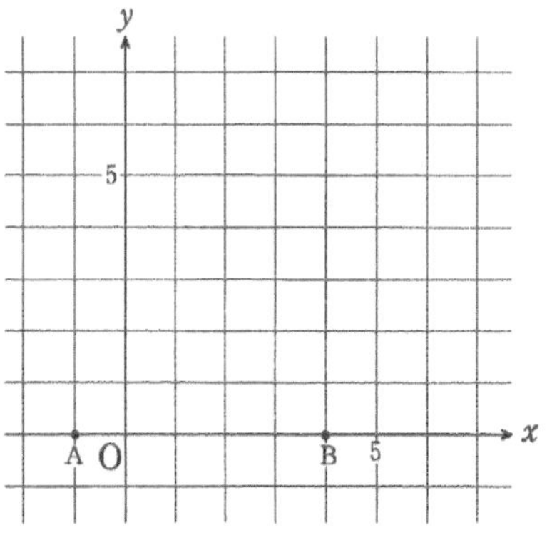

5.

右の図のように，円周上に3点A，B，Cをとる。
この3点A，B，Cを結ぶ△ABCに対して，∠BACの二等分線が，辺BC，$\overset{\frown}{BC}$と交わる点を，それぞれD，Eとする。このとき，次の問いに答えよ。

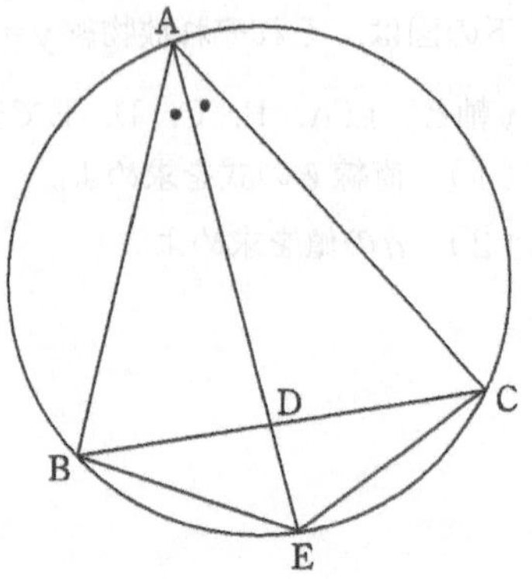

（1） △ABE∽△ADCであることを次のように証明した。
　　［ア］～［ウ］に当てはまる記号や言葉を答えよ。

> △ABEと△ADCにおいて
> 仮定より
> ∠BAE＝［　ア　］———①
> また，$\overset{\frown}{AB}$に対する円周角だから
> ∠AEB＝［　イ　］———②
> ①，②より
> ［　　　ウ　　　］ので，
> △ABE∽△ADC

（2） AB＝b，AC＝c，BD＝m，CD＝nとするとき，線分ADの長さをb，c，m，nを用いて表せ。

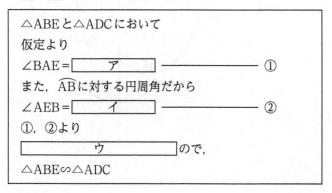

【英　語】（50分）〈満点：100点〉

【1】 次の文章を読んで，あとの英語の設問に答えなさい。

The Seine is a river in Paris, France. Unfortunately, the Seine has a problem. There is garbage, trash, plastic, and other waste in the river. Around 360 tons of plastic are found in the Seine every year.

The river water is so dirty that it can make people sick. For almost 100 years, there are laws that don't allow people to swim in the water.

Anne Hidalgo is the mayor of Paris. She wants to clean the river. She wants people to swim in the Seine by 2024. That's when the city will host the Olympic Games. Cleaning the river is a big task, but lucky for Hidalgo, 11-year-old Raphael is on the case.

Raphael fishes junk out of the river. He's been doing it nearly every weekend for the past two years. He fishes with his dad, Alexandre de Fages de Latour. They can catch an entire ton of trash in a single day. That's about the weight of a small car.

They've caught everything from iPhones to electric scooters. "I always knew there were things at the bottom of the water, but not to the point of scooters and bicycles," Raphael said. His biggest find was a Yamaha motorcycle. It was so heavy it took an entire team of people to pull out.

He's also found some more unusual objects. One was a bayonet from the 1800s. A bayonet is a dagger-shaped weapon designed to attach to a rifle. Those treasures are kept at a makeshift museum located in his dad's basement. He's also shared them on his Instagram account where he has more than 20,000 subscribers.

Raphael learned about cleaning rivers from YouTube. In 2018, he found a video. People were fishing metal objects out of rivers. They used ropes attached to magnets. A magnet is a material that can pull iron towards it.

So Raphael asked his parents for some rope, a hook, and a powerful magnet. The magnet was very strong. It could attract metal objects weighing more than a ton.

Raphael thought cleaning the river would be a lazy weekend activity. But when he saw just how much junk there was at the bottom of the river, he wanted to do more.

(6)"It became like a full-time job," Raphael said. And he wanted other people to know how much pollution there was.

Last October, Raphael won an award for his cleaning efforts. He received the Medal of Paris.

He thinks getting people to fight pollution has been a challenge. "There's more than 7 billion people on Earth," he said. That's definitely enough people to clean up and save the planet. He wants people to know that simple tasks make a huge difference.

Raphael feels encouraged by his progress in the last two years.

A section of the Seine, he said, is noticeably clearer than the rest of the river. That's where he started fishing for metal in January 2019. He's not sure he can make the entire Seine clear by the 2024 Olympics. But he hopes he'll be one of the first to swim in the water once it's safe.

Question 1 ～ 8　本文の内容に関する質問の答えとして最も適当なものを選び，記号で答えなさい。

Q1　Which is not an example of how dirty the Seine river is?
ア　Around 360 tons of plastic are found every year.
イ　It can make people sick.
ウ　People are not allowed to swim in it.
エ　The Olympic Games will be held in 2024.

Q2　What can be a reason why the mayor of Paris wants to clean the river?
ア　She thinks that the laws stopping people from swimming are too old.
イ　She has been living in Paris since she was 11, and her dream has been to swim in the river.
ウ　When the Olympic games are held in Paris, she doesn't want people from around the world to think that the river is too dirty.
エ　She thinks the river is too big for 11-year-old Raphael to clean alone, and wants to help him.

Q3　Which sentence about Raphael's river cleaning is true?
ア　He cleans the river because he likes fishing with his father.
イ　One day, he found a car and it weighed almost one ton.
ウ　An iPhone helps him gather people for cleaning.
エ　He wasn't able to pull a motorcycle out of the river by himself.

Q4　Which is not a thing in the temporary museum in Alexandre's basement?
ア　iPhones
イ　a Yamaha motorcycle
ウ　a bayonet
エ　a rifle

Q5　Why did he need a powerful magnet?
ア　To learn about cleaning rivers from YouTube.
イ　To fish heavy metal objects out of the river.
ウ　To attach ropes.
エ　To measure how heavy metal objects are.

Q6　Raphael said, (6)"It became like a full-time job." What did he mean by that?
ア　He felt lazy.
イ　He thought he needed to do more.
ウ　He thought he needed a powerful magnet.
エ　He found that people knew more about pollution than before.

Q7　Which sentence about Raphael is correct?
ア　He received an award from the city of Paris because of his hard work cleaning.
イ　He is certain that getting people together is a simple task.
ウ　He thinks that there are so many people in the world that it causes pollution.
エ　He thinks the simple tasks of all the people in the world are not enough.

Q8　Which sentence is correct about what the Seine river is like now?
ア　Raphael works hard but the whole river is not perfectly clean.
イ　Raphael has started catching fish because the water of the river is cleaner than before.

ウ　Raphael says that there is a high possibility that the river will be clear by the 2024 Olympics.

エ　The river is safe enough for Raphael to swim in now.

Question 9 ～ 10　本文の内容に関する質問に英語で答えなさい。

Q9　How does Raphael show the garbage from the river to more than 20,000 people?

Q10　In what year was Raphael given the Medal of Paris?

【2】 次の文章を読んで，あとの設問に答えなさい。

An old man visited his doctor for a health check. He was interviewed by the doctor in a small room where the doctor sat right next to him. At the end of the interview, he asked the doctor a question.

"Do you know a good ear doctor for my wife?"

"Yes, I do. I have a lot of doctor friends, so I can ask them for help. What is her problem?"

"Well, my wife cannot (　　1　　) well these days. She often does not answer my questions. It is very difficult for me to communicate with her now."

"How old is she now?"

"She is 70, but (2)[think / comes / I / age / from / don't / her problem]. She is very healthy. She still has good eyesight, has all of her teeth, and doesn't need any assistance when she walks. The only problem is her ears."

"Then, I can recommend some specialists to your wife. But before that, I want you to do a small examination on her when you get home. It goes like this. (　　3　　), ask her a question from a distance when her face is turned away from you. Then, if she does not answer, (　　4　　) and ask the same question again. Repeat this process until she answers. Please tell me how close you and your wife are when she (5)does."

After arriving home, the old man saw his wife cooking dinner in the kitchen. She was facing the counter, and he could only see her back. So, he thought it was a good chance for (　　6　　). He asked,

"What is for dinner, honey?"

The wife did not answer. So, he got a little closer to the kitchen and asked again.

"What is for dinner? I can smell fish. It must be grilled fish, my favorite."

She answered with (　　7　　). The man got a little angry and almost forgot about the test. For the third question, he stood just behind his wife and said as loudly as possible,

"What is for dinner? Answer me already!"

Then, she finally turned around and answered,

"It's grilled fish! (8)How man times do I have to say it until you understand?"

The next day, the old man visited the doctor's office again, this time with his wife. The wife said,

"Do you know a good ear doctor for my husband?"

問１　空欄(1)に入る語として最も適切なものを選び，記号で答えなさい。

ア　speak　　イ　explain　　ウ　understand　　エ　hear　　オ　talk

問２　下線部(2)の語句を意味が通るように並び替えなさい。

問３　空欄(3)の中に入る語句として最も適切なものを選び，記号で答えなさい。

ア　Sometimes　　イ　However　　ウ　First of all
エ　Next　　オ　For example

問４　空欄(4)に入る語句として最も適切なものを選び，記号で答えなさい。

ア　communicate with her　　イ　answer the question　　ウ　watch her carefully
エ　turn away　　オ　walk closer

問５　下線部(5)が指す語が意味するものを選び，記号で答えなさい。

ア　walks　　イ　tells　　ウ　answers　　エ　gets　　オ　asks

問６　空欄(6)に入る語句として最も適切なものを選び，記号で答えなさい。

ア　doing the test　　イ　answering her question　　ウ　asking for help
エ　eating her meal　　オ　walking behind her

問７　空欄(7)に入る語句として最も適切なものを選び，記号で答えなさい。

ア　gestures　　イ　silence　　ウ　a loud voice　　エ　care　　オ　sadness

問８　下線部(8)から読み取れる「妻」の心情を表す文を選び，記号で答えなさい。

ア　She felt happy.　　イ　She felt angry.　　ウ　She was interested.
エ　She was surprised.　　オ　She felt easy.

問９　本文の内容として正しいものを2つ選び，記号で答えなさい。

ア　老人と医者は非常に近い距離で健康診断の面接をしていた。
イ　老人によると，妻は目がいいが歩行は困難である。
ウ　医者の言う検査は妻の顔が見えていない時に行う必要がある。
エ　医者が知りたかったのは，老人の声はどれくらいの距離まで届くのかである。
オ　妻の態度に怒って，老人は医者から言われた検査のことをすっかり忘れてしまった。
カ　妻は3回目でようやく老人の質問に答えた。
キ　老人が妻に検査をした結果，二人とも耳に問題を抱えていることが分かった。

【３】　空欄に入る最も適当な語句を選び，記号で答えなさい。

(1)　今日は晴れていないですよね？－はい，晴れていません。

It is not a sunny day today, is it? －（　　）

ア　Yes, it is.　　イ　Yes, it isn't.　　ウ　No, it is.
エ　No, it isn't.　　オ　It is cloudy.

(2)　私の母は私にそのペンを買ってくれた。

My mother bought the pen（　　）me.

ア　to　　イ　with　　ウ　at　　エ　in　　オ　for

(3)　Lはアルファベットで12番目の文字です。

'L' is the（　　）letter of the alphabet.

ア　twelve　　イ　twenty　　ウ　twelfth
エ　twentieth　　オ　one second

(4)　申し訳ありませんが，私はその会合に参加できません。

I'm afraid（　　）I cannot attend the meeting.

ア what　イ of　ウ that　エ because　オ so

(5) マイケルは小学生の時に富士山に登ったことがある。

Michael (　　) Mt. Fuji when he was an elementary student.

ア climbs　イ climbed　ウ have climbed

エ has climbed　オ had climbed

【4】 次の(1)～(5)の日本文に合うように，与えられた語を使い英文を完成させる時，[A]～[J]に入るものをそれぞれ選び，記号で答えなさい。ただし文頭に来る語も小文字で示してある。

(1) 君はサッカーを練習し続けた方がいい。

[ア practicing　イ go　ウ have　エ to　オ on　カ soccer　キ you].

___ ___ [A] ___ [B] ___ ___.

(2) あそこでスキーをしている男女は全員私の友達です。

The boys [ア there　イ are　ウ skiing　エ my　オ and　カ the girls　キ friends　ク all].

The boys ___ ___ [C] ___ ___ [D] ___ ___.

(3) その荷物はとても重かったので，彼女は持ち上げられなかった。

[ア for　イ to　ウ was　エ the baggage　オ heavy　カ her　キ too　ク lift].

___ ___ [E] ___ ___ [F] ___ ___.

(4) 次に何をすればいいか教えてくれますか？

[ア what　イ next　ウ me　エ could　オ do　カ tell　キ to　ク you]?

___ ___ [G] ___ ___ [H] ___ ___?

(5) 彼は父親と同じくらい稼いでいる。

[ア as much　イ as　ウ his father　エ he　オ does　カ money　キ earns].

___ ___ [I] ___ ___ [J] ___.

【5】 次の対話文を読んで，あとの設問に答えなさい。

Ryota：Hi, Nick. Do you mind if I ask you something?

Nick：(　A　) What's up?

Ryota：You know, I'm going to the States this summer as an exchange student.

Nick：(　B　) That's great! So that's why you have so many American coins in your hand.

Ryota：Yes, but these coins don't have any "numbers" on them. So, I can't tell which one is which...

Nick：Look carefully! This penny reads "ONE CENT" and that nickel reads "FIVE CENTS". It's easy!

Ryota：But the smallest coin says "ONE DIME." How much is that?

Nick：(　C　) A dime is 10 cents. So, dime is smaller than penny as a coin but it is bigger as money!

Ryota：(1)Penny? Dime? Wait a second. I don't understand...

Nick：All American coins have their nicknames. Look, this 1 cent coin is called "a penny", this

(2)10 cent coin is called "a dime" and this bigger 5 cent coin is called "a nickel" because (3)it's made of nickel. And last, the biggest coin is called "a quarter". Look at its tail, the letters read "QUARTER DOLLAR."

Ryota：Oh, yes... I think I'm getting used to it. "Quarter dollar" means 25 cents, right?

Nick：(　　D　　) (4)This coin is the most useful. For example, when you want to get a drink from a vending machine, they usually don't accept pennies!

Ryota：Pennies and dimes are almost the same size so it must be difficult for machines to tell one from the other.

Nick：We have only one brown coin, so it's easy for us, humans, to distinguish a penny from the others.

Ryota：By the way, I have a much bigger coin in my pocket. Look. It is as big as Japanese 500 yen coin.

Nick：Wow, you have a one dollar coin, too! It IS larger than a quarter and it's very rare! We don't see it often in daily life. But, actually, it is NOT the largest coin in the States.

Ryota：Really? Then what's the largest coin?

Nick：It's the half-dollar coin and it's really rare. I've never seen it used in daily life but you can check it out online.

Ryota：(　　E　　) Hmm... I can't guess its size from this picture!

Nick：Well, you will find (5)one during your stay if you are lucky enough.

問１　空欄(A)～(E)に当てはまるものを次の中からそれぞれ選び，記号で答えなさい。

ア　I have no idea.　　イ　Oh, are you?　　ウ　Yes I do.
エ　Yes, you got it!　　オ　Never mind.　　カ　No, not at all.
キ　No, thank you.　　ク　Let me see.　　ケ　Here you are.
コ　No wonder.

問２　下線部(1)～(5)はどのコインを指しているか。次の挿し絵の中からそれぞれ選び，記号で答えなさい。

ア　　イ　　ウ　　エ　　オ　　カ

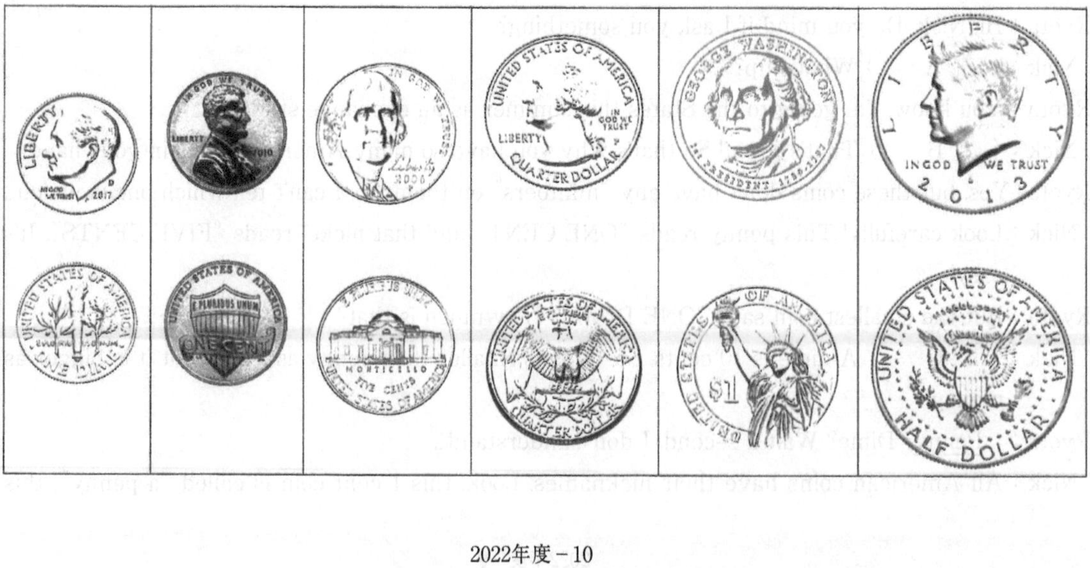

問一、傍線部①「くまなく」、③「こと事にいひなして」の本文における意味として最も適当なものを後に続く選択肢よりそれぞれ一つ選び記号で答えなさい。

①「くまなく」

ア　連続性が無く

イ　影が無く

ウ　欠けている所が無く

エ　わだかまりが無く

オ　隠し事が無く

③「こと事にいひなして」

ア　別のことに言い紛らわして

イ　大げさに言い逃れて

ウ　特別なことに言い換えて

エ　他のことに言い間違えて

オ　ことさらに言い切って

問二、傍線部②「なまおそろしと思へる」とあるが、なぜ筆者はそう思ったのか、最も適当なものを次の選択肢より一つ選び記号で答えなさい。

ア　月があまりに明るく澄んでいるので、姉が吸い込まれて行方不明になりそうで、動揺を隠せなかったから。

イ　周囲の者が寝た静けさの中で、自分たち姉妹の行く末を話し合っていて、不吉な予感がよぎったから。

ウ　空をじっと眺めていた姉が、唐突に自分の余命を告白したことで、深い悲しみに沈んだから。

エ　十三日の月夜にまつわる不思議な話を、月を見ていた姉が語り出したことに、何となく怯えてしまったから。

オ　何の脈絡もなく、今自分がいなくなったらどうするかと姉に聞かれて、姉の様子に不安を覚えたから。

問三、和歌Ｘは筆者、和歌Ｙは姉が詠んだ和歌であるが、和歌の解釈の中で最も適切なものを次の選択肢より一つ選び記号で答えなさい。

ア　Ｘは、そよそよと秋風に乗って笛の音が聞こえたから、荻の葉も「そうよ」と返事を返した、と詠んでいる。

イ　Ｘは、笛の音が秋風の音と混ざり聞こえないことに、なぜ笛の奏者は気付かないのか、と詠んでいる。

ウ　Ｙは、荻の葉が返事をするまで演奏をし続ける笛の奏者の執念がおそろしいことよ、と詠んでいる。

エ　Ｙは、荻の葉が答えるまで笛を吹き続けないで通り過ぎた笛の音の惜しいことよ、と詠んでいる。

オ　Ｙは、笛の演奏をし続けても全く返事をしない荻の葉の気持ちを理解できないことよ、と詠んでいる。

問四、出典である『更級日記』は平安時代に成立した作品である。作品の成立が平安時代でないものを、次の選択肢の中から二つ選び記号で答えなさい。

ア　古今和歌集　　イ　土佐日記　　ウ　徒然草

エ　平家物語　　オ　源氏物語　　カ　枕草子

イ　「格別の御働き」などという他人行儀な書き方に、埋めることのできない父との心の隔たりを感じている。

ウ　普段威厳あるように見せていても時折失敗してしまう父の、素直に心情を表現できない不器用さが表れたものとして愛おしく思っている。

エ　いつもと変わらない文面と内容に、口には出せなくても、父が家族を普段から大切に思っている気持ちを感じ取っている。

オ　手紙の中でさえ見栄を張る父に情けなさを感じ、これからも変わることがないであろう父を残念に思っている。

問七、本文の表現や特徴の説明として、最も適当なものを次の選択肢より一つ選び記号で答えなさい。

ア　「父」の姿に焦点を当てることで、昔ながらの典型的な父親像が持つ滑稽さを鋭い筆致で風刺している。

イ　様々な心温まるエピソードを通じ、深い愛情でつながった家族の姿を、家族それぞれの視点から描写している。

ウ　戦争へと向かっていく暗い時代の中にあって、それでも明るさを失わない「私」とその家族に、人間が持つ強い生命力が表れている。

エ　「ドブロク様はご臨終」や「格別のお言葉」など、ユーモラスな表現を交えながら、筆者の幼少期の思い出を平易な文章で多彩に描き出している。

オ　第三者的な立場に立ちながら「私」を語ることで筆者自身の内的な対話を図り、読者を私の視点に引き込み共感を得ようとしている。

四、次の文章は菅原孝標娘《すがわらのたかすえのむすめ》による『更級日記』の一節で、周囲の者が寝静まった月夜に筆者と姉とで会話をしている場面である。文章を読み、後の設問に答えなさい。

その十三日の夜、月いみじく①くまなく明《あ》かきに、みな人も寝たる夜中ばかりに、縁にいでゐて、姉なる人、空をつくづくとながめて、「ただいま、ゆくへなくとび失せなば、いかが思ふべき」と問ふに、②なまおそろと思へるけしきを見て、③こと事にいひなして、わらひなどしてきけば、*1かたはらなる所に、*2先追ふ車とまりて、「*3荻の葉、荻の葉」とよばすれど、こたへざなり。よびわづらひて、笛をいとをかしくふきすまして、すぎぬなり。

X　笛の音の　ただ秋風と　きこゆるに
　　など荻の葉の　*4そよとこたへぬ

といひたれば、げにとて、

Y　荻の葉の　こたふるまでも　ふきよらで
　　ただにすぎぬる　笛の音ぞ憂き

かやうに、明くるまでながめ明かいて、夜明けてぞみな人寝ぬる。

*1　かたはらなる所…筆者の隣の家。

*2　先追ふ車…貴人が乗っている車。

*3　荻の葉…「かたはらなる所」に住んでいる女性の呼び名。「先追ふ車」に乗っている貴人の恋人と思われる。

*4　そよ…秋風が吹くと葉が擦れ合って立つ音と荻の葉の返事の意味が掛けられている。

したものとして最も適当なものを次の選択肢より一つ選び記号で答えなさい。

ア　靴の揃え方には、不遇な幼少期を過ごした父が自分の家を持つまでになり、思うままに振舞うことが出来る喜びが反映されているから。

イ　靴の揃え方には、幼少期を思慮深く過ごした経験による、父の真面目でありつつも荒々しい二面的な性格が反映されているから。

ウ　靴の揃え方には、長年母から厳しく教育されてきた経験があり、母の教えを大切にしたいという父の思いが反映されているから。

エ　靴の揃え方には、他人に遠慮しながら過ごした幼少期に形成され、長年をかけて醸成された父の深い憎悪の念が反映されているから。

オ　靴の揃え方には、幼少期に抑圧されて暮らしてきたことを長年根に持ち、その思いを晴らしたいという父の気持ちが反映されているから。

問四、傍線部③「知らん顔をしている」とあるが、ここでの「父」を説明したものとして最も適当なものを次の選択肢より一つ選び記号で答えなさい。

ア　普段から積み重ねてきた威厳が酒の上での失敗で崩れ、家族に情けない姿を知られてしまい自信を喪失している様子。

イ　つまらない失敗を娘に知られてしまい、戦時下の不安を酒で紛らわせようとする自分の不甲斐なさを必死に隠そうとする様子。

ウ　酒に酔った上、大声で怒鳴り散らす理不尽な振る舞いを、妻や子供に鋭く指摘され不機嫌な様子。

エ　自分でも下らないと思うような失態を犯し、妻や娘から受ける冷ややかな視線から逃げようとしている様子。

オ　酔った勢いで犬に八つ当たりをした上に靴をなくすなど、失態を重ねたきまりの悪さを見せないようにしている様子。

問五、傍線部④「私が終るまで吹きさらしの玄関に立っていた」とあるが、なぜか。その理由を説明したものとして最も適当なものを次の選択肢より一つ選び記号で答えなさい。

ア　普段から寡黙であるため、部下の粗相を片付ける娘を見てもうまい言葉が見つからず、立ち尽くす以外にできないから。

イ　娘に対して申し訳なく思うものの、言葉にして伝えることははばかられ、せめてそばに立ち見守ろうとしているから。

ウ　またしても犯してしまった酒の席での失態を、娘に後処理させることに気まずさを覚え、うろたえてしまっているから。

エ　自分の不始末を家族に尻拭いさせなければならない自身の身の上を嘆き、言葉にできずとも行動で感謝を示そうとしているから。

オ　娘や家族への申し訳なさを感じているものの、娘のあまりの剣幕に気圧されてしまい何も言えなくなってしまったから。

問六、傍線部⑤「それが父の詫び状であった」とあるが、筆者は「父の詫び状」をどのようなものとして受け取っているか。その説明として最も適当なものを次の選択肢より一つ選び記号で答えなさい。

ア　父が自分の非を認めたくないと思っていることは見送りの態度から明らかであり、形ばかりの謝罪として受け取っている。

でしなくては暮して行けないのか。黙って耐えている母にも、させている父にも腹が立った。

気がついたら、すぐうしろの上がりかまちのところに父が立っていた。手洗いに起きたのだろう、寝巻きに新聞を持ち、素足で立って私が手を動かすのを見ている。

「悪いな」とか「すまないね」とか、今度こそねぎらいの言葉があるだろう。私は期待したが、父は無言であった。黙って、素足のまま、④私が終るまで吹きさらしの玄関に立っていた。

三、四日して、東京へ帰る日がきた。

帰る前の晩、一学期分の小遣いを母から貰う。

あの朝のこともあるので、少しは多くなっているかと数えてみたが、きまりしか入っていなかった。

いつも通り父は仙台駅まで私と弟を送ってきたが、汽車が出る時、ブスッとした顔で、

「じゃあ」

といっただけで、格別のお言葉はなかった。

ところが、東京へ帰ったら、祖母が「お父さんから手紙が来てるよ」というのである。巻紙に筆で、いつもより改まった文面で、しっかり勉強するようにと書いてあった。終りの方にこれだけは今でも覚えているのだが、「此《こ》の度《たび》は格別の御働き」という一行があり、そこだけ朱筆で傍線が引かれてあった。

⑤それが父の詫び状であった。

＊1　御真影…天皇陛下の肖像写真や肖像画のこと。

＊2　はぐり…「はぐる」は「めくる」の意。

問一、二重傍線部A「几帳面」とあるが、本文中における意味として最も適当なものを次の選択肢より一つ選び記号で答えなさい。

ア　細かいところまできちんと行うさま

イ　真面目で誠実であるさま

ウ　頑固で融通が利かないさま

エ　礼儀正しく厳格なさま

オ　落ち着いて上品なさま

問二、傍線部①「玄関先で父に叱られた」とあるが、このことを筆者はどのように回想しているか。その説明として最も適当なものを次の選択肢より一つ選び記号で答えなさい。

ア　考えなしの発言を注意され、よく観察し考えなければならないという戒めになったが、靴の揃え方についての素朴な疑問が残る結果となった。

イ　父に自分のうかつさを指摘され素直に反省する一方、靴の揃え方については父をやり込めることができて痛快であった。

ウ　靴を揃えることが「私」の仕事であったが、叱られることも多く、靴の揃え方に至っては父の理不尽さが一層際立つ一件であった。

エ　上機嫌でもすぐに怒りだす気分屋な父に、またしても靴の揃え方で難癖をつけられうんざりしてしまった。

オ　靴一つにも様々なこだわりを持つ父を目の当たりにし、学ぶことが多い一方で、神経質とも見える父に対して疑問を感じた。

問三、傍線部②「靴の脱ぎ方だけは別人のように荒っぽかった」とあるが、「父」がこのように靴を脱ぐのはなぜか。その理由を説明

うか。

父が仙台支店に転勤になった。弟と私は東京の祖母の家から学校へ通い、夏冬の休みだけ仙台の両親の許へ帰っていた。東京は極度の食糧不足だったが、仙台は米どころでもあり、たまに帰省すると別天地のように豊かであった。東一番丁のマーケットには焼きがれいやホッキ貝のつけ焼の店が軒をならべていた。

当時一番のもてなしは酒であった。

保険の外交員は酒好きな人が多い。配給だけでは足りる筈もなく、母は教えられて見よう見真似でドブロクを作っていた。米を蒸し、ドブロクのもとを入れ、カメの中へねかせる。古いどてらや布団を着せて様子を見る。夏は蚊にくわれながら布団を*2はぐり、耳をくっつけて、

「プクプク……」

と音がすればしめたものだが、この音がしないと、ドブロク様はご臨終ということになる。

物置から湯タンポを出して井戸端でゴシゴシと洗う。熱湯で消毒したのに湯を入れ、ひもをつけてドブロクの中へブラ下げる。半日もたつと、プクプクと息を吹き返すのである。

ところが、あまりに温め過ぎるとドブロクが沸いてしまって、酸っぱくなる。こうなると客に出せないので、茄子《なす》やきゅうりをつける奈良漬の床《とこ》にしたり、「子供のドブちゃん」と称して、乳酸飲料代りに子供たちにお下げ渡しになるのである。すっぱくてちょっとホロっとして、イケる口の私は大好物であった。弟や妹と結託して、湯タンポを余分にほうり込み、

「わざと失敗してるんじゃないのか」

と父にとがめられたこともあった。

客の人数が多いので酒の肴《さかな》を作るのも大仕事であった。年の暮など夜行で帰って、すぐ台所に立ち、指先の感覚がなくなるほどイカの皮をむき、細かく刻んで樽いっぱいの塩辛をつくったこともあった。新円切り換えの苦しい家計の中から、東京の学校へやってもらっている、という負い目があり、その頃の私は本当によく働いた。

働くことは苦にならなかったが、嫌だったのは酔っぱらいの世話であった。

仙台の冬は厳しい。代理店や外交員の人たちは、みぞれまじりの風の中を雪道を歩いて郡部から出て来て、父のねぎらいの言葉を受け、かけつけ三杯でドブロクをひっかける。酔わない方が不思議である。締切の夜など、家中が酒くさかった。

ある朝、起きたら、玄関がいやに寒い。母が玄関のガラス戸を開け放して、敷居に湯をかけている。見ると、酔いつぶれてあけ方帰っていった客が粗相した吐瀉物《としゃぶつ》が、敷居のところいっぱいに凍りついている。玄関から吹きこむ風は、固く凍《い》てついたおもての雪のせいか、こめかみが痛くなるほど冷たい。赤くふくれて、ひび割れた母の手を見ていたら、急に腹が立ってきた。

「あたしがするから」

汚い仕事だからお母さんがする、というのを突きとばすように押しのけ、敷居の細かいところにいっぱいにつまったものを爪楊枝で掘り出し始めた。

保険会社の支店長というのは、その家族というのは、こんなことま

父は、当時三十歳をすこし過ぎたばかりだったと思う。重みをつけるためかひげを立てていたが、この時、何とも困った顔をした。少し黙っていたが、

「お前はもう寝ろ」

怒ったようにいうと客間へ入って行った。

客の人数を尋ねる前に靴を数えろという教訓は今も忘れずに覚えている。ただし、なぜ男の履物は少し離して揃えるのか、本当の意味が判ったのは、これから大分あとのことであった。

父は身綺麗でA几帳面な人であったが、②靴め脱ぎ方だけは別人のように荒っぽかった。くつぬぎの石の上に、おっぽり出すように脱ぎ散らした。

客の多いうちだからと、家族の靴の脱ぎ方揃え方には、ひどくうるさいくせに自分はなによ、と父の居ない時に文句をいったところ、母がそのわけを教えてくれた。

父は生れ育ちの不幸な人で、父親の顔を知らず、針仕事をして細々と生計を立てる母親の手ひとつで育てられた。物心ついた時からいつも親戚や知人の家の間借りであった。

履物は揃えて、なるべく隅に脱ぐように母親に言われ言われして大きくなったので、早く出世して一軒の家に住み、玄関の真中に威張って靴を脱ぎたいものだと思っていたと、結婚した直後母にいったというのである。

十年、いや二十年の恨みつらみが、靴の脱ぎ方にあらわれていたのだ。

そんな父が、一回だけ威勢悪くションボリと靴を脱いだことがある。戦争が激化してぼつぼつ東京空襲が始まろうかという、あれも冬の夜であった。

カーキ色の国民服にゲートルを巻き、戦闘帽の父が夜遅く珍しく酒に酔って帰ってきた。酒は配給制度で宴会などもう無くなっていた頃だったから、闇の酒だったのかも知れない。灯火管制で黒い布をかけた灯りの下で靴を脱いだ父は、片足しか靴をはいていないのである。

近くの軍需工場の横を通ったところ、中で放し飼いになっている軍用犬が烈しく吠え立てた。犬嫌いの父が、

「うるさい。黙れ！」

とどなり、片足で蹴り上げる真似《まね》をしたら、靴が脱げて工場の塀の中へ落ちてしまったというのである。

「靴のひもを結んでいなかったんですか」

と母が聞いたら、

「間違えて他人の靴をはいてきたんだ」

割れるような大声でどなると、そっくりかえって奥へ入って寝てしまった。たしかにふた回りも大きい他人の靴であった。

翌朝、霜柱を踏みながら、私は現場に出かけて行った。犬に吠えられながら電柱によじ登って工場の中をのぞくと、犬小舎のそばに靴らしいものが見える。折よく出てきた人にわけを話したところ、

「娘さんかい。あんたも大変だね」

といいながら、中からポーンとほうって返してくれた。犬の噛みあとがあったが、もともとかなり傷んでいたから大丈夫だろうと思いながらうちへ帰った。それから二、三日、父は私と目があっても③知らん顔をしているようであった。

「啼《な》くな小鳩よ」という歌が流行《はや》った頃だから昭和二十二、三年だろ

間と空間を支配する国家だけである。

ウ　国家とはそれぞれの時代の様々な支配体制が変転した歴史だということができる。

エ　本来市民をつなぐものであったインターネットは、誰もが自分の話を発信できるために、その支配的な力を弱めてしまった。

オ　かつての教養主義はインターネットなどの多数の縦軸の出現により横軸の一つに紛れ込んでしまった。

カ　インターネットの普及により、かつての支配的な親子関係は友達のような関係へと変化していった。

三、次の文は向田邦子のエッセイ「父の詫び状」である。文章を読み後の設問に答えなさい。

子供の頃、①玄関先で父に叱られたことがある。

保険会社の地方支店長をしていた父は、宴会の帰りなのか、夜更けにほろ酔い機嫌で客を連れて帰ることがあった。母は客のコートを預ったり座敷に案内して挨拶《あいさつ》をしたりで忙しいので、靴を揃《そろ》えるのは、小学生の頃から長女の私の役目であった。

それから台所へ走り、酒の燗《かん》をする湯をわかし、人数分の膳を出して箸置きと盃を整える。再び玄関にもどり、客の靴の泥を落し、雨の日なら靴に新聞紙を丸めたのを詰めて湿気を取っておくのである。

あれはたしか雪の晩であった。

お膳の用意は母がするから、といわれて、私は玄関で履物の始末をしていた。

七、八人の客の靴には雪がついていたし、玄関のガラス戸の向うは雪明りでボオッと白く見えた。すき間風のせいかこういう晩は新聞紙までひんやりと冷たい。靴の中に詰める古新聞に＊1御真影がのっていて叱られたことがあるので、かじかんだ手をこすり合せ、気にしながらやっていると、父が鼻唄をうたいながら手洗いから出て座敷にゆくところである。

父は音痴で、「箱根の山は天下の険」がいつの間にかお経になっているという人である。うちの中で鼻唄をうたうなど、半年に一度あるかなしのことだ。こっちもついつられてたずねた。

「お父さん。お客さまは何人ですか」

いきなり「馬鹿」とどなられた。

「お前は何のために靴を揃えているんだ。片足のお客さまがいると思ってるのか」

靴を数えれば客の人数は判るではないか。当り前のことを聞くなというのである。

あ、なるほどと思った。

父は、しばらくの間うしろに立って、新聞紙を詰めては一足ずつ揃えて並べる私の手許を眺めていたが、今晩みたいに大人数の時は仕方がないが、一人二人の時は、そんな揃え方じゃ駄目だ、というのである。

「女の履物はキチンとくっつけて揃えなさい。男の履物は少し離して」

父は自分で上りかまちに坐り込み、客の靴を爪先の方を開き気味にして、離して揃えた。

「男の靴はこうするもんだ」

「どうしてなの」

私は反射的に問い返して、父の顔を見た。

ア　横軸　イ　縦軸　ウ　乱立　エ　無効
オ　支配　カ　解消　キ　混乱　ク　教養
ケ　優越

問三、【　X　】・【　Y　】に入る語句として最も適当なものを次の選択肢よりそれぞれ一つ選び記号で答えなさい。

X　ア　支配者は「歴史」を作り直し過去を美化したがる
イ　誰にでも歴史はあり、誰でも「歴史」を作りたがる
ウ　支配者は自己の存在理由を知りたがる
エ　誰もがインターネットを通して縦軸の関係を作り上げる
オ　誰もが支配者になりたがり、縦軸を大切にする

Y　ア　今までの親子の関係を続けていく
イ　今から親らしくふるまってもらう
ウ　今までの親子の関係を逆にする
エ　今日から友達として扱う
オ　今日から親子の関係を切る

問四、傍線部①「だから、『中心を貫通する縦軸』はない」とあるが、どういうことか。その説明として最も適当なものを次の選択肢より一つ選び記号で答えなさい。

ア　誰もが双方向に教養を教え合うインターネットには「国家」や「時間」といった空間的広がりが欠けているということ。
イ　インターネットは、時代区分を作り上げる国家とつながることによって歴史という縦軸を必要としなくなったということ。
ウ　全知全能のコンピューターの出現により、かつての教養体系は解体され市民相互を結ぶ中心が失われたということ。
エ　インターネットは個と個をつなぐ横軸のコミュニケーションであり、そこには国家のような縦軸の存在は必要不可欠ではないということ。
オ　時間を扱う一つの教養体系であった歴史がその効力を失い、インターネットが新たな縦軸になったということ。

問五、傍線部②「友達のような親子」とあるが、作者はそれをどのようなものとしてとらえているか。その説明として最も適当なものを次の選択肢より一つ選び記号で答えなさい。

ア　親は子に対等な関係を望みながら、一方ではしっかりと親としての義務を果たしている縦軸の関係。
イ　子を育てるという本来の縦軸の関係を親が放棄していながら、時には親だという理由でその権利を子どもに求めるような関係。
ウ　子どもに対して、幼い頃から友達のような関係を続けていた親が、一人前になった子どもに対しては急にその責任を回避する関係。
エ　対等で平等な関係を望んでいる親と子が、普段は友達のようでいながら、時には親子らしくふるまう関係。
オ　子を育てる責任を果たしていない親に対して、成長した子が本来のしっかりとした縦軸を積極的に求めていく関係。

問六、本文の内容と合致するものを、次の選択肢より二つ選び記号で答えなさい。

ア　大衆社会の到来により支配的な価値観が失われた理由を見つけることで縦軸を復活させることが出来る。
イ　歴史を作ることができるのは今でも一つの教養体系であり、時

一つの支配体制が終わり、新しい支配体制が出来れば、そこで「終わってしまった時代を歴史としてまとめる」という作業も生まれる。「その後の時代」から「終わってしまった時代」を振り返れば、歴史とは、「かくして終わってしまった」である。「大衆社会の到来によって、かつての教養主義は古くなった――無数の縦軸の乱立によって、かつて支配的だった縦軸の力が[Ⅱ]になる」というのも、「かくして終わってしまった」の一種である。「かくして終わってしまった」は語られても、「なぜそれは終わったのか」は、説明されていない。

かつては「中心を貫く縦軸」としてあったものが、その支配的あるいは[Ⅲ]的なポジションを失ったということは、「横軸方向に紛れ込んだ」ということでもある。つまり、「大衆社会の到来によって、かつての教養主義は古くなった」とは、「かつて縦軸として存在していた古典的な教養体系が、〝横軸の一点〟にまで落ちた」ということである。それを、我々はとても卑近な例として知っている。つまり、「②友達のような親子」である。

「親が子を育てる」という縦軸的な営みは、「親と子が友達のようになる」というところで、解消してしまう。「かつては縦軸として存在していた[Ⅳ]的な座標が、〝横軸の一点〟に落ちる」とは、このことである。

「友達のような親子でどこが悪いか?」という考え方もあるが、「友達」なら「友達」でいいのである。「友達」でしかないものの中に、時々「親子」という縦軸の関係をちらつかせるのが困るのである。

「友達」なら、「相互」で「横軸」である。しかし、「親子」は、「親が子を育てる」という位相を持った「縦軸」である。本来「縦軸」であらねばならないものが、その義務を放棄して、「横軸」の中に紛れ込んでもいいものか?「親が親らしくないから、子供がしっかりせざるをえなくなった」というのは、古来いくらでも例のあることである。そして、そういう「古来からいくつもある例」は、往々にして幸せな結果をもたらさない。親らしくなくて、自分の子供を「子供の概念を超えるもの」にしてしまった親は、その「一人前以上」になってしまった子に対して、「親だから」という理由を立てて、たかるようになることが多いからである。なんでそうなるのかと言えば、「[Ⅴ]という感覚」が、けっこう根深いものだからである。しっかり根づいてなかったら、「縦軸」にはなりにくい。

「友達のような親子」は、普通というか、多くの場合というか、ほとんどの場合、「親の側」から言い出される。成長した子供が、「【　Y　】」と言えば、親の多くが驚き、気を悪くする。――つまり、ちっとも横軸的相互が働いていないということである。そういう現実があって、「縦軸はなぜ消失した」と考えるのは、無意味なことではないだろう。

（『縦軸と横軸』　橋本　治）

問一、（　A　）～（　D　）に入る語として最も適当なものを次の選択肢よりそれぞれ一つ選び記号で答えなさい。

ア　なぜなら　　イ　また　　ウ　しかし
エ　それでは　　オ　だから　　カ　つまり

問二、[Ⅰ]～[Ⅴ]に入る語として最も適当なものを次の選択肢よりそれぞれ一つ選び記号で答えなさい。

だから「国家」かもしれない――かもしれないではなく、「貫く縦軸」があるのなら、それは「国家」である。

インターネットは、「国家」というものの境を超えてつながる。①だから、「中心を貫通する縦軸」はない。そこに「縦軸」を連想することは、解消してしまった「国家」を再出現させることでもある。だから、ある人にとっては、インターネットに「縦軸」をイメージすることは、タブーに近いかもしれない。しかし、「ただぐるぐると回ってつながっているだけ」のインターネットを、「インターネットの木」と表現してしまうと、なんとなく落ち着く。結局、我々は「縦軸」を求めているのかもしれないが、そういう詠嘆のまんまに放置しておくことは、かなり危険でもある。だから、「縦軸とはなんだ?」を、もう少し考えた方がいい。

横軸が「空間的広がり」なら、その中心を貫いて存在する縦軸は「時間」である。ということになると、縦軸とは、「一つの教養体系」であり、「国家」であり、「時間」だということになる。ずいぶんへんな三題噺だが、この三つの条件を満足させるものが一つある。それは（　A　）、「歴史」である。

歴史は「時間を扱うもの」で、「一つの教養体系」で、今ではそうでもないが、かつては「国家の作るもの」だった。そのことを、我々は今でも踏襲している。日本史の時代区分――奈良時代、平安時代、鎌倉時代、室町時代、江戸時代という区分は、それぞれが、「一つの支配体制の歴史」だからである。一つの支配体制――あるいは統治体制の「始まりから終わりまで」が、「一つの時代区分」なのだ。「国家は歴史を持つ――歴史を作る」というと、「国の史観の強制」という面ばかりが強調されてしまうが、「国家」でさえも、「さまざまな支配体制の変転」なのだ。そして、もしかしたら我々は、「かくも変転した」という、ダンゴ状の「さまざまの支配体制に関する知識」だけを持っていて、今や「歴史」を持っていないのかもしれない。「歴史の混迷」とか「歴史のデッドエンド」というのは、そういう「歴史を貫く縦軸の不在」をあらわすことなのかもしれない。

支配者は、自分の存在理由を持ちたがる――（　B　）、歴史は生まれるのかもしれない。（　C　）、「自分の存在理由を持ちたがる」以前に、誰だって「過去」を持っている。過去を「過去」として放置しておけば、乱雑なままである。それを「自分の過去」としてまとめるのは、体系立てる知的な操作である。ということは、【　X　】――だから、誰でも「自分の話」をしたがる。「それぞれの自分の話」が膨大につながっていれば、インターネットである。「複数の歴史の乱立」は、「支配的な一つの歴史」の優越を許さない。それで、「縦軸」は消える。そういう「縦軸の不在」もある。

「縦軸にする――縦軸を作り上げる」という作業を怠れば、「縦軸」は消える。（　D　）、「無数の縦軸が乱立する」という状況によっても、「縦軸」は消える。「縦軸が消える」にはこの二つの要因があるが、それでは、「一つの（万能とも思われた）教養体系」という縦軸が消えた要因は、どちらなのか?

「大衆社会の到来によって、かつての教養主義は古くなった」というのは、もう二十年も三十年も前から言われているが、これは、「無数の縦軸の [I] によって、支配的な縦軸が成り立たなくなった」である。

【国語】（五〇分）〈満点：一〇〇点〉

一、次の1～5の傍線部の漢字と同じものを、後に続く選択肢よりそれぞれ一つ選び記号で答えなさい。

1　キョウシュウを誘う夕焼けの空。
ア　恵まれたキョウグウにある。
イ　彼の考えにキョウメイする。
ウ　ピアノのキョウソウ曲。
エ　存分に青春をキョウラクする。
オ　ボウキョウの念にかられる。

2　ジャッカンの不安が残る。
ア　空気がカンソウする。
イ　カンカすべからざる問題。
ウ　彼の発表がアッカンだった。
エ　カンセン予防に徹する。
オ　私生活にカンショウする。

3　マイキョにいとまがない。
ア　映画界のキョショウ。
イ　キョダツ感に襲われる。
ウ　キョドウが不審である。
エ　立ち退きをキョヒする。
オ　障害をジョキョする。

4　しばらくショウコウ状態が続いた。
ア　怪我のコウミョウ。
イ　コウジョウ的なイベント。
ウ　音楽家をシコウする。
エ　ケンコウに注意する。
オ　コウコウのしたい時分に親はなし。

5　古寺のユイショをたずねる。
ア　美人はショサも美しい。
イ　敵味方をイッショにする。
ウ　ショドウが遅い。
エ　古い家具をショブンした。
オ　有名なヒショ地。

二、次の文章を読み後の設問に答えなさい。

「なんでも知っている万能の巨大コンピューター」をイメージしてしまうかつての教養体系は、言ってみれば「縦軸」である。膨大な数のパーソナルコンピューターがつながって、「互いに教え合う」ということをするインターネットは、それに対して「横軸」である。双方向で、誰もが「受信者＝発信者」になるインターネットには、「中心」がない。もしそこに「中心」を想定するのなら、その「中心」を通って貫通するものが「縦軸」である。「インターネットの木」というものは、この「縦軸」の存在を仮定するものである。簡単に言ってしまえば、「巨大な万能コンピューターのイメージが分散して、インターネットになる」である。

また、インターネットは「市民をつなぐもの」である。「インターネットでつながった市民」という横軸の広がりの中心を貫く縦軸は、

MEMO

大切なことはメモしておこうネ！

2022年度

解　答　と　解　説

《2022年度の配点は解答欄に掲載してあります。》

＜数学解答＞ 《学校からの正答の発表はありません。》

1. (1) $7x-13y+6$　(2) $(x-1)(x-36)$　(3) $x=3$　(4) $x=4$，$y=\sqrt{6}$
(5) $4\sqrt{14}$　(6) $\angle x=100^\circ$　(7) 5個　(8) 時速180km
(9) $(207\sqrt{3}-36\pi)\text{cm}^2$　(10) (ア) C　(イ) A　(ウ) A
(11) (ⅰ) $a+b$，abがともに整数ならば，2つの数a，bはともに整数である
(ⅱ) 反例：$a=\sqrt{2}$，$b=-\sqrt{2}$

2. (1) $y=\dfrac{1}{2}x+5$　(2) $a=\dfrac{7}{16}$　**3.** (1) $\dfrac{3}{2}$倍　(2) 8cm^3

4. (1) $\dfrac{1}{6}$　(2) $\dfrac{11}{12}$

5. (1) (ア) ∠DAC　(イ) ∠ACD　(ウ) 2組の角がそれぞれ等しい
(2) $\text{AD}=\sqrt{bc-mn}$

○推定配点○
各5点×20(1.(10)，5.(1)各完答)　計100点

＜数学解説＞

1. (式の計算，因数分解，1次方程式，連立方程式，式の値，角度，数の性質，方程式の利用，平面図形，資料の整理，命題の逆)

基本 (1) $5(2x-5y)-3(x-4y+1)+3^2=10x-25y-3x+12y-3+9=7x-13y+6$

基本 (2) $(x-6)^2-25x=x^2-12x+36-25x=x^2-37x+36=(x-1)(x-36)$

基本 (3) $\dfrac{x-1}{2}-\dfrac{2x-5}{3}=\dfrac{x+1}{6}$　$3(x-1)-2(2x-5)=x+1$　$3x-3-4x+10=x+1$　$-2x=-6$　$x=3$

(4) $\sqrt{3}x+\sqrt{2}y=6\sqrt{3}$…①，$\sqrt{2}x-\sqrt{3}y=\sqrt{2}$…②　①×$\sqrt{3}$＋②×$\sqrt{2}$より，$3x+2x=18+2$　$5x=20$　$x=4$　これを①に代入して，$4\sqrt{3}+\sqrt{2}y=6\sqrt{3}$　$\sqrt{2}y=2\sqrt{3}$　$y=\dfrac{2\sqrt{3}}{\sqrt{2}}=\sqrt{6}$

(5) $-2(y^2-xy)+(x-y)^2=2y(x-y)+(x-y)^2=(x-y)(2y+x-y)=(x-y)(x+y)=\{(\sqrt{7}+\sqrt{2})-(\sqrt{7}-\sqrt{2})\}\{(\sqrt{7}+\sqrt{2})+(\sqrt{7}-\sqrt{2})\}=2\sqrt{2}\times2\sqrt{7}=4\sqrt{14}$

基本 (6) $\overset{\frown}{\text{CD}}$の円周角だから，∠CAD＝∠CBD＝∠$y$とすると，△BDFと△ADEで，三角形の内角と外角の関係より，∠ADE＝∠CBD＋∠CFD＝∠y＋30°　∠AEB＝∠EAD＋∠ADE　70°＝∠y＋∠y＋30°　2∠y＝40°　∠y＝20°　よって，円周角の定理より，∠x＝2∠ADB＝2×(20°＋30°)＝100°

基本 (7) 48＝1×48＝2×24＝3×16＝4×12＝6×8より，$a=-49$，-26，-19，-16，-14の5個

(8) トンネルを通過することから，$\dfrac{a+1800}{1000}+43=b\times\dfrac{15}{60}$　$a+44800=250b$…①　すれ違うことから，$\dfrac{2a}{1000}=(b+b)\times\dfrac{4}{3600}$　$9a=10b$…②　②を①に代入して，$a+44800=25\times9a$

$a=\dfrac{44800}{224}=200$　これを②に代入して，$10b=1800$　$b=180$

基本 (9) 平行四辺形の内角の和は360°だから，4つのおうぎ形の中心角の大きさの和は360°である。よって，求める面積は，$23\times9\sqrt{3}-\pi\times6^2=207\sqrt{3}-36\pi\,(\mathrm{cm}^2)$

基本 (10) (ア) 販売数の合計がわからないので，平均値は計算できない。よって，C

(イ) 四分位範囲は箱の長さで示されるから，A

(ウ) 商品Xの第3四分位数が25未満であるのに対し，商品Yの中央値(第2四分位数)が25であるから，A

基本 (11) (i) 命題の逆は，仮定と結論を入れかえたものだから，(＊)の逆は，「$a+b$，abがともに整数ならば，2つの数a，bはともに整数である」

(ii) (＊)の逆は正しくない。反例として，$a+b=0$，$ab=-2$となる2数として，$a=\sqrt{2}$，$b=-\sqrt{2}$がある。

重要 2. (図形と関数・グラフの融合問題)

(1) $y=\dfrac{1}{10}x^2$に$y=10$を代入して，$10=\dfrac{1}{10}x^2$　$x^2=100$　$x=\pm10$　よって，E(10, 10)　C$(0,\ c)$とすると，$\mathrm{CE}^2=(0-10)^2+(c-10)^2=(5\sqrt{5})^2$　$(c-10)^2=25$　$c-10=\pm5$　$c=10\pm5=15,\ 5$　$c<10$より，$c=5$　直線CEの傾きは，$\dfrac{10-5}{10-0}=\dfrac{1}{2}$　切片は5だから，直線ℓの式は，$y=\dfrac{1}{2}x+5$

(2) $y=\dfrac{1}{10}x^2$と$y=\dfrac{1}{2}x+5$からyを消去して，$\dfrac{1}{10}x^2=\dfrac{1}{2}x+5$　$x^2-5x-50=0$　$(x-10)(x+5)=0$　$x=10,\ -5$　よって，点Aのx座標は-5　点Dのx座標をdとすると，AD：DE$=\{d-(-5)\}:(10-d)=(d+5):(10-d)=3:2$　$2(d+5)=3(10-d)$　$2d+10=30-3d$　$5d=20$　$d=4$　点Dは$y=\dfrac{1}{2}x+5$上にあるから，$y=\dfrac{1}{2}\times4+5=7$　よって，D(4, 7)　また，点Dは$y=ax^2$上にあるから，$7=a\times4^2$　$a=\dfrac{7}{16}$

3. (空間図形)

基本 (1) 円柱の底面の半径は$\sqrt{3}$cm，高さは$2\sqrt{3}$cmだから，体積は，$\pi\times(\sqrt{3})^2\times2\sqrt{3}=6\sqrt{3}\pi$　球の体積は，$\dfrac{4}{3}\pi\times(\sqrt{3})^3=4\sqrt{3}\pi$　よって，$6\sqrt{3}\pi\div4\sqrt{3}\pi=\dfrac{3}{2}$(倍)

重要 (2) 立方体の1辺の長さを$a$cmとすると，対角線の長さは，$\sqrt{a^2+a^2+a^2}=\sqrt{3}a$(cm)　これは球の直径に等しいから，$\sqrt{3}a=2\sqrt{3}$　$a=2$　よって，立方体の体積は，$2^3=8\,(\mathrm{cm}^3)$

4. (確率)

基本 (1) さいころの目の出方の総数は$6\times6=36$(通り)　△PABの底辺をABとしたときの高さを$h$cmとすると，$\triangle\mathrm{PAB}=\dfrac{1}{2}\times(4+1)\times h=15$　$h=6$　よって，題意を満たすのは，点Pが直線$y=6$上にあるときで，$(m,\ n)=(1,\ 6)$，$(2,\ 6)$，$(3,\ 6)$，$(4,\ 6)$，$(5,\ 6)$，$(6,\ 6)$の6通りであるから，求める確率は，$\dfrac{6}{36}=\dfrac{1}{6}$

重要 (2) $mx+ny=3$より，$y=-\dfrac{m}{n}x+\dfrac{3}{n}$　この直線が直線$y=-\dfrac{1}{2}x+1$と平行になるのは，傾きが等しいときで，$\dfrac{m}{n}=\dfrac{1}{2}$より，$2m=n$　これを満たすm，nの値の組は，$(m,\ n)=(1,\ 2)$，(2,

4)，(3，6)の3通りだから，求める確率は，$1-\frac{3}{36}=\frac{11}{12}$

5. (平面図形)

基本 (1) △ABEと△ADCにおいて，仮定より，∠BAE＝∠DAC…① $\overset{\frown}{AB}$に対する円周角だから，∠AEB＝∠ACD…② ①，②より，2組の角がそれぞれ等しいので，△ABE∽△ADC

重要 (2) △ABE∽△ADCより，AB：AD＝AE：AC AD×AE＝AB×AC＝bc…③ △BDEと△ADCにおいて，対頂角だから，∠BDE＝∠ADC…④ $\overset{\frown}{CE}$に対する円周角だから，∠DBE＝∠DAC…⑤ ④，⑤より，2組の角がそれぞれ等しいので，△BDE∽△ADC BD：AD＝DE：DC AD×DE＝BD×DC＝mn…⑥ ③－⑥より，AD×AE－AD×DE＝$bc-mn$ AD×(AE－DE)＝$bc-mn$ $AD^2=bc-mn$ AD＞0より，AD＝$\sqrt{bc-mn}$

★ワンポイントアドバイス★

本年度は1.の独立小問が増え，大問5題構成に変わったが，小問数は20題で同じであった。あらゆる分野の基礎をしっかりと固めておこう。

＜英語解答＞ 《学校からの正答の発表はありません。》

【1】 Q1 エ　Q2 ウ　Q3 エ　Q4 エ　Q5 イ　Q6 イ　Q7 ア
Q8 ア　Q9 On Instagram.　Q10 In 2020.

【2】 問1 エ　問2 I don’t think her problem comes from age.　問3 ウ　問4 オ
問5 ウ　問6 ア　問7 イ　問8 イ　問9 ア，ウ

【3】 (1) エ　(2) オ　(3) ウ　(4) ウ　(5) イ

【4】 (1) A エ　B オ　(2) C ウ　D ク　(3) E キ　F カ
(4) G カ　H キ　(5) I ア　J ウ

【5】 問1 A カ　B イ　C コ　D エ　E ク
問2 (1) イ　(2) ア　(3) ウ　(4) エ　(5) カ

○推定配点○

【1】・【2】 各3点×20　【3】～【5】 各2点×20(【4】は各完答)　計100点

＜英語解説＞

【1】 (長文読解問題・説明文：内容吟味)

(全訳) セーヌ川はフランスのパリにある川だ。残念ながら，セーヌ川には問題がある。川には生ゴミ，一般ゴミ，プラスチック，他の廃棄物などがある。セーヌ川では毎年約360トンのプラスチックが発見されている。

川の水はとても汚れているので，人々が病気になる可能性がある。ほぼ100年間，人々が川の中で泳ぐことを許可しない法律がある。

アンヌ・イダルゴはパリ市長だ。彼女は川をきれいにしたいと思っている。彼女は2024年までに人々がセーヌ川で泳ぐことを望んでいる。それは都市がオリンピックを主催する時である。川の掃除は大変な作業だが，イダルゴにとって幸運なことに，11歳のラファエルが事に当たっている。彼は父親のアレクサンドル・ド・ファージュ・ド・ラトゥールと釣りをする。彼らは一日で大量のゴ

ミを捕えることができる。それは小型車の重さ程度だ。

彼らはアイフォンから電動スクーターまで，あらゆるものを捕った。「水底に何かがあることは常に知っていましたが，スクーターや自転車が目的ではありませんでした」とラファエルは言う。彼の最大の発見はヤマハのオートバイだった。それはとても重かったので，人々のチーム全体で引き抜く必要があった。

彼はまた，いくつかのより珍しい物を見つけた。1つは1800年代の銃剣だった。銃剣は，ライフルに取り付けるために設計された短剣型の武器だ。それらの宝物は，彼のお父さんの地下にある仮設博物館に保管されている。彼はまた，2万人以上のチャンネル登録者がいるインスタグラムのアカウントでそれらを共有している。

ラファエルはYou Tubeから川の掃除について学んだ。2018年に，彼はビデオを見つけた。人々は川から金属の物体を釣り上げていた。彼らは磁石に取り付けられたロープを使用した。磁石は鉄を引き寄せる素材である。

そこで，ラファエルは両親にロープ，フック，強力な磁石を求めた。磁石はとても強かった。1トン以上の重さの金属物体を引き付けることができた。

ラファエルは，川の掃除は怠惰な週末の活動になるだろうと考えた。でも，川の底にどれだけのがらくたがあるのかを見て，もっとやりたくなったのだ。

(6)「それはフル・タイムの仕事のようになった」とラファエルは言った。そして彼は他の人々にどれだけの汚染があったかを知ってほしかった。

昨年10月，ラファエルは彼の清掃活動に対して賞を受賞した。彼はパリ市勲章を受けた。

彼は，人々に汚染と戦わせることは挑戦であったと考えている。「地球上には70億人以上の人々がいます」と彼は言った。それは間違いなく地球をきれいにして救うのに十分な人々だ。彼は人々に単純な仕事が大きな違いを生むことを知って欲しいと思っている。

ラファエルは過去2年間の進歩に勇気づけられている。

セーヌ川のある区間は，川の他の部分よりも著しく澄んでいると彼は言った。そこは彼が2019年1月に金属の釣りを始めたところだ。彼は2024年のオリンピックまでにセーヌ川全体をきれいにすることができるかどうか確信がない。しかし，彼は安全になったら，水の中を泳ぐ一番最初の人物の1人になることを望んでいる。

Q1 「セーヌ川がどれほど汚れているかを示す例でないものはどれか。」 オリンピックが開催されることとセーヌ川の汚れは直接関係はないので，エ「オリンピックは2024年に開催される。」が答え。 ア 「毎年約360トンのプラスチックが見つかる。」 セーヌ川にたまったものを表しているので，正しい。 イ 「人々の具合を悪くさせる。」 第2段落の第1文の内容に合うので，正しい。 ウ 「人々はその中で泳ぐことを許されていない。」 第2段落の第2文の内容に合うので，正しい。

Q2 「パリ市の市長が川をきれいにしたいと思う理由は何か。」 第3段落の第3，4文の内容に合うので，ウ「パリでオリンピックが開催されるとき，彼女は外国から来た人々の川が汚すぎると思ってほしくない。」が正しい。 ア 「彼女は，人々に泳ぐことを禁止する法律は古すぎると考える。」「古すぎる」という内容は書かれていないので，誤り。 イ 「彼女は11歳のときからパリに住んでおり，彼女の夢は川で泳ぐことだった。」 文中に書かれていない内容なので，誤り。 エ「彼女は，川は11歳のラファエルがひとりで掃除するには大きすぎるので，彼を手伝いたいと思っている。」 文中に書かれていない内容なので，誤り。

Q3 「ラファエルの川掃除についてどの文が正しいか。」 第5段落の最後の文の内容に合うので，エ「彼はオートバイをひとりで川から引き出すことができなかった。」が正しい。 ア 「彼は父親と釣りをするのが好きなので，川を掃除する。」 文中に書かれていない内容なので，誤り。
イ 「ある日，彼は車を発見し，それは約1トンだった。」 車を発見したとは書かれていないので，誤り。 ウ 「アイフォンは彼が掃除用の人々を集めるのに役立った。」 文中に書かれていない内容なので，誤り。

Q4 「アレクサンドルの地下の仮設博物館にある物でないのはどれか。」 ライフルに取り付けるための銃剣があるので，エ「ライフル」が答え。 ア 「アイフォン」「アイフォンから電動スクーターまで」とあるので，正しい。 イ 「ヤマハのオートバイ」「それらの宝物」に含まれるので，正しい。 ウ 「銃剣」 川で見つけた物なので，正しい。

Q5 「彼はなぜ強力な磁石が必要だったか。」 ラファエルは川から金属の物体を釣り上げていたビデオを見たので，イ「川から重い物体を釣るため。」が答え。 ア 「You Tube で川を掃除することについて学ぶため。」 You Tube で見たことから磁石を使い出したので，誤り。 ウ 「ロープをつけるため。」 磁石でロープをつけたわけではないので，誤り。 エ 「物体がどれほど重いかを量るため。」 文中に書かれていない内容なので，誤り。

Q6 「ラファエルは(6)『それはフル・タイムの仕事のようになった』と言った。彼はそれで何を意味したのか。」 ラファエルは川の掃除について「怠惰な週末の活動になる」と軽く見ていたが，それではすまないことを表しているので，イ「彼はもっとしなければいけないと思った。」が答え。 ア 「彼は怠惰に感じた。」 ラファエルはやる気を感じているので，誤り。 ウ 「彼はより強力な磁石が必要だと思った。」 磁石について言っているわけではないので，誤り。 エ 「彼は，人々が以前より汚染についてもっと知るようになったことを知った。」「彼は他の人々にどれだけの汚染があったかを知ってほしかった」とあるので，誤り。

Q7 「ラファエルについてどの文が正しいか。」 ラファエルはパリ市勲章を受けたので，ア「彼は熱心な掃除によってパリ市からほうびを得た。」が答え。 イ 「彼は，人々を集めるのは簡単だと確信している。」 文中に書かれていない内容なので，誤り。 ウ 「彼は，世界には汚染を生み出している多くの人々がいると考えている。」 文中に書かれていない内容なので，誤り。
エ 「彼は，世界のすべての人々の単純な仕事は十分でないと考えている。」 文中に書かれていない内容なので，誤り。

Q8 「セーヌ川の今の様子について正しいのはどの文か。」「2024年のオリンピックまでにセーヌ川全体をきれいにすることができるかどうか確信がない」と言っているので，ア「ラファエルは熱心に働くが，川全体はまだ完全にきれいではない。」が答え。 イ 「ラファエルは川の水が以前よりきれいになったので，魚をつかまえ始めている。」 文中に書かれていない内容なので，誤り。
ウ 「ラファエルは，2024年のオリンピックまでにセーヌ川全体をきれいになる高い可能性があると言う。」「2024年のオリンピックまでにセーヌ川全体をきれいにすることができるかどうか確信がない」と言っているので，誤り。 エ 「川は今ラファエルが泳ぐのに十分なほど安全だ。」 文中に書かれていない内容なので，誤り。

Q9 「ラファエルは20,000人の人々に川からのゴミをどのように見せるか。」「彼はまた，2万人以上のチャンネル登録者がいるインスタグラムのアカウントでそれらを共有している」とある。

重要 Q10 「ラファエルは何年にパリ市勲章を受けたか。」「昨年10月，ラファエルは彼の清掃活動に対して賞を受賞した。彼はパリ市勲章を受けた」とあるが，「昨年」というのがいつなのかを考える必要がある。「ラファエルは過去2年間の進歩に勇気づけられている」とあり，また「2019年1月に金属の釣りを始めた」ともあるので，「昨年」とは2020年のことになる。

【2】（長文読解問題・物語文：語句補充，語句整序，内容吟味）

（全訳） 老人が健康診断のために医者を訪ねた。彼は医者が彼のすぐ隣に座る小さな部屋で医者から診察を受けた。診察の終わりに，彼は医者に質問をした。

「あなたは私の妻のための良い耳の医者を知っていますか？」

「はい，知っています。医者の友達がたくさんいるので，彼らに助けを求めることができます。彼女の問題は何ですか？」

「ええと，最近妻は(1)耳がよく聞こえません。彼女は私の質問に答えないことがよくあります。今，彼女とコミュニケーションを取るのはとても難しいです。」

「彼女は何歳ですか？」

「彼女は70歳ですが，(2)彼女の問題は年齢によるものではないと思います。彼女はとても健康です。彼女はまだ視力が良く，すべての歯があり，歩くときに助けを必要としません。唯一の問題は彼女の耳です。」

「それなら，私はあなたの奥さんに何人かの専門家を推薦することができます。でもその前に，家に帰ったら彼女にちょっとした診察をしてほしいです。こんなふうになります。(3)まず第一に，彼女の顔があなたの方を向いていないとき，遠くから彼女に質問をします。次に，彼女が答えない場合は，(4)近くに歩いて同じ質問をもう一度します。彼女が答えるまでこのプロセスを繰り返します。あなたの奥さんが(5)そうしたら，あなたと彼女がどれだけ近いか教えてください。」

家に着いた後，老人は妻が台所で夕食を作っているのを見た。彼女はカウンターに面していて，彼は彼女の後ろしか見えなかった。それで，彼はそれが(6)テストをするための良いチャンスであると思った。彼は尋ねた。

「夕食は何かい，ハニー？」

妻は答えなかった。それで，彼は台所に少し近づいて，もう一度尋ねた。

「夕食は何かい？　魚のにおいがするね。私のお気に入りの焼き魚に違いない。」

彼女は(7)答えなかった。男は少し腹を立て，テストのことをほとんど忘れた。3番目の質問では，彼は妻のすぐ後ろに立ち，できるだけ大声で言った。

「夕食は何かい？　さあ，答えて！」

それから，彼女はついに振り返って答えた。

「焼き魚です！　(8)あなたが理解するまで，私は何回それを言わなければならないの？」

翌日，老人は妻と一緒に再び診療所を訪れた。妻は「夫にいい耳の医者を知っていますか？」と言った。

問1　「耳の医者」を探していて，質問に答えないと言っているので，エが答え。ア「話す」，イ「説明する」，ウ「理解する」，オ「話す」

問2　〈that S V〉という形のthat節は「～こと」という意味を表す。ここでは that が省略されている。また，否定語は従節ではなく，主節に置くという決まりがある。

問3　いくつかすることのうちの最初の内容を言っているので，ウが答え。ア「時々」，イ「けれども」，エ「次に」，オ「例えば」

問4　遠くから話しかけても返事がないときに，次にすることなので，オが答え。ア「彼女とコミュニケーションをとる」，イ「質問に答える」，ウ「彼女を注意深く見る」，エ「ふり向く」

問5　妻がいつ答えるかを考えているので，ウが答え。ア「歩く」，イ「話す」，エ「得る」，オ「たずねる」

問6　妻がカウンターの方を向いていたために，医師が言ったテストをするいいチャンスだと思ったので，アが答え。イ「彼女の質問に答える」，ウ「助けを求める」，エ「彼女の食事を食べる」，オ「彼女のうしろを歩く」

問7　老人は返事がないことを怒っているために，妻は答えなかったとわかるので，イが答え。

ア「ジェスチャー」，ウ「大きな声」，エ「注意」，オ「さみしさ」

問8　妻は何度も答えているのに老人がくり返したずねてくるために，妻は腹を立てたと思われるので，イが答え。ア「彼女はうれしく感じた」，ウ「彼女は興味をもった」，エ「彼女は驚いた」，オ「彼女は気楽に感じた」

重要　問9　ア「医者が彼のすぐ隣に座る」とあるので，答え。　イ　耳が悪いとだけ言っているので，誤り。　ウ「彼女の顔があなたの方を向いていないとき」とあるので，答え。　エ　妻の耳の調子を調べたかったので，誤り。　オ　妻が怒る前に忘れてしまったので，誤り。　カ「あなたが理解するまで，私は何回それを言わなければならないの」とあり，妻は何度も答えているとわかるので，誤り。　キ　妻の耳には問題がないようなので，誤り。

【3】（語句補充問題：付加疑問文，前置詞，序数詞，接続詞，現在完了）

(1)　付加疑問文に答えるときは，疑問文に対応して「はい」「いいえ」を選ぶのではなく，そのことが正しいかどうかという内容から考えて選ぶ。ここでは「晴れていない」ので，No を使う。

(2)　動詞が buy の場合，「～に対して」という意味は〈for ～〉で表す。

基本　(3)　12の助数詞は twelfth である。

(4)　〈be afraid that ～〉で「～を恐れる」という意味を表す。

(5)　when は時間の流れの一点を示す言葉なので，現在完了とともには使えない。この文は過去の出来事を表しているので，過去形を使う。

【4】（語句整序問題：助動詞，動名詞，分詞，不定詞，比較）

(1)　You have to go on practicing soccer(.)　〈have to ～〉で「～しなければならない」という意味を表す。〈go on ～〉で「～し続ける」という意味になる。

(2)　(The boys) and the girls skiing there are all my friends(.)　現在分詞は「～している」という進行中の意味を表し，直前にある名詞を修飾する。

(3)　The baggage was too heavy for her to lift(.)　〈too ～ for S to …〉で「Sが…するには～すぎる」という意味を表す。

(4)　Could you tell me what to do next(?)　丁寧な依頼を表す場合には〈could you ～?〉という表現を用いる。〈what to ～〉で「何を～するべきか」という意味を表す。

(5)　He earns as much money as his father does(.)　much money という句を使い，原級比較の文を作っている。money を置く位置に注意する。

【5】（会話文問題：語句補充，内容吟味）

リョウタ：やあ，ニック。君に質問してもいいかい？

ニック　：(A)大丈夫だよ。どうしたの？

リョウタ：知っていると思うけど，ぼくはこの夏交換留学生として合衆国に行くんだ。

ニック　：(B)ああ，そうなの？　それはすごいね！　だから君は手にそんなに多くのアメリカのコインを持っているんだ。

リョウタ：そう，でもこのコインは表面に「数字」が書いてないんだ。だからわからないよ，どれが…

ニック　：注意して見て！　このペニー硬貨は「1セント」とあって，そのニッケルには「5セント」とあるよ。簡単だよ！

リョウタ：でも一番小さいコインには「1ダイム」とあるよ。それはいくらなの？

ニック　：(C)簡単だよ。1ダイムは10セントさ。だからコインとしてはダイムはペニーより小さいけど，お金としては大きいのさ！

リョウタ：(1)ペニー？　ダイム？　ちょっと待って。わからないな…

ニック　：アメリカのコインには全部ニックネームがあるんだ。見て，この1セントのコインは「ペニー」と呼ばれて，この(2)10セントのコインは「ダイム」で，この大きい5セントコインは，(3)それは「ニッケル」で作られているので，「ニッケル」と呼ばれてるよ。最後に，一番大きいのは「クオーター」と呼ばれているよ。裏を見て，文字で「クオーター・ダラー」とあるよ。

リョウタ：ああ，そうだ…だんだん慣れると思うよ。「クオーター・ダラー」は25セントだね。

ニック　：(D)そう，わかったね！　(4)このコインを一番よく使うよ。例えば，自動販売機から飲み物を得るとき，ふつうはペニーは使えないんだ。

リョウタ：ペニーとダイムはほとんど同じ大きさだから，機械が判別するのが難しいんだね。

ニック　：茶色のコインは1つしかないから，ぼくたち人間がペニーを他と見分けるのは簡単だよね。

リョウタ：ところで，ぼくはポケットにとても大きいコインを持っているんだ。見て。日本の500円コインと同じくらい大きいよ。

ニック　：わお，君は1ドルコインも持っているんだ！　それはクオーターより大きくて，まれなんだよ！　日常の生活ではあまり見ないよ。でも実際には，それは合衆国で一番大きいコインではないんだ。

リョウタ：本当？　じゃあ一番大きいコインは何？

ニック　：ハーフ・ダラーコインでとても珍しいんだよ。日常の生活でそれが使われるのを見たことがないけど，オンライン上で調べられるよ。

リョウタ：(E)ええと。んん…この写真からは大きさがわからないな。

ニック　：ええと，もし君が幸運だったら，滞在中に(5)それを見られるよ。

問1　全訳参照。ア「わからない。」，ウ「はい，そうです。」，オ「気にしないで。」，キ「いいえ，ありがとう。」，ケ「はい，どうぞ。」

問2　(1)　ニックの3番目の発言に，ペニーは1セントだとあるので，イが答え。

(2)　リョウタの4番目の発言に，1ダイムは一番小さいコインだとあるので，アが答え。

(3)　ニックの5番目の発言に，5セントコインがニッケルだとあるので，ウが答え。

(4)　リョウタの6番目の発言に，クオーター・ダラーコインは25セントだとあるので，エが答え。

(5)　リョウタの8番目の発言に，1ドルコインはもっと大きいコインだとあるので，カが答え。

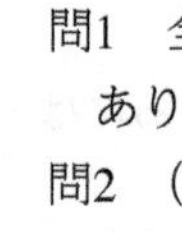

★ワンポイントアドバイス★

【4】(3)には〈too ～ for S to …〉が使われており，これは〈so ～ that S can't …〉で書き換えられる。この文を書き換えると The baggage was so heavy that she couldn't lift it. となる。これでは目的語の it を置く必要がある。

＜国語解答＞ 《学校からの正答の発表はありません。》

一　1 オ　2 オ　3 ウ　4 エ　5 イ

二　問一　A カ　B オ　C ウ　D イ　問二　Ⅰ ウ　Ⅱ エ　Ⅲ ケ
　Ⅳ オ　Ⅴ イ　問三　X イ　Y エ　問四　エ　問五　イ
　問六　ウ・オ

三　問一　ア　問二　ア　問三　オ　問四　オ　問五　イ　問六　ウ　問七　エ

四　問一　① イ　③ ア　問二　オ　問三　エ　問四　ウ・エ

○推定配点○

一　各2点×5　二　問一　各1点×4　問2　各2点×5　問三　各3点×2
問六　各4点×2　他　各5点×2　三　問一　2点　他　各5点×6　四　問一　各3点×2
問二・問三　各5点×2　問四　各2点×2　計100点

＜国語解説＞

一　（漢字の読み書き）

1　郷愁　ア　境遇　イ　共鳴　ウ　協奏曲　エ　享楽　オ　望郷
2　若干　ア　乾燥　イ　看過　ウ　圧巻　エ　感染　オ　干渉
3　枚挙　ア　巨匠　イ　虚脱　ウ　挙動　エ　拒否　オ　除去
4　小康　ア　功名　イ　恒常的　ウ　志向　エ　健康　オ　孝行
5　由緒　ア　所作　イ　一緒　ウ　初動　エ　処分　オ　避暑地

二　（論説文―脱文・脱語補充，接続語，文脈把握，内容吟味，要旨）

問一　A　直前に「この三つの条件を満足させるものが一つある」とあり，直後で「『歴史』である」としているので，説明を表す「つまり」が入る。　B　直前の「支配者は，自分の存在理由を持ちたがる」と，直後の「歴史は生まれる」は，順当につながる内容といえるので，順接を表す「だから」が入る。　C　前に「存在理由を持ちたがる」とあるのに対し，直後で「『自分の存在理由を持ちたがる』以前に，誰だって『過去』を持っている」と別の視点を示しているので，逆接を表す「しかし」が入る。　D　前後で「……『縦軸』は消える」と同じ表現が並立しているので，並立を表す「また」が入る。

問二　Ⅰ　直前の段落の「『無数の縦軸が乱立する』という状況によっても，『縦軸』は消える」を言い換えているので，「乱立」が入る。　Ⅱ　直前に「かつて支配的だった縦軸の力」とあることに着目する。これより前の「支配的な縦軸が成り立たなくなった」を言い換える文脈なので，「成り立たなくなった」と同様の意味の「無効」が入る。　Ⅲ　直前の「支配的」と並立する言葉として，「優越(的)」とするのが適切。　Ⅳ　直前に「かつて縦軸として存在していた」とあり，前の「『親が子を育てる』という縦軸的な営み」を言い換えているので，「支配(的)」とするのが適切。　Ⅴ　直後で「しっかり根づいていなかったら，『縦軸』にはなりにくい」と言い換えているので「縦軸」が入る

問三　X　直前の「誰だって『過去』を持っている。過去を『過去』として放置しておけば，乱雑なままである。それを『自分の過去』としてまとめるのは，体系立てる知的な操作である」を言い換えているのでイが入る。　Y　直前に「『友達のような親子』は，……ほとんどの場合，『親の側』から言い出される」とあり，直後には「親の多くが驚き，気を悪くする」とある。「親の側」と同様のことを「成長した子供」が言うと親は気を悪くする，という文脈なので，「友達のような親子」と同様の意味になるエが入る。

問四　直前に「インターネットは，『国家』というものの境を超えてつながる」とあり，「『貫く縦軸』があるのなら，それは『国家』である」とある。前には「膨大な数のパーソナルコンピューターがつながって，『互いに教え合う』ということをするインターネットは，それに対して『横軸』である。双方向で，誰もが『受信者＝発信者』になるインターネットには『中心』がない」と説明されている。インターネットは「横軸」であり，「国家＝縦軸」を超えてつながるものである，とする文脈なのでエが適切。

問五　直後に「『親が子を育てる』という縦軸的な営みは，『親と子が友達のようになる』というところで，解消してしまう」とあり，「『友達』なら……」で始まる段落には「本来『縦軸』であらねばならないものが，その義務を放棄して，『横軸』の中に紛れ込んでいいものか？……往々にして幸せな結果をもたらさない。親らしくなくて，自分の子供を『子供の概念を超えるもの』にしてしまった親は，その『一人前以上』になってしまった子に対して，『親だから』という理由を立てて，たかるようになることが多いからである」と述べられているのでイが適切。

問六　ウは，「歴史は……」で始まる段落に「歴史は……かつては『国家の作るもの』だった。そのことを，我々は今でも踏襲している。日本史の……という区分は，それぞれが『一つの支配体制の歴史』だからである。一つの支配体制――あるいは統治体制の『始まりから終わりまで』が，『一つの時代区分』なのだ。……『国家』でさえも，『さまざまな支配体制の変転』なのだ」とあることと合致する。オは，「かつて……」で始まる段落に「つまり，『大衆社会の到来によって，かつての教養主義は古くなった』とは，『かつて縦軸として存在していた古典的な教養体系が，“横軸の一点”にまで落ちる』とはこのことである」とあることと合致する。

三　(随筆―語句の意味，文脈把握，内容吟味，情景・心情，表現，大意)

問一　「几帳面(きちょうめん)」は，行動や性格が，規則正しくきちんとしていること，という意味なのでアが適切。身なりにも気遣うきちんとした人，という意味である。

問二　後に「『お前は何のために靴を揃えているんだ……』」とあり，「靴を数えれば客の人数は判るではないか。当たり前のことを聞くなというのである」「客の人数を尋ねる前に靴を数えろという教訓は今も忘れずに覚えている。ただし，なぜ，男の履物は少し離して揃えるのか，本当の意味が判ったのは，これから大分あとのことであった」とあるのでアが適切。

やや難　問三　「父は……」で始まる段落に「父は生れ育ちの不孝な人で……物心ついた時からいつも親戚や知人の家の間借りであった」「履物は揃えて，なるべく隅に置くように母親に言われて大きくなったので，早く出世して一軒の家に住み，玄関の真中に威張って靴を脱ぎたいものだと思っていた」「十年，いや二十年の恨みつらみが，靴の脱ぎ方にあらわれていたのだ」と説明されているのでオが適切。

問四　これより前，「そんな父が……」で始まる段落に「一回だけ威勢悪くションボリと靴を脱いだことがある」とあり，「近くの軍需工場の横を通ったところ，中で放し飼いになっている軍用犬が烈しく吠え立てた。犬嫌いの父が，『うるさい，黙れ！』とどなり，片足で蹴り上げる真似をしたら，靴が脱げて工場の塀の中へ落ちてしまったというのである」「『間違えて他人の靴をはいてきたんだ』」とある。さらに「翌朝，霜柱を踏みながら，私は現場へ出かけて行った」とあり，塀の中に落ちていた靴を返してもらった，というエピソードがあることから，酔って靴を間違えたこと，犬に吠えられた腹いせにける真似をしたら，その靴が軍需工場の塀の中に落ちてしまったこと，その靴を娘が取りに行ってくれたことなどに決まりの悪さを感じていることがうかがえるのでオが適切。

問五　直前に「『悪いな』とか『すまないね』とか，今度こそねぎらいの言葉があるだろう。私は期待したが，父は無言であった」とある。「酔いつぶれて明け方帰って行った客」の粗相のあとを掃除する「私」へのねぎらいの言葉はなく，ただ黙って，素足のまま玄関に立っていたというのである。「悪いね」「すまないね」と言う代わりに，吹きさらしの玄関に素足のまま立っていた，という心情にあてはまるものとしては，「せめてそばに立ち見守ろうとしている」とするイが適切。

やや難 問六　直前に「これだけは今でも覚えているのだが，『此の度は格別の御働き』という一行があり，そこだけ朱筆で傍線が引かれていた」とある。「御働き」という言葉や「朱筆」に，ねぎらいの気持ちや感謝の気持ちを感じ取り，言葉で伝えることのできない父の気持ちを「父の詫び状」と表現しているので，「不器用さを表われたものとして愛おしく思っている」とするウが適切。

やや難 問七　アは「風刺」，イは「家族それぞれの視点」，ウは「戦争へと向かって行く」，エは「筆者の幼少期」が適切でない。本文は，「私」の視点ではあるが，「私」の父への思いを客観的に表現し，読者の共感を得ているといえるのでオはあてはまる。

四　**（古文・和歌―語句の意味，口語訳，文脈把握，和歌の解釈，文学史）**

〈口語訳〉　その月の十三日の夜，月の陰が無く明るい折，皆，寝静まった夜中に，縁先に出てすわって，姉が空をつくづくと眺めて，「たった今，(私が)行方も知れず飛び失せてしまったら，(あなたは)どんなお気持ちでしょう」と尋ねるので，なんとなくこわいと思っていると，(姉も私の)様子を見て取って，別のことに言い紛らわして笑い興じたりして，聞くともなく聞くと，隣の家に，先払いをして来た車が止まって，「荻の葉，荻の葉」と供の者に呼ばせるけれども，内からはいっこうに返事がないらしい。(車の主は)呼びあぐねて，笛をたいそう見事に吹き澄まして，立ち去ってしまったようだ。そこで，

笛の音の　ただ秋風と　きこゆるに　など荻の葉の　そよとこたへぬ(笛の音が，まさしく秋風のように，趣深く聞こえるというのに，風のようになびくはずの荻の葉は，どうして「そうよ」とも返事をしないのでしょう)

と言うと，(姉は)「本当に」と言いながら，こう答えた。

荻の葉の　こたふるまでも　ふきよらで　ただにすぎぬる　笛の音ぞ憂き(それにしても，荻の葉が答えるまで笛を吹き続け，辛抱強く待つこともなく，そのまま通り過ぎてしまう笛の音の主も惜しいことです)

こうして夜の明けるまで(一晩中，秋の夜空を)眺めて，夜が明けてから，二人とも寝たのだった。

問一　①「くまなし(隈なし)」は，くもりや陰がない，暗い部分がない，という意味なので，イが適切。　③「いひなす(言ひ倣す)」には，言いまぎらわす，言いつくろう，という意味があるので，アが適切。

やや難 問二　直前の「『ただいま，ゆくへなくとび失せなば，いかが思ふべき』」という姉の言葉を聞いて「なまおそろし」と思っているので，「今自分がいなくなったらどうしるかと姉に聞かれて」とあるオが適切。思いもよらないことを言い出したので，何となくこわいと思ったのである。

問三　アは「返事を返した」，イは「秋風の音と混ざりあって聞こえない」，ウは「返事をするまで演奏をし続ける」，オは「気持ちを理解できない」があてはまらない。Xは，荻の葉は，なぜ返事をしないのだろう，と詠み，Yは，なぜ答えるまで吹き続けないのだろう，と詠んでいるのでエの解釈が適切。

問四　『古今和歌集』は平安時代前期に成立した勅撰和歌集。『土佐日記』は平安時代前期に成立した紀貫之による日記。『徒然草』は鎌倉時代に成立した兼好法師による随筆。『平家物語』は，鎌倉時代に成立した軍記物語。『源氏物語』は平安時代中期に成立した紫式部による長編物語。『枕草子』は平安時代中期に成立した清少納言による随筆。

★ワンポイントアドバイス★

現代文は，本文を細部までしっかり読み，文脈を丁寧に追って解答することを心がけよう！　脱文・脱語補充の出題が多い傾向にあるので，解答の根拠をとらえて正解を選び出す練習をしよう！

2021年度

入　試　問　題

2021年度

平塚学園高等学校入試問題

【数　学】（50分）〈満点：100点〉

1.

（1） 次の式を計算せよ。
$(\sqrt{12}+5\sqrt{2})(\sqrt{2}-3\sqrt{3})$

（2） 次の式を計算せよ。
$\left(-\dfrac{1}{4}x^2y\right)^2\div\dfrac{5}{2}y^2\times 15x$

（3） 次の連立方程式を解け。
$\begin{cases} 0.7x-0.9y=-4 \\ 5x-3y=-8 \end{cases}$

（4） 次の式を因数分解せよ。
$(x-y)^2+6(x-y)-7$

（5） 次の方程式を解け。
$2x^2-6x+3=0$

（6） $\sqrt{\dfrac{20n}{7}}$ の値が整数になるような自然数 n のうち，最も小さいものを求めよ。

（7） 9％の食塩水300 gがある。このうち，x gを4％の食塩水と入れかえたところ，7％の食塩水となった。このとき，x の値を求めよ。

（8） 下図において，点A，B，C，Dは円周上の点で，AB∥DCである。また，点Eは線分ACと線分DBの交点で，∠ACD＝30°である。このとき，∠x の大きさを求めよ。

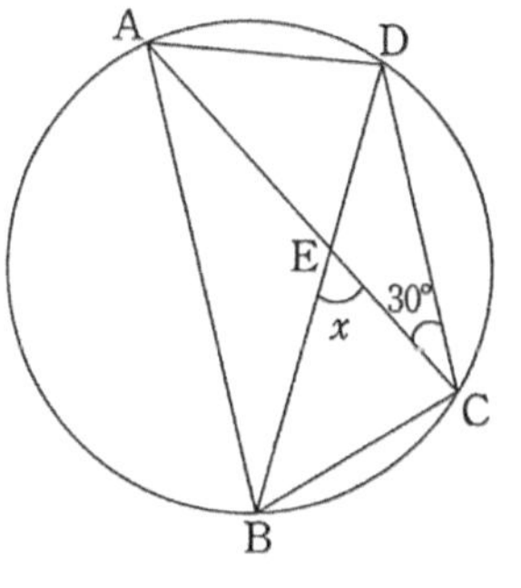

（9） 2つのさいころA，Bを同時に1回投げて，出た目の数をそれぞれ p，q とする。このとき，$p+q$ の値が素数となる確率を求めよ。

2.

関数$y=2x^2$のグラフ上に2点A，Bがあり，点Aのx座標は1，点Bのx座標は－1である。
関数$y=ax^2(a<0)$のグラフ上の$x<0$の部分に点Cをとる。y軸上の$y<0$の部分に点Dをとる。このとき，四角形ABCDが平行四辺形となり，面積は10になった。次の問いに答えよ。

（1） 点Bのy座標を求めよ。

（2） aの値を求めよ。

（3） 直線BCとx軸との交点をEとする。点Eを通り，平行四辺形ABCDの面積を2等分する直線の式を求めよ。

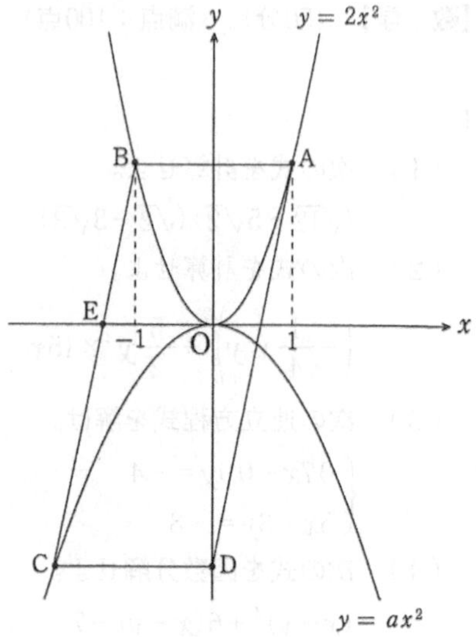

3.

次の会話文を読み，あ，いに当てはまる値を求めよ。

太郎君　：花子さん，君の生まれた日を25倍して，17を足してみて。
花子さん：わかった。
太郎君　：次に，その数を4倍して，52を足してみて。
花子さん：したよ。それから？
太郎君　：それに，君の生まれた月を足してみて。いくつになる？
花子さん：2222になったよ！
太郎君　：花子さん，君の誕生日はあ月い日でしょう？
花子さん：太郎君，すごい！大正解！！

4.

AB＝AC＝5 *cm*，BC＝8 *cm*の△ABCがある。2つの円O，Pは，図のように直線AB，BC，CAにそれぞれ接している。このとき，次の値を求めよ。ただし，円周率はπとする。

（1）△ABCの面積

（2） 円Pの面積

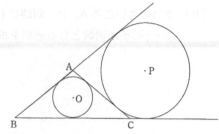

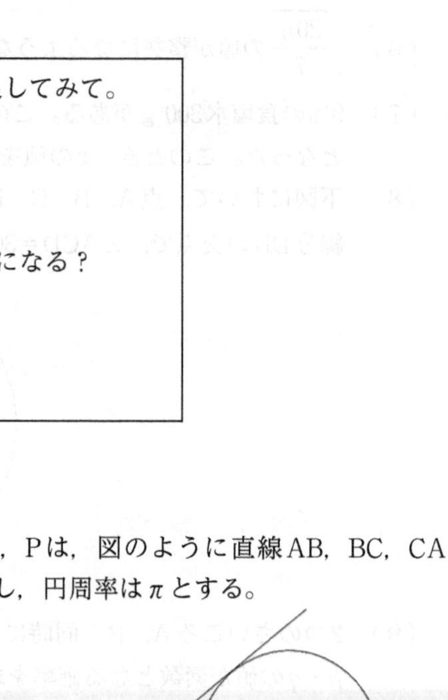

5.

同じ大きさの立方体の積み木がある。

(図1)のように，立方体を規則的に置く。

(図2)は，(図1)を利用して，1番目は(図1)の①，
2番目は(図1)の①と②の積み木を合わせたもの，
3番目は(図1)の①と②と③の積み木を合わせたもの，
⋮
と規則的に置いたものである。

(図1)

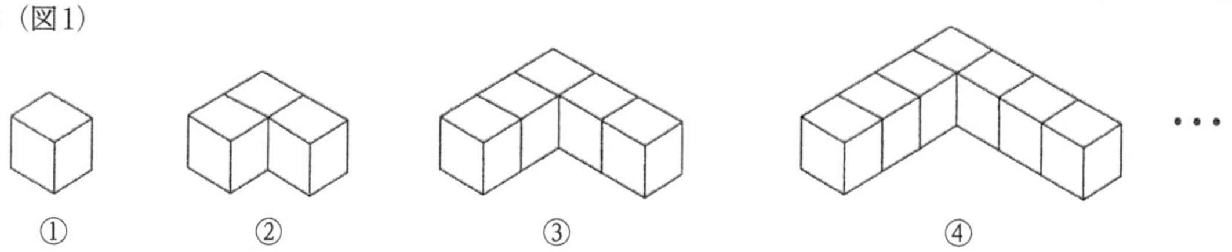

(図2)

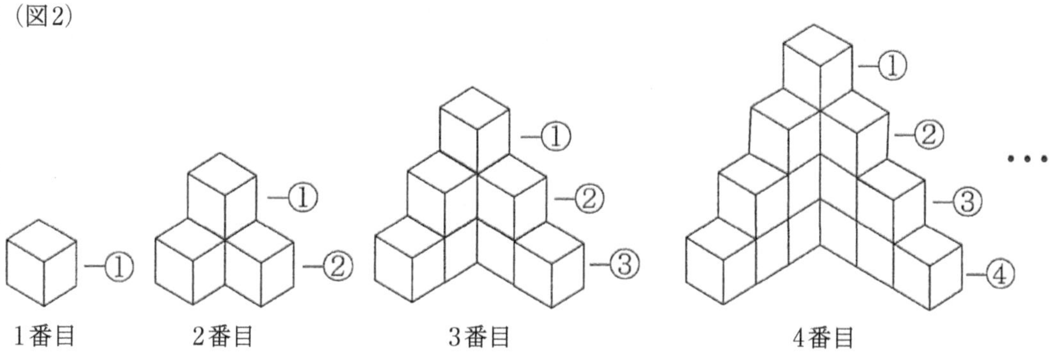

（1）　(図2)において，6番目の積み木の個数を求めよ。

（2）　積み木が2021個あるとする。(図2)のように規則的に置いていくとき，最大で(x)番目まで作ることができる。また，$(x+1)$番目まで作るには，2021個にあと(y)個の積み木を加えればよい。この条件に当てはまるxとyの値を求めよ。

6.

図のように，一辺の長さが6 cmの立方体ABCD－EFGHがある。辺BC，辺CDの中点をそれぞれM，Nとする。また，図の斜線部分は，3点E，M，Nを通る平面で立方体を切ったときの切り口であり，斜線部分は五角形である。

（1）　線分MNの長さを求めよ。

（2）　切り口の五角形と線分BFの交点をPとするとき，MP＋PEの値を求めよ。

（3）　切り口の五角形の面積を求めよ。

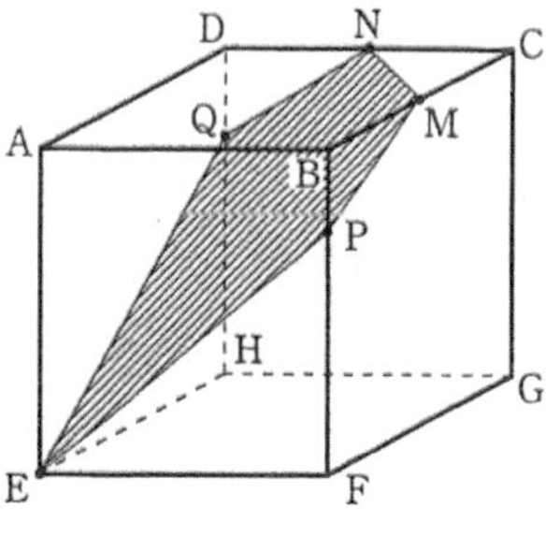

【英　語】（50分）〈満点：100点〉

【1】 次の文章を読んで，あとの設問に答えなさい。

Playing music to insects and digging in wolf poop* might sound silly. However, for Brandon Barton, it is scientific research. Barton is a scientist at Mississippi State University. He studies (1)ecosystems. An ecosystem is a community of interacting organisms* and their environment. Parts of an ecosystem are connected. If one thing changes, it can often affect* many other organisms in the environment.

(2)Barton is interested in how one change in an ecosystem can bring many other changes. Barton's ideas might seem foolish. However, this kind of study is one way that scientists create new kinds of thinking about the world. Oswald Schmitz guided Barton when he was a student at Yale University in Connecticut. "He does work that has a surprising point to it," Schmitz said. However, he said it is more important than it seems.

One of Barton's strange experiments was playing rock music to ladybugs. He was trying to test how different life forms would react to rock and roll. Ladybugs are part of a food web that is important to farming. Ladybugs eat aphids*, which suck the sap* out of plants. This makes it harder for plants to grow. So Barton and a team of students played rock music into a room. Ladybugs and aphids were inside with soybean plants. He played the music about as loud as a farm tractor. Barton thought that the ladybugs would not like the music and then would eat fewer aphids. Then the crops would not grow as well. (3)That is exactly what happened.

While rock music is not really played in farmers' fields, there are other loud noises. Tractors are loud. Humans make noise with other machines, too. The music study got a lot of people's attention. The government even agreed to pay for Barton to do another study on the effects of noise.

Barton and his students are currently examining whether sound could be used to keep grasshoppers from eating certain kinds of grass. The grass is needed to feed cattle. They are experimenting with noises that could cause the insects to eat other plants instead.

Barton is interested in how people change environments. What interests him is how sounds and light, for example, might affect an entire ecosystem. Schmitz thinks that people do not really pay a lot of attention to environmental factors* such as light and sound.

"Maybe they should," he said. He said Barton and similar scientists are "showing that we need to take (4)these things more seriously."

Barton grew up in Idaho where he learned to hunt and fish at a young age. This shaped his interest in food webs. It also made him good at noticing things. In 2017, Barton was hiking along the Oregon-Idaho border.

(5)He spotted some wolf poop. It did not look like any wolf poop he had ever seen. It was filled with grasshopper shells. Barton thought it was unbelievable that wolves would eat grasshoppers. It interested him so much that he and other scientists did a study. They printed the findings in September 2019.

"Dr. Barton is amazingly creative," said Bill Ripple. Ripple worked with Barton on the wolf and grasshopper study. "He just gets outside and starts noticing," he said.

Once, Barton wanted to study what happens when a large number of animals die at the same time. To do that, he placed 6,000 pounds of wild hog bodies in the forest. Then he set up cameras and insect traps and waited. As the pigs went bad, the scientists tested, measured and counted everything. They studied the dirt and the insects and animals that came around. He hoped to show what happens after many animals die at the same time. This happens sometimes. For example, millions of animals might die in a wildfire. This just happened in Australia.

Barton worries that his studies might get attention because they are strange. He wants people to understand that it is also important and useful research.

"It's not all just silly things to make people smile," he said. The goal is for people to learn from what he discovers. He also wants scientists to be able to further examine what he has done.

（注） poop：ウンチ　organism：生命体　affect：影響を与える　aphid：アブラムシ　sap：樹液　factor：要素

問１　下線部(1)"ecosystems(生態系)"の説明として本文で書かれているものを選び，記号で答えなさい。

ア　生き物と環境がお互いに影響し合う世界

イ　生き物がお互いに助けあう環境

ウ　生き物がお互いに生きていける環境を作る方法

エ　環境を良くするための生き物の知恵

オ　環境を守るため協力する生き物

問２　下線部(2)を和訳しなさい。

問３　下線部(3)"that is exactly what happened"とあるが，その「起こったこと」とは何か。日本語で答えなさい。

問４　てんとう虫に大音量のロックを聴かせることによって分かったことから，そのような農場で改善すべきだと考えられることは何か。日本語で答えなさい。

問５　下線部(4)these thingsに含まれるものを二つ本文中から英語で抜き出しなさい。

問６　下線部(5)He spotted some wolf poof.とあるが，オオカミの糞（ふん）からBartonが発見した事実は何か。日本語で答えなさい。

問７　本文の内容に合うものを２つ選び，記号で答えなさい。

ア　Barton was born and brought up in Mississippi State.

イ　Barton and Schmitz were classmates when they were at Yale University.

ウ　When aphids suck the sap out of plants, they don't grow very well.

エ　Barton's "playing rock music to ladybug" experiment was successful because the government paid for it.

オ　Barton thinks noises can stop cows from eating too much grass.

カ　Barton once went to Australia to find out what happened to animals in a wildfire.

キ　Barton wants people to see his studies not as strange, but as important and useful.

【2】 次の文章を読んで，あとの設問に答えなさい。

Alberto took one look at his new neighbors and knew that his life was going to get more difficult. He watched them arrive in their big, noisy car and watched them get out. [a] There they were, two of them, as big and as noisy as their car – and smelly and stupid as well.

"Terrible!" he thought. "(1)How am I going to put up with them?" He went to tell Mimi. Mimi was the friend he lived with.

"Have you seen the new neighbors?" he asked her.

"No," she said. "Who are they?"

"Two of them. The ones we don't like. Big and noisy and stupid and smelly. [b]"

"Oh no," said Mimi. "How awful! Still, I suppose we can just ignore* them."

"I suppose you're right," agreed Alberto. "We'll just have to ignore them."

For a few days, then, Alberto and Mimi tried to ignore their new neighbors. [c] When the neighbors went out for a walk, Alberto and Mimi didn't say hello to them. [d] When the neighbors were in their garden, Alberto and Mimi went inside. [e] This was OK for a few days, but, perhaps inevitably*, things didn't stay this way ...

One day, Alberto woke up from his sleep to find one of the neighbors in his garden. "Mimi!" he shouted. "Have you seen this!? He's in our garden!!!! Look!"

"How terrible," said Mimi. "Let's call our staff and make sure they get rid of* him immediately*!"

Mimi went off to call their staff. Two minutes later, Alberto and Mimi's head of staff was out in the garden trying to get rid of the unwelcome neighbor. "Go on!" he shouted. "Get out of here! Go home!" The neighbor didn't say anything but gave Alberto and Mimi's head of staff a dirty look, then he went back into his garden. Alberto and Mimi felt better and then asked their head of staff to prepare their lunch for them.

However, (2)it wasn't enough. Over the next few days, Alberto and Mimi often found one or other or both of their new neighbors walking around their own garden. It was terrible. (3)[felt / show / they / to / how], Alberto and Mimi went into their neighbors' garden at night, when the neighbors were inside, and broke all the flowers.

The next morning one of the neighbors came to talk to Alberto.

"Hey!" he said. "Hey, you!" Alberto ignored him, but he continued talking. "You came into our garden last night and broke all the flowers!" Alberto didn't say anything but gave his neighbor (4). "Now I'm in trouble!" continued his neighbor. "(5)The think I did it!"

"Who are 'they' ?" asked Alberto.

"My owners, of course," replied the neighbor.

"Owners!?" said Alberto. "You have 'owners' ?"

"Course we do," said his neighbor. "Don't you?"

"Oh, no," replied Alberto. "We have staff."

Alberto went to tell Mimi that the neighbors didn't have (f) but (g).

"That's not a surprise," said Mimi. "That explains everything. That's why they're so noisy and smelly and stupid. We need to make their (h) become (i)."

The next day, Alberto and Mimi were actually* very friendly with their new neighbors. They tried to explain how to make their (j) become (k)'.

"Listen," said Alberto to them. "It's very easy. First, understand that the house is your house, not theirs."

"And second," said Mimi, "make sure that you are always clean."

"Make sure they give you food whenever you want!"

"Sit on the newspaper while they are reading it!"

"Sleep as much as possible – on their beds!"

"And finally, try not to bark but to meow instead."

But it was no good. The neighbors just didn't understand. After a week, they gave up.

"It's no good," said Mimi. "They'll never understand the saying — (l) have owners, (m) have staff."

（注） ignore：無視する　inevitably：必ず　get rid of：追い払う　immediately：すぐに
actually：実際には，それどころか

問1　次の文を入れるのに最も適当な位置を，空欄［a］～［e］から選び，記号で答えなさい。

Just like they always are.

問2　下線部(1)の意味として最も適切な文を次の中から1つ選び，記号で答えなさい。

ア　どうやって彼らと仲良くなろう。
イ　どうやったら彼らのことを好きになれるかな。
ウ　彼らと一緒に出かけてみてはどうだろう。
エ　どうやったら彼らを追い出すことができるかな。
オ　彼らのことを我慢することなんてできないよ。

問3　下線部(2)の意味として最も適切な文を次の中から1つ選び，記号で答えなさい。

ア　来てくれたstaffの数が十分ではなかった。
イ　staffに準備してもらったお昼ご飯の量が足りなかった。
ウ　staffの注意喚起がneighborには通じなかった。
エ　AlbertoとMimiの体調が万全ではなかった。
オ　staffの声がneighborには聞こえていなかった。

問4　下線部(3)の語を意味が通るように並べ替え，英文を完成させなさい。

問5　空所(4)に入れるのに適当な語句を，次の中から1つ選び，記号で答えなさい。

ア　a lot of money　　イ　a beautiful flower　　ウ　a dirty look
エ　a delicious lunch　　オ　a head of staff

問6　下線部(5)と同じ意味になるものを次の中から1つ選び，記号で答えなさい。

ア　The neighbors' owners think Alberto broke all the flowers.
イ　Alberto and Mimi think the neighbor broke all the flowers.
ウ　Staffs think Alberto broke all the flowers.
エ　Alberto and Mimi think the neighbor ignored them.
オ　The neighbors' owners think the neighbor broke all the flowers.

問7　空欄(f)〜(k)に入れるのに適当な語の組み合わせを次の中から1つ選び，記号で答えなさい。

ア　(f)owners　(g)staff　(h)owners　(i)staff　(j)staff　(k)owners
イ　(f)owners　(g)staff　(h)staff　(i)owners　(j)staff　(k)owners
ウ　(f)staff　(g)owners　(h)owners　(i)staff　(j)staff　(k)owners
エ　(f)staff　(g)owners　(h)staff　(i)owners　(j)owners　(k)staff
オ　(f)staff　(g)owners　(h)owners　(i)staff　(j)owners　(k)staff

問8　空欄(l)，(m)にはそれまでに本文に出ていない語が入ります。その語をそれぞれ英語で書きなさい。

問9　本文の内容と一致するものを1つ選び，記号で答えなさい。

ア　the neighborは，普段ひどい騒音を出す大きな車を運転している。
イ　AlbertoとMimiは，友達同士2人だけで家に住んでいる。
ウ　the neighborは，何度もAlbertoとMimiの家の庭に入って，花を折った。
エ　the neighborは，自分の住んでいる家をownersのものだとは考えていない。
オ　staffはAlbertoとMimiの要求にすぐに応えてくれる。

【3】　空欄に入る最も適当な語句を選び，記号で答えなさい。

(1)　Elizabeth can speak three languages (　　) she is young.
ア　if　イ　when　ウ　because　エ　though　オ　however

(2)　I am looking forward to (　　) dinner with you.
ア　have　イ　had　ウ　having　エ　having had　オ　will have

(3)　Yukawa Hideki is one of (　　) in Japan.
ア　the most famous scientist　イ　the most famous scientists
ウ　most famous scientist　エ　most famous scientists
オ　most the famous scientist

(4)　If you (　　) time, will you help me with my homework?
ア　have　イ　had　ウ　having　エ　having had　オ　will have

(5)　The character is known (　　) all movie fans.
ア　by　イ　with　ウ　for　エ　to　オ　at

【4】　次の(1)〜(5)の日本文に合うように，与えられた語を使い英文を完成させる時，[A]〜[J]に入るものをそれぞれ選び，記号で答えなさい。ただし文頭に来る語も小文字で示してある。

(1)　サマンサは昨日，家のドアを開けたままにしておいた。不注意ね。

Samantha _____ _____ [A] _____ [B] yesterday. −It was careless.

Samantha [ア her house　イ the door　ウ of　エ open　オ left] yesterday. −It was careless.

(2)　私は母にいつ帰ってくるか聞かなかった。

I didn't ask _____ [C] _____ [D] _____.

I didn't ask [ア would　イ back　ウ she　エ my mother　オ come　カ when].

(3)　新しい店に買い物に行くのはわくわくする。

_____ _____ [E] _____ [F] _____ _____ me.

[ア at　イ is　ウ going　エ exciting　オ shopping　カ for　キ a new store] me.

(4) テーブルの上に一杯のコーヒがある。

[G] ______ ______ ______ [H] ______ ______.

［ア the table　イ is　ウ there　エ of　オ coffee　カ on　キ a cup ］.

(5) ジョンと私はステーキで有名なそのレストランに連れて行ってもらった。

John and I ______ ______ [I] ______ ______ [J] ______ ______ steak.

John and I［ア which　イ were　ウ is　エ taken　オ for　カ to　キ famous　ク the restaurant ］steak.

【5】 次の対話文を読んで，あとの設問に答えなさい。

Clerk：(　A　) with something, ma'am?

Mrs. Green：Yes, I am looking for a spring coat. Would you give me some advice?

Clerk：(　B　). Well, the style and (1)the print here is popular this year.

Mrs. Green：I like the style, but not the print. It seems too heavy...

Clerk：I see. Maybe this big checkered print makes it look heavy. How about this smaller one?

Mrs. Green：Hmm, (2)that's not bad. But do you have any other prints in the same style of coat?

Clerk：Yes. We have stripes, polka dots, flowers, and paisley.

Mrs. Green：Paisley?　What does it look like?

Clerk：It looks like a print of small decollated leaves gathered together.

Mrs. Green：I can't imagine it at all! (　C　)?

Clerk：Sure, here it is. It has a plant motif but it's not flowers.

Mrs. Green：Yes, (3)it reminds me of some psychedelic fashion and looks too loud. I want a plainer one.

Clerk：Then, please check out these striped ones and polka dotted ones.

Mrs. Green：I like the prints of small dots but (4)they are too big!

Clerk：Well, how about these stripes. We have these two patterns but you might like this narrower one.

Mrs. Green：Yes, it looks stylish, but I don't like the color. Does (5)it come in light blue?

Clerk：It does, but we only have brown and gray available.

Mrs. Green：Well, (　D　). I'll try another store.

Clerk：I can order one from our warehouse, if you'd like.

Mrs. Green：How long will it take?

Clerk：It won't take so long. Perhaps in a day or two.

Mrs. Green：That's fine. I'll come again the day after tomorrow.

Clerk：Thank you very much, ma'am. (　E　).

問１　空欄(A)～(E)に当てはまるものを次の中からそれぞれ選び，記号で答えなさい。

ア　how's everything going　　イ　it would be my pleasure
ウ　what's happening　　エ　may I have a look at it
オ　can I help you　　カ　you are welcome
キ　thank you very much anyways　　ク　we'll be waiting for you
ケ　don't mention it.　　コ　please call me later

問２　下線部(1)～(5)はどの模様を指しているか。次の中からそれぞれ選び，記号で答えなさい。

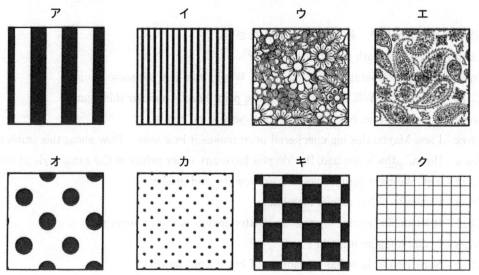

ア

イ

ウ

エ

オ
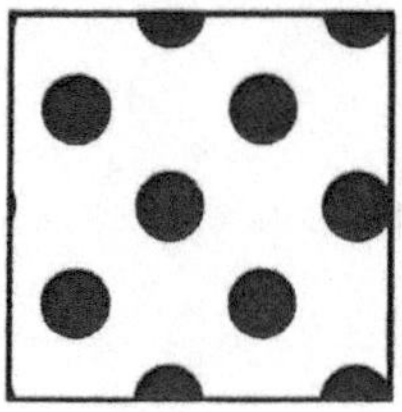
カ

キ

ク
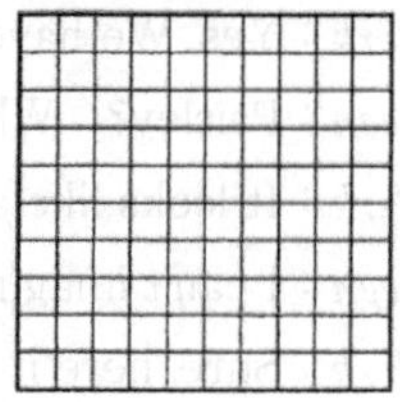

されている。

エ　本文全体を通して何度も現在と回想シーンが入れ替わり、二人の職人の間にある、二十年来の心の確執がよく表現されている。

オ　老人ホームの寮母に対する三角定規屋のおじさんの愚痴を通して、桐箱屋のおじさんを心配し気遣う思いを読み取ることができる。

カ　139行目での女の登場によって、三角定規屋のおじさんのこれまでの話が全て作り話であったことが明らかにされる。

四、次の文章を読み後の設問に答えなさい。

これも今は昔、田舎の児aの比叡の山へ登りたりけるが、桜bのめでたく咲きたりけるに、風cのはげしく吹きけるを見て、こdの児さめざめと泣きけるを見て、僧eのやはら寄りて、「などかうは［Ｉ］せ給ふか。桜は①はかなきものにて、かく程なくうつろひ候ふなり。されども②さのみぞ候ふ」と慰めければ、「桜の散らんはあながちにいかがせん、苦しからず。我［X が］父の作りたる麦の花の散りて実のいらざらん思ふがわびしき」と③いひて、さくりあげて、よよと［Ⅱ］ければ、④うたてしや。

（『宇治拾遺物語』）

問一、［X］「が」と同じ意味用法の「の」を、文章中の二重傍線部a〜eより一つ選び記号で答えなさい。

問二、［Ｉ］・［Ⅱ］には同じ語が入るが、ここに入る語を本文中より一語で抜き出し、それぞれ適切に活用させて答えなさい。

問三、傍線部①「はかなきもの」とあるが、どういうことか。最も適当なものを次の選択肢より一つ選び記号で答えなさい。

ア　趣のあるもの　イ　小さいもの　ウ　あっけないもの
エ　美しいもの　オ　不快なもの

問四、傍線部②「さのみぞ候ふ」とあるが、どういうことか。最も適当なものを次の選択肢より一つ選び記号で答えなさい。

ア　そればかりが気がかりです。　イ　それだけではありません。
ウ　それはとても大変です。　エ　そういうものなのです。
オ　それではいけません。

問五、傍線部③「いひて」とあるが、児が主張している内容として最も適当なものを次の選択肢より一つ選び記号で答えなさい。

ア　桜の花を散ってしまうのが悲しく、父の作っていた麦が実らなかった過去を思い出すということ。
イ　桜の花が散ることは何とも思わないが、父の作っている麦の花が散って実らないのが切ないということ。
ウ　桜の花を風が散らすのは悪くない方法だが、父の作った麦の花を風が散らすのは迷惑だと思うこと。
エ　桜の花が風で散るのは風流だが、父の作った麦の花が風で散るのは美しさでは劣るということ。
オ　桜の花が風で散るのは誰も嫌がらず、父が作った麦が風で散ると父が不機嫌になるということ。

問六、傍線部④「うたてしや」は筆者の感想であるが、その感想を言い表すものとして最も適当な熟語を次の選択肢より一つ選び記号で答えなさい。

ア　憧憬　イ　嘆息　ウ　侮蔑
エ　拒絶　オ　痛快

イ　昔と違って突然能弁になった三角定規屋のおじさんから、老人ホームに入った桐箱屋のおじさんの消息を聞き淋しい思いをしている。

ウ　私の事を覚えていない三角定規屋のおじさんに失望しながら、昔と変わらない口調に接し二十年前の自分を懐かしく思い出している。

エ　酒を飲むと人が変わる三角定規屋のおじさんに接して、二十年前に繰り返されていた桐箱屋のおじさんとの喧嘩を思い出し懐かしく思っている。

オ　当時はほとんど言葉を交わしたことがなかった三角定規屋のおじさんと、初めて親密に話すことができて、昔の町の賑わいを思い出している。

問五、傍線部②「どっちかにここから引っ越しのできる余裕があるといいんですけどねえ」とあるが、この時の「おかみさん」の心情を説明したものとして最も適当なものを次の選択肢より一つ選び記号で答えなさい。

ア　狭い路地を隔てて向かい合う者同士なので、どうしても争い合う関係になるのだと納得している。

イ　貧しさの為に喧嘩を止めることができない二人に対して、真剣に引っ越すことを考え始めている。

ウ　酒癖が悪いだけで本当はお互いを信頼している二人に対して、温かい共感を覚えている。

エ　飲むと暴れることが分かっていながら酒を用意するふがいない自分に対して後ろめたさを感じている。

オ　絶えず繰り返される酒を飲んでの二人の喧嘩に、あきれながらも諦めを感じている。

問六、傍線部③「見ちゃいられねえもの、まったく」とあるが、この時の「三角定規屋のおじさん」の心情を説明したものとして最も適当なものを次の選択肢より一つ選び記号で答えなさい。

ア　酒の飲みすぎで病気になった友人に対して自分にも責任があると感じ、見舞いに行くことにためらいを覚えている。

イ　老人ホームに入り、かつての元気をなくし寮母に対して何も言い返せない友人に、もどかしさと淋しさを感じている。

ウ　食事さえ満足に与えられない老人ホームで苦しんでいるかつての友人に対して、何もしてやれない自分のことを恥じている。

エ　健康な友人を病人扱いし冷たく乱暴に対応する寮母に対して、激しい憎しみを感じている。

オ　毎日老人ホームに見舞いに行っても元気を取り戻せない友人に対して、訪問することの無意味さを感じ始めている。

問七、この文章の内容や表現に関する説明として適当なものを次の選択肢より二つ選び記号で答えなさい。

ア　２５行目の「取られまいとでもするように、おじさんはにぎりを腕で囲った」という表現からは、誰に対しても心を閉ざしている今のおじさんのありようが窺える。

イ　かつて住んでいた町を久しぶりに訪れた主人公の目を通して、当時の思い出が生き生きと描写されている。

ウ　７０～７６行目にかけての二人の職人の会話からは、隠された相手の心の内を読み取ろうと疑心暗鬼になっているさまが表現

団扇をテーブルにおくと女は財布を出して勘定を払った。団扇に刷《す》られている「小唄稽古所」という文字が目に入った。

「だんなだってお父さんを大事にしてくださっているじゃない。それなのに老人ホームに日参するなんて、当てつけがましいったらありゃしない。さあさ……」

女はおじさんの背中を団扇であおぎ立てながら、夜の中へ消えてしまった。あの女はおじさんの何番目の子どもだろうか。二十年前の三角定規屋の子どもたちの顔を思い出そうとしていると、カウンターの向う側から職人の、

「お客さん、何か註文してくださいよ」

という声がした。

＊1　かもじ屋…髪を結う所

＊2　一間…約一・八メートル

＊3　居職…自宅で座って仕事をする職業

＊4　中風…脳出血などによって起こる、半身不随、手足のまひなどの症状

問一、二重傍線部A～Cの本文中における意味として最も適当なものを次の選択肢よりそれぞれ一つ選び記号で答えなさい。

A　律儀

ア　冷静で情に厚いこと

イ　義理堅く実直なこと

ウ　気品があり優れていること

エ　ゆっくりして急がないこと

オ　礼儀正しくよそよそしいこと

B　落花狼藉

ア　花が散った後の風情のある様

イ　気が抜けてだらしない様

ウ　全てを出し切り満足した様

エ　物が無秩序に散乱している様

オ　空しく茫然とした様

C　おぼつかなく

ア　無我夢中になって　　イ　適度に力を抜いて

ウ　ぼんやりと無気力に　　エ　どうしていいか混乱して

オ　不確かで心細げに

問二、［Ⅰ］に入る言葉を本文中より十字で抜き出して答えなさい。（句読点や記号も字数に含む）

問三、［Ⅱ］に入る語として最も適当なものを次の選択肢より一つ選び記号で答えなさい。

ア　跡を引かないことで

イ　乱暴を働かないことで

ウ　自分の考えを押し付けないことで

エ　物事を曖昧にしておくことで

オ　相手の欠点に触れないことで

問四、傍線部①「私は、三角定規屋の～なつかしく思った」とあるが、この時の「私」の心情を説明したものとして最も適当なものを次の選択肢より一つ選び記号で答えなさい。

ア　是非会いたいと思って訪れた店で三角定規屋のおじさんと偶然会うことができて、二十年の時の流れの早さに感慨を抱いている。

と切り出し、これが合図ですさまじいことが起る。

「なにを云ってやがる。三角ばかり拵えてなにがおもしれえんだ。やい、一度、自分の顔を鏡にうつしてみろ。丸くなきゃあいけねえ目の玉が三角になっちまってら」

「だまれ、四角四面の箱男。おめえは尻の穴まで真《ま》四角だそうじゃねえか。なんでも羊羹みてえな四角いやつを垂れ散らかすって評判だぜ」

「うるせえ。子どもばっかり拵えやがって、ちっとは恥を知れ。頭が三角に尖《とん》がった赤ン坊が生まれてきても知らねえぞ」

「そんなことが云えた義理か。おめえンとこには五匹いるじゃねえか。こっちはもう一人生れてもまだ四人なんだ」

「たいした手間賃にもならねえのに、毎日、坐り込んで、可哀相に。商売替えしたらどうなんだよ。見ちゃいられねえや」

二人の喧嘩は口だけではなく、手や足も使われた。どっちかが自分のところの簾《すだれ》を引きちぎると、相手もそれに対抗して自分のところの簾を膝をてこにして折ってしまうし、一方が自分のところの障子を踏み破ると、もう一方は仕事用の木槌で自分のところの障子の桟をこなごなに打ち砕いてしまう。こうして自分の陣地で暴れ狂ううちに疲れ果て、B落花狼藉《ろうぜき》のまん真ン中に大の字になって引っくり返って高鼾《たかいびき》をかきはじめると、おかみさんが帰ってくる。おかみさんが窓越しに、

「②どっちかにここから引っ越しのできる余裕があるといいんですけどねえ」

と、どちらからともなく云うのを、私は何度も耳にした。

もっとも二人の喧嘩の唯一の取柄は決して［Ⅱ］、翌朝になると二人は自分の壊したところを修繕しながら、「今日もまた暑くなりそうですな」

「ええ、ぜひとも今日こそおしめりがほしいもので」などと挨拶をしあっていた。

「寮母ってのはまったく口が悪いや。食事のときにしたってひどいことを云いやがるのさ。あいつがこんな塩梅《あんばい》にCおぼつかなく箸を握って、おかずを二度三度とつづけて口に運ぶと、寮母がいきなり、『そんなにおかずばかりたべていると、先行き困ることになるよ』と脅《おど》しやがる。相手はたかがおかずじゃねえか。先行きだなんて大袈裟なことばを使っちゃいけねえ。ところがあいつときたら、ヘエヘエといって二度も頷きやがるのさ。意気地がねえったらありゃしねえ。一度、見舞いに行ってすっかり懲《こ》りちまった。③見ちゃいられねえもの、まったく」

三角定規屋のおじさんは湯呑の茶を口に含むと、ぶくぶくとやってから飲みおろし、

「ほんとうにあいつはだめの親玉よ」

と云い切った。

「だめじゃないの、お父さんたら」

そのとき、三十前後の女が入ってきた。松葉模様の浴衣に赤い帯をしめている。

「今日も小岩の老人ホームへ行ってたんだって？とぼけてもむだ。ちゃんと証拠はあがっているんだから」

女は持っていた団扇《うちわ》でおじさんの肩を軽く打った。

「老人ホームから電話があったの。お宅の老人が毎日、やってくるので困っていますって云ってたわよ」

「老人ホームにいるじゃないか、やけに威張っているのがさ。あいつはその寮母に云いたいことを云われていやがるんだ。意気地がねえったら、ありゃしねえ」
「桐箱屋のおじさんは、そうすると、老人ホームに入っているんですか」
「小岩にある都立のホームに入っているよ。酒がたたって*4中風になっちまいやがったのさ。たまたま、おれが見舞いに行ったときに、あいつは寮母におしめを取り替えてもらっていたがね、その寮母がこんなことを云っていやがった。
『今日は四回目だよ。ほんとうによく出るわね。わあ、くさい。一度でいいからいい匂いのするウンチを出してごらんよ』……」
　カウンターの客がこっちを睨みつけてきた。①私は、三角定規屋のおじさんが突如として能弁になったのにすこし驚き、それからその口のききようをなつかしく思った。二十年前、たそがれどきになって酒が入ると、このおじさんは昼間とは別の人間になってしまい、こんな具合に立板に水、べらべら喋りだすのがきまりだった。
「中風といっても軽く患っただけだから口はきけるんだ。だったら、『なんて云い草だ。お通じがあってよかったわね、となぜ云えない。おまえさんはそれでも人間かい』ぐらい云ってやればいいんだよ。ところがあの野郎ときたら、黙ってにやにやするばっかりで、もうあんな愚図は天地はじまって以来だね。まったくあの四角四面野郎め」
　私は、二十年前、毎晩のように繰り返された二人の職人の喧嘩を思い出していた。昼間、それぞれの仕事に精を出しているときの二人は、A律儀で腕のたしかな職人だった。窓越しに目が合えば、「おはよう。今日も暑くなりそうですな」、「ほんとうに朝から蒸しますよ。午後にでも一ト雨ほしいところです。それにしてもご精が出ますなあ」、「そちらこそ、よく根がつづきますな」
とたがいにねぎらって、隣人としても及第点の採れる間柄だった。
　やがて鳥越界隈にたそがれどきが訪れる。また二人の目が合って、「おや、もう、お仕舞いになりますか」、「ええ、仕舞います。今日はちょっとはかどったもので……」、「じゃあ、こっちも仕舞いますか」、「なんだか、こっちにつき合せてしまったようで、悪いですなあ」、「なあに、急ぐ仕事じゃないんですよ。明日の昼までに間に合えばいいんですから」。ここで二人はそれぞれのおかみさんに酒の支度《したく》を云いつける。おかみさんは、自分の亭主が酔うとどうなるかを、それまでの経験からよく知っている。そこで「一ト風呂浴びてきてからにしたら」とか、「銭湯《ゆうや》の帰りに屋台できゅうっとやってらっしゃいよ」とか、時に応じて口実を設け、二人が同時に酔わないような工夫をするが、亭主たちは譲らない。そこでおかみさんは酒の支度をし、（銭湯で三、四時間ねばって、嵐の過ぎ去った時分に戻ってこよう）と胸算用しながら子どもを引き連れて出ていってしまう。
　二人の酒は、はじめの十五分ぐらいは平和なものだ。「いかがです。こっちの酒を注ぎましょうか」、「おそれいります。しかし間に路地がありますから、いただいたつもりで、自分のところの酒をこう注いで……。うめえ。では、ご返盃」、「これはどうも。では、あなたから注いでいただいたつもりで……」と仲よくやっている。次第に酔いが回って目が据《すわ》り、やがてどちらかが、「しかしなんだな、朝から晩まで、それも一年中、つまらねえものを拵《こさ》えやがって、よく飽きが来ねえものだな」

のカウンターでビールを飲んでいると、三角定規屋のおじさんが入ってきて、低い声でにぎりを註文した。二十年ぶりに会ったのだが、特徴のある才槌頭《さいづちあたま》から一目で三角定規屋のおじさんとわかった。おじさんの後頭部は、だれもがぎょっとするぐらいうしろへ出っ張っているのである。

　カウンターに空《す》きがあるのに、おじさんは入ってすぐのテーブルについた。両手を行儀よく膝の上にそろえておき、目の前の箸立てを睨みつけている。背はやや猫背。その姿勢は二十年前とまったく同じだった。なつかしさに私は思わず腰を浮かしかけたが、おじさんの行儀のよさにさまたげられて声をかけることができない。話しかけていいのかどうか迷いながら私はおじさんの後頭部を眺めていた。あいかわらずの職人刈りだが、みごとに胡麻塩《ごましお》で、そこに二十年の年月があらわれている。あのころのおじさんには一本の白髪もなかったはずだ。

「お元気のようでなによりです」

　誂《あつら》えたにぎりができあがった。おじさんの例の行儀のよい姿勢がちょっと崩れる。そこにつけこんで私はおじさんのテーブルに移った。

「おじさん、私をおぼえていませんか」

　おじさんという呼び方は二十年前のものだった。ほんとうなら「おじいさん」と呼ばなければならないところだが。

「＊1かもじ屋の二番目の娘と一緒になった者ですが。かもじ屋へ毎晩のように泊りにきては、おじさんの仕事場へもよく邪魔しにあがったものでした」

　会えばきっと挨拶を交す仲だったのに、おじさんはこっちのことをもうすっかり忘れてしまっているらしい。それどころか、取られまいとでもするように、おじさんはにぎりを腕で囲った。

「どこか遠くへ移られたとばかり思っていましたが……」

　かもじ屋は幅四間の、広い通りに面していた。この通りから何本もの路地が枝分れしているのだが、界隈《かいわい》でもっとも細い路地がかもじ屋のすぐ横から東へのびていた。その幅は＊2一間足らず、七、八軒も入ると行き止り。三角定規屋はこの路地の二軒目だった。おじさんはこの細い路地に向って開いた窓の前に座って朝八時から夕方五時まで木製の三角定規をこしらえていた。

　三角定規屋の真向いには桐箱職人が住んでいた。これも＊3居職《いじょく》である。窓の前に坐って、桐板と竹釘とで上等のお茶や羊羹《ようかん》をおさめる小箱を日に百も二百も仕上げるのが仕事だった。そこで自然に二人の職人は細い路地をへだてて向い合うことになった。二人のあいだは直線距離にして一間半あるかなしかといったところである。

「あの路地にはビルが建ってしまいましたね」

　表通りの大手のハンドバッグ問屋が路地全体を買い占めて倉庫を建てたのだった。三、四階は社員寮になっているときいた。

「それで、桐箱屋のおじさんはお元気でしょうか」

「あの野郎はだめだね」

　三角定規屋のおじさんは左の手の平に海老《えび》の尻尾をぷっと吐《ほ》き出した。

「むかしからだめな奴めと思っていたがね、このごろはもっとだめな男になりさがってしまった。［ I ］」

「なにがだめなんですか」

「寮母ってのがいるだろ？」

「寮母……？」

イ　分子レベルによる必然的結果として生物の基本構造が共通するのであり、自然環境に適合するためのランダムな変異によるものではない。

ウ　生物の形態は生物同士の生存競争の結果であるという、弱肉強食の理論で生命の多様性を論じるのは単純な思考であり傲慢な態度である。

エ　生物の形態が最終的に淘汰されるのは、進化論では説明できない、より高次の超自然的論理によるものである。

オ　生物の発生段階においてはランダムな突然変異が起こるが、分子レベルでの働きにより次第にある方向性に統一される。

問七、傍線部③「その秩序は動的なものなのだ」とあるが、どういうことか。その説明として最も適当なものを次の選択肢より一つ選び記号で答えなさい。

ア　安定した状態に見える生命も、エントロピーが最大化する物理学的プロセスに抵抗し続ける結果として生命を維持しているということ。

イ　生命の誕生から死まで、エントロピーは常に増大を続けており、その増大が安定した生命の形態を変化させ、成長へとつながるということ。

ウ　物理学的熱運動の法則に生命は従っており、安定的な生命の内側では活発な分子の活動が見られ、生命とは不安定な秩序でしかないということ。

エ　生命は常に秩序的状態が解体される危機に瀕しており、体内で熱エネルギーを発生させエントロピーを獲得し続け生命を維持しているということ。

オ　物質の拡散の初期においては段階的勾配が見られるが、やがて解消され均一な拡散状態へと至り、秩序ある平衡状態となるということ。

問八、本文の内容と合致するものを次の選択肢より一つ選び記号で答えなさい。

ア　ショウジョウバエが、幼虫である蛆虫の状態から成虫に発達する際、特殊な分子の拡散が起こり、分節構造が決定される。

イ　ショウジョウバエの分節構造や左右対称性は、ビコイドの濃度勾配によるものではなく、細胞のビコイドへの感受性によるものである。

ウ　生命の形態形成の初期段階で物理的拡散の原理が働いているということは古くから知られており、ショウジョウバエの実験からも立証されている。

エ　生命は、原子や分子の物理的制約下でも安定的状態を維持する上で、原子や分子よりも圧倒的に大きな存在でなければならない。

オ　シュレーディンガーは、生命のメカニズムがあくまでも物理学的プロセスの延長線上にあることを証明し、エントロピーという概念を逆転させた。

三、次の文は井上ひさしの「隣り同志」である。（一部省略した箇所がある。）文章を読み後の設問に答えなさい。なお、設問の都合で本文の上に行数を付してある。

八月の、とあるたそがれどき、総武線の浅草橋に近い小さな寿司屋

死の状態を意味するエントロピー最大という危険な状態に近づいていく傾向がある。生物がこのような状態に陥らないようにする、すなわち生き続けていくための唯一の方法は、周囲の環境から負のエントロピー＝秩序を取り入れることである。実際、生物は常に負のエントロピーを〈食べる〉ことによって生きている。

（『生物と無生物のあいだ』　福岡　伸一）

＊1　過マンガン酸カリ…深紫色をした酸化剤で、水溶性がある
＊2　閾値…境目となる値のこと
＊3　シュレーディンガー…オーストリア出身の物理学者（一八八七～一九六一）

問一、[Ⅰ]に入る語として最も適当なものを次の選択肢より一つ選び記号で答えなさい。

ア　原始的摂理　　イ　統計的理念　　ウ　進化論的原理
エ　超自然的論理　　オ　自然的概念

問二、[Ⅱ]、[Ⅲ]に入る語として最も適当なものを次の選択肢よりそれぞれ一つ選び記号で答えなさい。

ア　しかも　　イ　ところが　　ウ　しかし
エ　あるいは　　オ　つまり　　カ　むしろ

問三、二重傍線部A「エントロピー増大」とあるが、この例に当てはまらないものを次の選択肢より一つ選び記号で答えなさい。

ア　人間の体温は三十六℃程度で保たれている。
イ　熱いお風呂のお湯が、一晩経過したらぬるま湯になった。
ウ　はき出したタバコの煙が空気中を漂い、やがて消えた。
エ　コーヒーにミルクを混ぜるとカフェ・オ・レになる。
オ　大きな石が風にさらされて砂粒になった。

問四、二重傍線部B「秩序自身を維持していく」とあるが、そのために必要なこととは何か。本文中より二十五字以上三十字以内で抜き出し、最初と最後の三字を答えなさい。（句読点や記号も字数に含む）

問五、傍線部①「拡散の原理が重要な役割を果たしている」とあるが、どういうことか。その説明として最も適当なものを次の選択肢より一つ選び記号で答えなさい。

ア　生物の形態形成の過程において分子のランダムな拡散が見て取れ、生物の多様性の原因と考えられるということ。
イ　ある生物の形態を安定して発生させるために、常に分子の動きは一定でなければならないということ。
ウ　生物の形態形成は、その発生段階において分子の拡散という物理学的な制約を受けているということ。
エ　生物がある形態を取るうえで、細胞は適切に分裂を繰り返さなければならないという物理的拡散の原理が必要となるということ。
オ　分子は平均すると均等に拡散する性質を持っており、この物理学的な原理は生命の進化を知るうえで重要であるということ。

問六、傍線部②「これは何を意味しているのだろうか」とあるが、筆者はこのことについてどのように考えているか。その説明として最も適当なものを次の選択肢より一つ選び記号で答えなさい。

ア　分節構造が自然界で優位であるのは、その利点が環境に適合したからであり、適者生存という自然の摂理とは別の視点から捉えるべきである。

大できるのである。つまり③その秩序は動的なものなのだ。

むろん、シュレーディンガーもそのことにきわめて自覚的だった。拡散はその途上では濃度勾配という情報をもたらすが、やがては一様に広がり平衡状態に達する。これは物質の勾配のみならず、温度の分布、エネルギーの分布、あるいは化学ポテンシャルと呼ばれる反応性の傾向も、すみやかにその差が解消されて均一化する。物理学者はこれを熱力学的平衡状態、 Ⅱ エントロピー最大の状態と呼ぶ。いわばその世界の死である。物理学者は自分の扱う世界をしばしば〝系《システム》〟と呼ぶ。

エントロピーとは乱雑さ（ランダムさ）を表す尺度である。すべての物理学的プロセスは、物質の拡散が均一なランダム状態に達するように、エントロピー最大の方向へ動き、そこに達して終わる。これをAエントロピー増大の法則と呼ぶ。

ところが生物は、自力では動けなくなる「平衡」状態に陥ることを免れているように見える。もちろん生物にも死があり、それは文字通り生命という系の死、エントロピー最大の状態となる。しかし、生命は、通常の無生物的な反応系がエントロピー最大の状態になるのよりもずっと長い時間、少なくともヒトの場合であれば何十年もの間、熱力学的平衡状態にはまり込んでしまうことがない。その間にも、生命は成長し、自己を複製し、怪我や病気から回復し、さらに長く生き続ける。

つまり生命は、「現に存在する秩序がそのB秩序自身を維持していく能力と秩序ある現象を新たに生み出す能力をもっている」ということになる。

このようなことはどのようにして実現できるのだろうか。シュレーディンガーはこの疑問に対して具体的なメカニズムを示すことはできなかった。しかし、彼は次のように予言した。

生命には、これまで物理学が知っていた統計学的な法則とはまったく別の原理が存在しているに違いない。その仕組みは、しかし、エンテレキー（生命力）といった非物理学的な、超自然的なものではない。それはわれわれがまだ知らない新しい「仕掛け」であるが、それもまたわかってみれば物理学的な原理にしたがうものであるはずだ。ちょうど、蒸気機関しか知らない技師が、電気モーターをはじめて見たときのようなものかもしれない。スイッチを押せばたちどころにモーターは動き出すが、彼はそれが幽霊によってもたらされているとは考えないだろう。モーターを分解して調べて見れば、そこには長い銅線がコイル状に巻かれており、その回転によって、蒸気機関と同じような運動エネルギーが生み出されていることに気がつくだろう。つまりモーターの仕組み自体は未知だが、そこに使われている原理はこれまでの物理学によっているはずで、自分は今、その解明の出発点に立っているのだ。そう技師は考えるだろう――。シュレーディンガーはこう述べるにとどまっている。

そのかわり、シュレーディンガーは、生命が、エントロピー増大の法則に抗して、秩序を構築できる方法のひとつとして、「負のエントロピー」という概念を提示した。エントロピーがランダムさの尺度であるなら、負のエントロピーとはランダムさの逆、つまり「秩序」そのものである。

生きている生命は絶えずエントロピーを増大させつつある。 Ⅲ 、

る危惧を感じる。

むしろ、生物の形態形成には、一定の物理的な枠組み、物理的な制約があり、それにしたがって構築された必然の結果と考えたほうがよい局面がたくさんあると思える。分節もその例である。

ショウジョウバエという小さなハエがいる。生物の形態が分節を有する機構についての重要な知見は、この透き通るような可憐な昆虫を観察することから得られた。このハエは、ハエとはいうものの、その英名をフルーツ・フライというように果物や樹液を好む、体長三ミリメートル程度の極小のハエである。試験管の中で飼育でき、ライフサイクルもきわめて短いので（卵から孵化《ふか》するまで一日、幼虫期三日、蛹《さなぎ》期五日）、古くから実験用生物として遺伝学者たちの有用なツールとなってきた。

産み落とされた卵は、分裂を繰り返し徐々に形を作り上げていく。ハエである以上、やがて小さな蛆虫となる。蛆虫にはすでに立派な、きめ細やかな分節構造がある。以下の話は、細胞分裂が進行し、細胞の塊がいよいよ幼虫となる、その一歩手前の物語である。

細胞塊はラグビーボールのような紡錘《ぼうすい》形をしている。将来、どちらの側が頭になり、どちらの側が尾になるか、この段階ですでに決められている。このとき、頭になる側の細胞から、ビコイド（bicoid）と呼ばれる特別な分子が放出される。それはちょうど、水槽の一隅に投じられた＊1過マンガン酸カリのように速やかに拡散を開始する。ビコイドは発生段階のわずかな一瞬だけ放出されるが、ランダムな熱運動を凌駕《りょうが》するに足る分子数があるので、〝平均すると〟、頭から尾にかけて美しい濃度勾配《グラデーション》を形成することになる。

ビコイドはそれに触れた細胞に対して、次の段階の分化命令を与えるシグナルとして働く。ここが不思議なところだが、細胞の側にはおそらくビコイドに対する感受性に段階的な＊2閾値《いきち》が存在するのであろう、ビコイドの濃度勾配に対して階段状の応答を示してそれぞれ分化を開始する。それが結果的に蛆虫の各分節を形成することになるのである。

一方、ビコイドの濃度勾配をラグビーボールの背中側から見ると、拡散は縦方向だけでなく、左右にも均等に広がっていくことになる。これが分化のシグナルの左右対称性を与えることになる。

このような現象を目の当たりにすると、生物が示す形態形成の根拠には、分子の拡散がもたらす濃度勾配やその空間的な広がりなど、ある一定の物理学的な枠組みがあることが見て取れる。

それは決してランダムな試行と環境によるセレクションによるものでなく、そのような淘汰作用よりも下位の次元であらかじめ決定されていることなのである。ランダムなのはむしろそのときの原子や分子のふるまいであり、その中からいかに秩序が抽出しうるかが問題となる。そのための大前提として、いみじくも＊3シュレーディンガーが看破したように、原子に対して生物は圧倒的に大きな存在である必要があるのだ。

しかしこのことはあくまでも問題の本質の前提でしかない。生命は、物理学的な枠組みの中に自らをしたがわせつつも、単に、その熱運動に身をゆだねているわけではなく、そこから複雑な秩序を生み出しているのである。その秩序のありようが貝殻を小石から峻別しているのだ。しかも生きている貝は、成長に応じてその貝殻の文様をも拡

【国　語】（五〇分）〈満点：一〇〇点〉

一、次の1～5の傍線部の漢字と同じものを、後に続く選択肢よりそれぞれ一つ選び記号で答えなさい。

1　開戦はヒッシの情勢だ

ア　シキュウ連絡がほしい　　イ　シメイ感に燃える
ウ　選手団がユウシを現す　　エ　入学シガン者
オ　運転席からはシカクになる

2　テイサイの良い門構え

ア　温室サイバイ　　イ　博覧会をカイサイする
ウ　森林バッサイ　　エ　けんかのチュウサイに入る
オ　拍手カッサイを浴びる

3　努力がトロウに終わった

ア　心境をトロする　　イ　物語のトチュウ
ウ　相手のイトを見抜く　　エ　トホで向かう
オ　カト的な時代

4　人生はジュンプウ満帆に見えた

ア　ジュンブンガクを好む　　イ　市内をジュンカンする
ウ　ジュンジ結果を報告する　　エ　ジュンタクな資源
オ　法令にジュンキョする

5　おおよそのスイサツがつく

ア　任務をスイコウする　　イ　キッスイの江戸っ子
ウ　スイトウ簿をつける　　エ　計画をスイシンする
オ　スイガイに悩まされる

二、次の文章を読み後の設問に答えなさい。

実際、生命の発生段階における基本的な形態形成に①拡散の原理が重要な役割を果たしていることが、最近になってわかってきている。

私たちの身体は中央に背骨が走っており、それを中心線にして左右対称の構造をしている。背骨には分節構造があり、神経の配線もこの分節にしたがって仕分けされている。これが脊椎動物の基本構造である。しかし無脊椎動物である昆虫や、ムカデ、クモ、あるいはミミズのような生物についても広く、中心線とそれに沿った分節構造が存在するという基本デザインは共通している。②これは何を意味しているのだろうか。

俗流進化論にマイクをまわせば、きっと彼らは次のように説明するはずだ。進化の原動力は突然変異である。突然変異に方向性はなくランダムに起こる。生命の歴史のあるとき、ランダムな突然変異が生じ、分節を持つ生物が生み出された。分節を持つ生物は、分節を持たない滑らかな生物に比べ、不気味な形態となったが、分節を持つことの有利さをも享受することになった。たとえば、分節による機能の分担や繰り返し構造に伴う物質利用の効率化、あるいは損傷の際、被害をその分節内だけにとどめることができる有利さやそのことによる修復のしやすさなどである。こうして分節を持つ生物はより環境に適合し、分節を持たない生物との生存競争に打ち勝ち、今日、あまねく分節を持つ生物が広がったのである、と。

しかし私は、現存する生物の特性、特に形態の特徴のすべてに［I］、つまり自然淘汰の結果、ランダムな変異が選抜されたと考えることは、生命の多様性をあまりに単純化する思考であり、大いな

MEMO

大切なことはメモしておこうネ！

2021年度

解　答　と　解　説

《2021年度の配点は解答欄に掲載してあります。》

＜数学解答＞ 《学校からの正答の発表はありません。》

1. (1) $-8-13\sqrt{6}$　(2) $\dfrac{3}{8}x^5$　(3) $x=2,\ y=6$　(4) $(x-y+7)(x-y-1)$

(5) $x=\dfrac{3\pm\sqrt{3}}{2}$　(6) $n=35$　(7) $x=120$　(8) $\angle x=60^\circ$　(9) $\dfrac{5}{12}$

2. (1) 2　(2) $a=-\dfrac{3}{4}$　(3) $y=-\dfrac{5}{9}x-\dfrac{7}{9}$

3. あ＝2, い＝21　**4.** (1) 12cm²　(2) 9π cm²

5. (1) 36個　(2) $x=44,\ y=4$

6. (1) $3\sqrt{2}$ cm　(2) $3\sqrt{13}$　(3) $\dfrac{21\sqrt{17}}{2}$ cm²

○推定配点○

各5点×20　　計100点

＜数学解説＞

1. (平方根，単項式の乗除，連立方程式，因数分解，二次方程式，数の性質，方程式の利用，角度，確率)

基本 (1) $(\sqrt{12}+5\sqrt{2})(\sqrt{2}-3\sqrt{3})=2\sqrt{6}-3\times6+5\times2-15\sqrt{6}=-8-13\sqrt{6}$

基本 (2) $\left(-\dfrac{1}{4}x^2y\right)^2\div\dfrac{5}{2}y^2\times15x=\dfrac{x^4y^2}{16}\times\dfrac{2}{5y^2}\times15x=\dfrac{3}{8}x^5$

基本 (3) $0.7x-0.9y=-4$より，$7x-9y=-40$…①　$5x-3y=-8$…②　①－②×3より，$-8x=-16$　$x=2$　これを②に代入して，$10-3y=-8$　$-3y=-18$　$y=6$

基本 (4) $(x-y)^2+6(x-y)-7=X^2+6X-7=(X+7)(X-1)=(x-y+7)(x-y-1)$

基本 (5) $2x^2-6x+3=0$　解の公式を用いて，$x=\dfrac{-(-6)\pm+\sqrt{(-6)^2-4\times2\times3}}{2\times2}=\dfrac{6\pm\sqrt{12}}{4}=\dfrac{3\pm\sqrt{3}}{2}$

基本 (6) $\dfrac{20n}{7}=\dfrac{2^2\times5\times n}{7}$より，題意を満たす自然数$n$は$5\times7=35$

(7) $(300-x)\times\dfrac{9}{100}+x\times\dfrac{4}{100}=300\times\dfrac{7}{100}$　$2700-9x+4x=2100$　$-5x=-600$　$x=120$

基本 (8) 平行線の錯角は等しいから，∠BAC＝∠ACD＝30°　$\overset{\frown}{\mathrm{BC}}$の円周角だから，∠BDC＝∠BAC＝30°　三角形の内角と外角の関係より，∠BEC＝∠ECD＋∠EDC＝30°＋30°＝60°　よって，$\angle x=60^\circ$

(9) さいころの目の出方の総数は$6\times6=36$(通り)　このうち，$p+q=2,\ 3,\ 5,\ 7,\ 11$となるp，qの値の組は，$(p,\ q)=(1,\ 1),\ (1,\ 2),\ (1,\ 4),\ (1,\ 6),\ (2,\ 1),\ (2,\ 3),\ (2,\ 5),\ (3,\ 2),\ (3,\ 4),\ (4,\ 1),\ (4,\ 3),\ (5,\ 2),\ (5,\ 6),\ (6,\ 1),\ (6,\ 5)$の15通りだから，求める確率は，$\dfrac{15}{36}=\dfrac{5}{12}$

2. (図形と関数・グラフの融合問題)

基本 (1) $y=2x^2$に$x=-1$を代入して，$y=2\times(-1)^2=2$

重要 (2) 四角形ABCDは平行四辺形だから，CD=BA$=1-(-1)=2$より，点Cのx座標は-2　また，平行四辺形ABCDの底辺をCDとしたときの高さをhとすると，$2\times h=10$より，$h=5$　よって，点Cのy座標は$2-5=-3$　$y=ax^2$に$x=-2$，$y=-3$を代入して，$-3=a\times(-2)^2$　$a=-\dfrac{3}{4}$

重要 (3) 直線BCの式を$y=bx+c$とすると，2点B，Cを通るから，$2=-b+c$，$-3=-2b+c$　この連立方程式を解いて，$b=5$，$c=7$　よって，$y=5x+7$　これに$y=0$を代入して，$0=5x+7$　$x=-\dfrac{7}{5}$　よって，$\mathrm{E}\left(-\dfrac{7}{5},\ 0\right)$　平行四辺形ABCDの対角線の交点をMとすると，Mは線分BDの中点だから，点Mのx座標は$\dfrac{-1+0}{2}=-\dfrac{1}{2}$　y座標は$\dfrac{2+(-3)}{2}=-\dfrac{1}{2}$　よって，$\mathrm{M}\left(-\dfrac{1}{2},\ -\dfrac{1}{2}\right)$　求める直線EMの式を$y=mx+n$とすると，2点E，Mを通るから，$0=-\dfrac{7}{5}m+n$，$-\dfrac{1}{2}=-\dfrac{1}{2}m+n$　この連立方程式を解いて，$m=-\dfrac{5}{9}$，$n=-\dfrac{7}{9}$　よって，$y=-\dfrac{5}{9}x-\dfrac{7}{9}$

3. (文字と式の利用)

花子さんの誕生日をx月y日とすると，$(y\times25+17)\times4+52+x=100y+120+x$　$100y+120+x=2222$より，$100y+x=2102$　よって，$x=2$，$y=21$より，花子さんの誕生日は2月21日

重要 4. (平面図形の計量)

(1) AからBCにひいた垂線をAHとすると，HはBCの中点だから，$\mathrm{BH}=\dfrac{1}{2}\mathrm{BC}=4$　よって，$\mathrm{AH}=\sqrt{\mathrm{AB}^2-\mathrm{BH}^2}=\sqrt{5^2-4^2}=3$　したがって，$\triangle\mathrm{ABC}=\dfrac{1}{2}\times8\times3=12(\mathrm{cm}^2)$

(2) 円Oの半径をrとすると，△ABC=△OAB+△OBC+△OCA　$12=\dfrac{1}{2}\times5\times r+\dfrac{1}{2}\times8\times r+\dfrac{1}{2}\times5\times r$　$9r=12$　$r=\dfrac{4}{3}$　円Pと直線AB，AC，BCとの接点をそれぞれD，E，Fとし，AD=AE$=a$，CE=CF$=b$とする。AC=AE+ECより，$a+b=5$…①　BD=BFより，$5+a=8+b$　$a-b=3$…②　①，②の連立方程式を解いて，$a=4$，$b=1$　OH//PFより，OH：PF=BH：BF　$\dfrac{4}{3}$：PF=4：(8+1)　$\mathrm{PF}=\dfrac{4}{3}\times9\div4=3$　したがって，円Pの面積は，$\pi\times3^2=9\pi(\mathrm{cm}^2)$

5. (規則性)

基本 (1) 図1において，積み木の個数は，1，3，5，7，9，11，…と増えていくから，図2において，6番目の積み木の個数は，$1+3+5+7+9+11=36$(個)

(2) 図2において，1番目は1個，2番目は$1+3=4$(個)，3番目は$1+3+5=9$(個)，…となるから，n番目の個数はn^2個と表せる。$44^2=1936$，$45^2=2025$より，$x=44$　また，$y=2025-2021=4$

6. (空間図形の計量)

基本 (1) $\mathrm{MN}=\sqrt{\mathrm{CM}^2+\mathrm{CN}^2}=\sqrt{\left(\dfrac{6}{2}\right)^2+\left(\dfrac{6}{2}\right)^2}=3\sqrt{2}\,(\mathrm{cm})$

重要 (2) 3直線GC，PM，QNは1点Iで交わる。IC//BPだから，平行線と比の定理より，IC：BP=CM：MB=1：1　BP=$x$cmとし，PからCGにひいた垂線をPRとすると，四角形EPIQはひし形だから，EP=PI　よって，直角三角形の斜辺と他の1辺がそれぞれ等しいので，△PEF≡△IPR　したがって，PF=IR　$6-x=x+x$　$x=2$　よって，$\mathrm{MP}+\mathrm{PE}=\sqrt{2^2+3^2}+\sqrt{(6-2)^2+6^2}=\sqrt{13}+$

$2\sqrt{13}=3\sqrt{13}$

重要 (3) $PQ=BD=6\sqrt{2}$　$EI=\sqrt{EG^2+GI^2}=\sqrt{(6\sqrt{2})^2+(6+2)^2}=\sqrt{136}=2\sqrt{34}$　よって，ひし形EPIQの面積は，$\frac{1}{2}\times6\sqrt{2}\times2\sqrt{34}=12\sqrt{17}$　ここで，△IMNと△IPQは相似で，相似比は1：2だから，面積比は$1^2:2^2=1:4$　また，△EPQ＝△IPQ　したがって，五角形EPMNQの面積は，$\frac{4\times2-1}{4\times2}\times$(ひし形EPIQの面積)$=\frac{7}{8}\times12\sqrt{17}=\frac{21\sqrt{17}}{2}$ (cm^2)

★ワンポイントアドバイス★

今年度は大問6題構成に変わったが，小問数は20題で同じであった。難易度も昨年より少し高い。時間配分を考えて，できるところから解いていこう。

＜英語解答＞《学校からの正答の発表はありません。》

【1】 問1　ア　問2　バートンは生態系の中で一つの変化がどのように他の多くの変化をもたらし得るのかに興味がある。　問3　(例)　好きではない音楽を聴いた後，てんとう虫はアブラムシを食べなくなるので，その作物の育ちが悪くなること。

問4　(例)　トラクターのような騒音を出す機械をできるだけ使わないようにすること。

問5　light, sound　問6　オオカミがバッタを食べるということ。　問7　ウ，キ

【2】 問1　b　問2　オ　問3　ウ　問4　To show how they felt　問5　ウ　問6　オ

問7　オ　問8　(l)　Dogs　(m)　cats　問9　オ

【3】 (1)　エ　(2)　ウ　(3)　イ　(4)　ア　(5)　エ

【4】 (1)　A　ウ　B　エ　(2)　C　カ　D　オ　(3)　E　ア　F　イ

(4)　G　ウ　H　オ　(5)　I　カ　J　ウ

【5】 問1　A　オ　B　イ　C　エ　D　キ　E　ク

問2　(1)　キ　(2)　ク　(3)　エ　(4)　オ　(5)　イ

○推定配点○

【1】 問1・問5・問7　各3点×4(問5完答)　問2・問4・問6　各4点×3　問3　6点

【2】 問1～問6　各3点×6　問7～問9　各4点×3(問8完答)

【3】～【5】　各2点×20(【4】各完答)　合計100点

＜英語解説＞

【1】 (長文読解問題・説明文：内容吟味，英文和訳，指示語)

(全訳)　昆虫に音楽を演奏し，オオカミのウンチを掘ることは愚かに聞こえるかもしれません。しかし，ブランドン・バートンにとってそれは科学的研究です。バートンはミシシッピ州立大学の科学者です。彼は(1)生態系を研究しています。生態系とは，生物とその環境を相互作用させるコミュニティです。エコシステムの各部はつながっています。一つのことが変わると，環境の中の他の多くの生物に影響を与えることがよくあります。

(2)バートンは生態系の中で一つの変化がどのように他の多くの変化をもたらし得るのかに興味があります。バートンの考えは愚かに見えるかもしれません。しかし，この種の研究は，科学者が世界に関する新しい種類の考えを生み出す一つの方法です。オズワルド・シュミッツはコネチカット

州のイェール大学の学生時代にバートンを指導しました。「彼は驚くべきポイントを持つ仕事をしています。」と，シュミッツが言いました。しかし彼は，それが見かけよりも重要であると言いました。

バートンの奇妙な実験の一つは，てんとう虫にロック音楽を演奏することでした。彼は，異なる生命体がロックンロールにどのように反応するかをテストしようとしていました。てんとう虫は，農業にとって重要な食物ネットワークの一部です。てんとう虫は樹液を植物から吸い出すアブラムシを食べます。これは植物が成長するのを困難にします。そこで，バートンと学生のチームがロックミュージックを部屋の中に向けて演奏しました。てんとう虫やアブラムシは大豆の植物とともに中にいました。彼は農場のトラクターと同じくらい大きな音で音楽を演奏しました。バートンは，てんとう虫は音楽を好まないので，より少ないアブラムシを食べるだろうと考えました。それで作物も同様に成長しないだろうと。(3)それはまさに起こったことでした。

ロック音楽は農家の畑では実際には演奏されていませんが，他にも大きな音があります。トラクターは大きな音です。人間は他の機械でも騒音を立てます。音楽研究は多くの人々の注目を集めました。政府は，バートンが騒音の影響に関する別の研究を行うためにお金を支払うことに同意しました。

バートンと彼の学生は現在，バッタが特定の種類の草を食べるのを防ぐために音を使うことができるかどうかを調べています。牛に餌を与えるために草が必要です。彼らは，昆虫が代わりに他の植物を食べる可能性のある騒音を実験しています。

バートンは，人々が環境をどのように変えるかについて興味を持っています。彼が興味を持っているのは，例えば，音と光が生態系全体にどのような影響を与えるかです。シュミッツは，人々は本当に光や音などの環境要因に多くの注意を払っていないと考えています。

「たぶん，彼らは注意を払うべきです」と，彼は言いました。彼は，バートンと同様の科学者たちは「我々は(4)これらのものをもっと真剣に受け止める必要があることを示している」と言いました。

バートンはアイダホ州で育ち，若くして狩りや釣りを学びました。これは彼の食物ネットワークへの関心を形作りました。またそれは，彼を物事に注意深くさせました。2017年，バートンはオレゴン州とアイダホ州の国境沿いでハイキングをしていました。(5)彼はオオカミのうんちを見つけました。それは彼が今まで見たオオカミのうんちのようには見えませんでした。それはバッタの殻で満たされていました。バートンはオオカミがバッタを食べるなんて信じられないと思いました。それは彼に深い興味を持たせたので，彼と他の科学者たちは研究を行いました。彼らは2019年9月に調査結果を印刷しました。

「バートン博士は驚くほど創造的です」とビル・リップルは言いました。リップルは，オオカミとバッタの研究でバートンと協力しました。「彼はただ外に出て，注意深くなり始めます」と，彼は言いました。

かつて，バートンは，多数の動物が同時に死ぬときに何が起こるかを研究したいと考えていました。そのために，彼は森の中に6,000ポンドの野生の豚の体を置きました。その後，彼はカメラと昆虫トラップを設定し，待っていました。豚が悪くなったので，科学者たちはすべてをテストし，測定し，数えました。彼らは汚れと昆虫と周りに来た動物を研究しました。彼は多くの動物が同時に死んだ後に何が起こるかを示すことを望んでいました。これは時々起こります。例えば，何百万匹もの動物が山火事で死ぬかもしれません。これはちょうどオーストラリアで起こりました。

バートンは，奇妙であるために自分の研究が注目を集めるかもしれないことを心配しています。彼は，それが重要で有用な研究でもあることを人々に理解してもらいたいと考えています。

「人々を笑顔にするのは愚かなことだけではない」と彼は言いました。目標は，人々が彼が発見したものから学ぶことです。彼はまた，科学者たちが自分がしたことをさらに調べることを可能にしたいと思っています。

問1　生態系について，次の文で説明している。「生物とその環境を相互作用させる」ものだとあるので，アが答え。イは「助け合う」，ウは「お互いに生きていける」，エは「協力する」がそれぞれ誤り。エは「智恵」とあるので誤り。

重要　問2　〈be interested in ～〉で「～に興味を持つ」という意味を表す。また，how 以下が in の目的語になっていることを理解する。how 以下においては one change (in an ecosystem) が主語になっている。

問3　直前にある，てんとう虫にロック音楽を聞かせるという実験の結果についてまとめる。「バートンは，てんとう虫は音楽を好まないので，より少ないアブラムシを食べるだろうと考えました。それで作物も同様に成長しないだろうと」とあり，その通りになったとあるので，この内容を使う。

問4　直後の段落に「トラクターは大きな音です。人間は他の機械でも騒音を立てます」とある。これらも大きな騒音を出し，食物ネットワークに悪い影響を与えると言っている。

問5　直前の段落の最後の文にある light and soul を指している。

問6　3つ後の文に「オオカミがバッタを食べる」ことが書かれている。

問7　ア 「バートンはミシシッピ州で生まれ，育てられました。」 第8段落の初めの文に「アイダホ州で育ち」とあるので，誤り。　イ 「バートンとシュミッツはイェール大学でクラスメートでした。」 第2段落の第4文に，シュミッツはバートンを指導したとあるので，誤り。　ウ 「アブラムシが植物から樹液を吸い出すと，植物はよく育ちません。」 第3段落の第4・5文の内容に合うので，答え。　エ 「バートンの『てんとう虫にロック音楽を聞かせる』という実験は，政府がお金を支払ったので成功しました。」 第4段落には，実験の後に政府がお金を支払うことにしたとあるので，誤り。　オ 「バートンは，騒音は牛が草を食べ過ぎることを止めさせられると考えています。」 文中に書かれていない内容なので，誤り。　カ 「バートンはかつて野生において動物に何が起こったかを調べるためにオーストラリアへ行きました。」 文中に書かれていない内容なので，誤り。　キ 「バートンは，人々が彼の研究を奇妙だと思わず，重要で役に立つものだと思うことを望んでいます。」 第11段落の内容に合うので，答え。

【2】（長文読解問題・物語文：語句補充，内容吟味，語句整序）

（全訳） アルベルトは彼の新しい隣人を一目見て，彼の人生がより困難になるだろうことを知りました。彼は彼らが大きな，騒がしい車で到着するのや，彼らが車から出るのを見ました。彼らは，そこにカップルでいて，車と同じくらい大きくて，騒がしく—また同様に臭くて愚かでした。

「ひどい」と彼は思いました，「(1)私は彼らをどうやって我慢するのか。彼はミミに言いに行きました。ミミは彼が一緒に住んでいる友人でした。

「新しい隣人を見たことがあるかい？」と彼は彼女に尋ねました。

「いいえ」と彼女は言いました。

「カップルさ。ぼくたちが好きではないものだよ。大きくて騒がしくて，愚かで臭いさ。bあいつらがいつもそうであるようにね。」

「ああ，いやだわ」とミミは言いました。「なんてひどいんでしょう。でも，私たちは無視することはできるわよね。」

「君の言う通りだよ。」とアルベルトは同意しました。「ぼくたちはあいつらを無視しなければいけないよね。」

数日間，アルベルトとミミは新しい隣人を無視しようとしました。隣の人たちが散歩に出かけたとき，アルベルトとミミは彼らに挨拶しませんでした。隣の人たちが庭にいたとき，アルベルトとミミは家の中に入りました。これは数日間は大丈夫でしたが，おそらく必然的に，物事はこのようにはすまされませんでした…

ある日，アルベルトは眠りから目覚め，彼の庭で隣人の一人を見つけました。「ミミ！」と彼は叫びました。「これを見たかい！？　彼はぼくたちの庭にいるんだ！！！！　見て！」

「なんてひどいの」とミミは言いました。「スタッフを呼んで，すぐに彼を追い出しましょう！」

ミミはスタッフを呼びに行きました。2分後，アルベルトとミミのスタッフの長は，歓迎されない隣人を取り除こうとして庭に出ていました。「行け！」と彼は叫びました。「ここから出て行け！家に帰れ！」隣人は何も言いませんでしたが，アルベルトとミミのスタッフの長に怒った表情を見せ，その後彼は彼の庭に戻りました。アルベルトとミミは気分が良くなり，スタッフの長に昼食の準備を頼みました。

しかし，それだけでは不十分でした。次の数日間，アルベルトとミミはしばしば，新しい隣人の一方または両方が彼らの庭を歩き回っているのを見つけました。それはひどいことでした。(3)<u>彼らがどのように感じたかを示すために</u>，アルベルトとミミは隣人が家の中にいる夜に隣人の庭に入り，すべての花をだめにしました。

翌朝，隣人の一人がアルベルトと話しに来ました。

「おい」と彼は言いました。「おい，お前！」 アルベルトは彼を無視しましたが，彼は話し続けました。「お前は昨夜私たちの庭に来て，すべての花をだめにしたな！」アルベルトは何も言いませんでしたが，隣人に(4)<u>怒った顔</u>を見せました。「今，おれは困ってるんだ。」と隣人は続けました。「(5)<u>彼らはおれがそれをやったと思っているんだ！</u>」

「彼らとは誰かな」とアルベルトは尋ねました。

「もちろん，おれの主人さ」と隣人は答えました。

「主人！？」とアルベルトは言いました。「お前には主人がいるのか？」

「もちろん，いるさ」と彼の隣人は言いました。「お前は？」

「ああ，いないよ」とアルベルトは答えました。「スタッフがいるだけさ」

アルベルトは，隣人は(f)<u>スタッフ</u>ではなく，(g)<u>主人</u>を持っていることをミミに伝えるために行きました。

「それは驚くことではないわ」とミミは言いました。「それですべての説明がつくわね。そういうわけで，彼らはとてもうるさくて臭くて愚かなのよ。彼らの(h)<u>主人</u>を(i)<u>スタッフ</u>にする必要があるわね。」

翌日，アルベルトとミミは新しい隣人と実に友好的でした。彼らは(j)<u>主人</u>を(k)<u>スタッフ</u>にする方法を説明しようとしました。

「聞いてくれ」とアルベルトは彼らに言いました。「とても簡単だ。まず，家は君たちの家であり，彼らの家ではないことを理解しなさい。」

「そして第二に」とミミが言いました。「あなたが常に清潔であることを確認してください。」

「自分が欲しいときにはいつでも彼らが食べ物を与えることを確かにしなさい！」

「彼らが読んでいる間に新聞に座って！」

「できるだけ寝て—彼らのベッドの上に！」

「そして最後に，吠えるのではなく，代わりにニャーと言うように。」

しかし，それは良くありませんでした。隣人たちは理解しませんでした。1週間後，彼らはあきらめました。

「それは良くないね」と，ミミが言いました。「彼らは(l)犬には主人がいて，(m)猫にはスタッフがいるということわざを決して理解しないでしょうね。」

問1　「いつもそうである」とあるので，アルベルトが嫌いだと思う者たちの様子が直前に書かれている部分を選ぶ。

問2　〈put up with ～〉は「～を我慢する」という意味を表すので，オが答え。

問3　隣人が庭に入って来たのを知ったアルベルトとミミはスタッフの長に出て行くようにさせたが，それでは不十分だったという意味なので，ウが答え。

問4　不定詞の副詞的用法(目的を表す)を使った部分である。また，間接疑問文の形になるので，〈疑問詞＋主語＋動詞〉の形になる。

問5　アルベルトは隣人に対して対立する様子を見せるはずなので，ウが答え。

問6　They は隣人の主人を指す。I は隣人を指す。it は庭の花をだめにしたことを指す。よって，ウが答え。ア「隣人の主人はアルベルトがすべての花をだめにしたと思います。」，イ「アルベルトとミミは隣人がすべての花をだめにしたと思います。」，ウ「スタッフはアルベルトがすべての花をだめにしたと思います。」，エ「アルベルトとミミは隣人が彼らを無視したと思います。」，オ「隣人の主人は隣人がすべての花をだめにしたと思います。」

問7　全訳参照。

重要　問8　最後から3行目の文に meow とあるので，ミミたちは猫であることがわかる。家の人たちをスタッフとして扱うのが猫であるので，主人に従う隣人は犬だと考えられる。

問9　ア　隣人が車を運転するとは書かれていないので，誤り。　イ　アルベルトとミミにはスタッフがいるので，誤り。　ウ　花を折ったのはアルベルトとミミなので，誤り。　エ　隣人は主人に従っているので，誤り。　オ　隣人を庭から追い出した場面の様子に合うので，答え。

【3】（語句補充問題：前置詞，熟語，比較，接続詞，受動態）

(1)　「エリザベスは若いけれども3つの言語を話せます。」〈though ～〉で「～にもかかわらず」という意味を表す。

(2)　「あなたと一緒に夕食を食べるのを楽しみにしています。」〈look forward to ～ ing〉で「～を楽しみに待つ」という意味を表す。

基本　(3)　「湯川秀樹は日本で一番有名な科学者のひとりです。」最上級の文なので〈the ＋ most ～〉の形になる。また，〈one of ～〉の後に来る名詞は複数形になる。

(4)　「もし時間があったら，私の宿題を手伝ってくれませんか。」主節が未来を表す文の場合，if や when などで導かれる従属節は現在時制で表す。

(5)　「その登場人物はすべての映画ファンに知られています。」〈be known to〉で「～に知られる」という意味を表す。

【4】（語句整序問題：SVOO，間接疑問文，動名詞，there，受動態，関係代名詞）

(1)　(Samantha) left the door of her house open (yesterday.)　〈leave O ＋形容詞〉で「Oを～したままにしておく」という意味を表す。

(2)　(I didn't ask) my mother when she would come back(.)　間接疑問文なので，〈疑問詞＋主語＋動詞〉の形になる。

(3)　Going shopping at a new store is exciting for (me.)　〈go shopping〉で「買い物に行く」という意味を表す。

(4)　There is a cup of coffee on the table(.)　〈there is (are) ～〉は「～がある」という意味を表す。

(5)　(John and I) were taken to the restaurant which is famous for (steak.)　〈take A to B〉

で「AをBに連れて行く」という意味であり，受動態の文なので〈be動詞＋過去分詞〉という形にする。また，famous for ～は「～で有名だ」という意味を表す。

【5】（会話文問題：語句補充，内容吟味）

店員　　　　：(A)何をお探しでしょうか，奥様。
グリーン夫人：ええ，春のコートを探しています。アドバイスをもらえますか。
店員　　　　：(B)喜んで。ええと，ここにあるもののスタイルと(1)プリント模様は今年の流行です。
グリーン夫人：スタイルは好きだけど，印刷はだめです。重すぎるよう…
店員　　　　：わかりました。たぶんこの大きなチェック柄の印刷が重く見えるのですね。この小さいのはどうですか。
グリーン夫人：うーん。(2)それは悪くないですね。でも同じスタイルのコートで別の印刷はありませんか。
店員　　　　：はい。縞模様と，水玉模様と，そしてペイズリー柄があります。
グリーン夫人：ペイズリー柄ですか。それはどのようなものですか。
店員　　　　：小さくて装飾された葉が一緒に組み合されたようなものです。
グリーン夫人：まったく想像できません！　(C)見てもいいですか。
店員　　　　：もちろん，ここにあります。植物をモチーフにしていますが，花ではありません。
グリーン夫人：ええ，(3)それはサイケデリックなファッションを思い出させて，うるさく見えますね。もっとシンプルなのがいいです。
店員　　　　：ではこちらの縞模様と，水玉模様のものを御覧ください。
グリーン夫人：小さな水玉のは好きですが，(4)それらは大きすぎます！
店員　　　　：この縞模様のはいかがですか。この2つのパターンがありますが，お客様はこの細いものがお好きではないですか。
グリーン夫人：ええ，スタイリッシュに見えますが，色が好きではありません。(5)それの明るい青色はありますか。
店員　　　　：そうですが，茶色と灰色しかありません。
グリーン夫人：ええと，(D)どうもありがとう。他の店を見てみます。
店員　　　　：もしお望みなら，倉庫に注文することもできますが。
グリーン夫人：どれくらいかかりますか。
店員　　　　：長くはかかりません。たぶん1日か2日です。
グリーン夫人：いいですね。明後日また来ます。
店員　　　　：どうもありがとうございます，奥様。(E)お待ちしています。

問1　全訳参照。ア「調子はどうですか」，ウ「何が起きていますか」，カ「どういたしまして」，ケ「それは言わないでください」，コ「後で電話してください」

問2　(1)　店員が「大きなチェック柄」と言っているので，キが答え。

(2)　チェック柄のもので，もっと小さいものを指しているので，クが答え。

(3)　ペイズリー柄について話しており，「植物をモチーフにしていますが，花ではありません」と言っているので，エが答え。

(4)　水玉が大きすぎると言っているので，オが答え。

(5)　縞模様について話しており，より狭いもののことを言っているので，イが答え。

★ワンポイントアドバイス★

【4】の(4)には〈there is (are) ～〉が使われており，coffeeが主語になっている。液体は量に関係なく単数扱いをすることを覚えておこう。よってmuch waterであってもThere is much waterとなり，isが用いられる。

＜国語解答＞《学校からの正答の発表はありません。》

一　1　ア　　2　エ　　3　エ　　4　ウ　　5　エ

二　問一　ウ　　問二　Ⅱ　エ　　Ⅲ　オ　　問三　ア　　問四　(最初)　周囲の　(最後)　ること　　問五　ウ　　問六　イ　　問七　ア　　問八　エ

三　問一　A　イ　　B　エ　　C　オ　　問二　あいつはだめの親玉よ　　問三　ア　　問四　エ　　問五　オ　　問六　イ　　問七　イ・オ

四　問一　d　　問二　Ⅰ　泣か　　Ⅱ　泣き　　問三　ウ　　問四　エ　　問五　イ　　問六　イ

○推定配点○

一　各2点×5　　二　問一・問二　各2点×3　　他　各5点×6　　三　問一～問三　各2点×5　　他　各5点×5　　四　問二　各2点×2　　他　各3点×5　　計100点

＜国語解説＞

一　(漢字の読み書き)

1　必至　　ア　至急　　イ　使命　　ウ　雄姿　　エ　志願　　オ　死角
2　体裁　　ア　栽培　　イ　開催　　ウ　伐採　　エ　仲裁　　オ　喝采
3　徒労　　ア　吐露　　イ　途中　　ウ　意図　　エ　徒歩　　オ　過渡
4　順風　　ア　純文学　　イ　循環　　ウ　順次　　エ　潤沢　　オ　準拠
5　推察　　ア　遂行　　イ　生粋　　ウ　出納　　エ　推進　　オ　水害

二　(論説文一脱語補充，接続語，文脈把握，内容吟味，要旨)

問一　直後に「つまり，自然淘汰の結果，ランダムな変異が選抜された」と言い換えられているので，この内容と合致する「進化論的原理」が適切。「進化論」とは，生物はすべて下等なものから進化して現在の形態となったとする学説。

問二　Ⅱ　直前に「熱力学的平衡状態」とあり，直後の「エントロピー最大の状態」と並んで，どちらかで呼ぶ，とする文脈なので。対比・選択を表す「あるいは」が入る。　Ⅲ　直前に「エントロピーを増大させつつある」とあり，直後で「死の状態を意味するエントロピー最大……傾向がある」と説明しているので，説明・言い換えを表す「つまり」が入る。

問三　前に「エントロピーとは乱雑さ(ランダム)を表す尺度である」「物質の拡散が均一なランダム状態に達するように，エントロピー最大の方向へ動き，そこに達して終わる」と説明されている。「動き」とあるので，「一晩経過したら」とあるイ，「空気中を漂い」とあるウ，「混ぜる」とあるエ，「風にさらされて」とあるオは当てはまる。「保たれている」とあるアはあてはまらない。

問四　同様のことついては，最終段落に「生き続けて行くための唯一の方法は，周囲の環境から負のエントロピー＝秩序を取り入れることである」と説明されているので，「周囲の環境から負のエントロピー＝秩序を取り入れること(26字)」を抜き出す。

やや難 問五 「拡散の原理」については，「このような」で始まる段落に「生物が示す形態形成の根拠には，分子の拡散がもたらす……ある一定の物理的な枠組みがあることが見て取れる」とあるので，ウが適切。アは，「しかし私は」で始まる段落に「自然淘汰の結果，ランダムな変異が選抜されたと考えることは，生命の多様性をあまりに単純化する思考であり，大いに危惧を感じる」とあることと合致しない。イの「常に分子の働きは一定でなければならない」，エの「細胞は適切に分裂を繰り返さなければならない」，オの「均等に拡散する性質」は本文の内容と合致しない。

やや難 問六 「これ」が指すのは，直前の「基本デザインは共通している」という内容。筆者は，直後に示されている「進化の原動力は突然変異である，突然変異に方向性はなくランダムに起こる」という考え方を「大いなる危惧を感じる」と否定し，「むしろ，生物の形態形成には，一定の物理的な枠組み，物理的な制約があり，それにしたがって構築された必然の結果と考えたほうがよい局面がたくさんある」としているので，イが適切。

やや難 問七 「エントロピーとは」で始まる段落以降に「すべての物理学的プロセスは，物質の拡散が均一なランダム状態に達するように，エントロピー最大の方向に動き，そこに達して終わる」「ところが生物は，自力では動けなくなる『平衡』状態に陥ることを免れているように見える」とあり，最終段落には「生きている生命は……死の状態を意味するエントロピー最大という危険な状態に近づいていく傾向がある。……すなわち生き続けて行くための唯一の方法は，周囲の環境から負のエントロピー＝秩序を取り入れることである」とあるので，アが適切。

問八 アは「特殊な拡散」，イは「感受性によるもの」，ウは「古くから知られており」，オは「概念を逆転させた」が適切でない。エは，本文に「生物が示す形態形成の根拠には，分子の拡散がもたらす濃度勾配やその空間的な広がりなど，ある一定の物理学的な枠組みがあることが見て取れる」「それは決してランダムな試行と環境によるセレクションによるものでなく，……ことなのである。……そのための大前提として生物は圧倒的に大きな存在である必要があるのだ」と述べられていることと合致する。

三 （小説一語句の意味，脱文・脱語補充，情景・心情，大意，表現）

問一 A 「律儀」は，かたく義理を守ること，実直なこと，という意味なのでイが適切。「仕事に精を出す」様子である。 B 「落花狼藉(らっかろうぜき)」は，物が散り乱れている様子のことなので，エが適切。直前の「どっちかが自分のところの簾を引きちぎると，相手もそれに対抗して……障子の桟をこなごなに打ち砕いてしまう」という状態である。 C 「おぼつかない」には，しっかりせず，頼りない，という意味があるのでオが適切。ここでは，老人ホームにいる「桐箱屋」が，力なく箸を使う様子を表現している。

問二 直前の「だめな男」を言い換えた表現が入る。「三角定規屋のおじさん」が「桐箱屋のおじさん」のことを「だめな男」と言っており，似た表現は，「三角定規屋のおじさんは湯呑の茶を口に含むと」の後に「『ほんとうにあいつはだめの親玉よ』」とあるので，「あいつはだめの親玉よ(10字)」を抜き出す。

問三 直後に「翌朝になると二人は自分の壊したところを修繕しながら……などとあいさつをしあっている」とある。昨夜のことなど忘れたかのように，まるで何事もなかったかのように仲良くしているので，アの「跡を引かないことで」が適切。

問四 直後に「二十年前，たそがれどきになって酒が入ると……べらべら喋りだすのがきまりだった」とあり，「私は，二十年前，毎晩のように繰り返されていた二人の職人の喧嘩を思い出していた」とあるので，エが適切。アは「是非会いたいと思って訪れた」，イは「昔と違って突然能弁になった」，ウは「失望」，オは「当時はほとんど言葉を交わしたことがなかった」が適切でない。

問五　「いいんですけどねえ」という言い方から，深刻に引っ越しを考えているわけではないことがわかり，直後に「もっとも……翌朝になると……挨拶しあっていた」とあることから，喧嘩はしても二人の仲が険悪なわけではないことが読み取れるので，「あきれながらも諦めを感じている」とするオが適切。

問六　直前に「『寮母ってのはまったく口が悪いや。……ところがあいつときたら，ヘエヘエといって二度も頷きやがるのさ。意気地がねえったらありゃしねえ……』」とあるのでイが適切。「桐箱屋のおじさん」の老人ホームでの現在の姿を見て，もどかしくも淋しく思っているのである。

問七　アは「誰に対しても心を閉ざしている」という部分が適切でない。「三角定規屋のおじさん」は，この後「私」に饒舌に話しかけている。本文には，かつて住んでいた町の思い出が，「三角定規屋のおじさん」の話と共に生き生きと描かれているので，イは適切。ウは，「疑心暗鬼」が適切でない。二人の職人の関係は「たがいにねぎらって，隣人としても及第点の採れる間柄だった」と表現されている。エは「二十年来の心の確執」が適切でない。二人は酒が入ると喧嘩になるものの，普段は隣人として良好な関係を保っており，現在も老人ホームを訪ねているのである。「寮母ってのはまったく口が悪いや……」と言いながら，言われっぱなしになっている「桐箱屋」を「意気地がねえったらありゃしない」と心配しているので，オは適切。カは，「女」は「三角定規屋のおじさん」の娘で，「『今日も……』」と，現実の出来事を話しているのであてはまらない。

四　（古文―助詞の用法，脱語補充，語句の意味，口語訳，大意）

〈口語訳〉　これも今となっては昔のことだが，田舎育ちの児で，比叡山延暦寺に登っていた(児が)，桜がみごとに咲いていて，(その桜に)風がはげしく吹いたのを見て，この児がさめざめと泣いた。それを見て，僧がそっと(そばへ)寄って，「なぜ，こんなにお泣きになるのですか。桜はあっけないものですから，このようにすぐに散ってしまうのです。けれども，(桜は)そういうものなのです。」と言って慰めたところ，(児は)「桜の散るのは，しいてどうすることができましょうか，どうしようもありません，(そのことは)かまわないのです。(ただ)私の父が作っている麦の花が散って実が入らないと思うのが切ないのです」と言って，しゃくりあげておいおい泣いたので，(それはまったく)興ざめなことだなあ。

問一　「我が父」の「が」は，「わが」という一語の一部。同じ用法のものは，「この」という一語の一部となるd。aは，「～であって」という意味になる。b・c・eは，「が」に置き換えることのできる用法。

問二　Ⅰの直前に「さめざめと泣きけるを見て」とあるので，「泣く」を「せ給ふ」に接続する形に直して「泣か(せ給ふ)」とする。Ⅱは，「ければ」に接続する形にして「泣き(ければ)」とする。

問三　直後の「かく程なくうつろひ候ふなり(このようにすぐに散ってしまうのです)」という内容にあてはまるものとして，ウの「あっけないもの」が適切。「はかなし」には，頼りにならない，あてにならない，たわいない，あっけない，などの意味がある。

問四　「さのみ」は，そのようにばかり，それほど，という意味。それだけのことです，という意味になるので，エの「そういうものなのです」が適切。

問五　直前に「『桜の散らんはあながちにいかがせん，苦しからず。我が父の作りたる麦の花の散りて実のいらざらん思ふがわびしき』」とあるので，イが適切。

問六　「うたてし」は，情けない，という意味。児が，桜の花がはかなく散ってしまうことではなく，麦の花が散って実が入らないという現実的な不都合を嘆いていることを，情けない，と言っているので，イが適切。「嘆息(たんそく)」は，なげいてため息をつくこと。

★ワンポイントアドバイス★

現代文は，長めの文章や，やや難しい内容の文章にも慣れておくことが必要である。古文は，多くの例題にあたり，重要古語の知識を蓄えて口語訳できる力をつけよう！

2020年度

★★★★★★★★★★★★★★★★★★★★★★★★

入　試　問　題

2020年度

平塚学園高等学校入試問題

【数　学】（50分）〈満点：100点〉

1.　次の計算をせよ。
$\{(-3)^2-2^2\}\div 5-(-8)$

2.　次の式を因数分解せよ。
$x(3a-2)-y(2-3a)$

3.　次の二次方程式を解け。
$(x-11)^2-(x-11)-42=0$

4.　$\sqrt{6}$の整数部分をx，小数部分をyとするとき，$2xy+y^2$　の値を求めよ。

5.　図１の数の列は，ある規則に従って並べたものである。この規則に従って，図２のように，ある数x，yを１段目として並べたところ，２ヵ所の数が19と27になった。次の問いに答えよ。
（１）　zの値をxとyを用いた式で表せ。
（２）　xとyの値を求めよ。

（図１）

2	3				（１段目）
2	5	3			（２段目）
2	7	8	3		（３段目）
2	9	15	11	3	（４段目）

（図２）

x	y				（１段目）
□	z	□			（２段目）
□	19	□	□		（３段目）
□	□	□	27	□	（４段目）

6.　下図において，点Ａ，Ｂ，Ｃ，Ｄは点Ｏを中心とする円周上の点で，線分ACは直径である。また，点Ｅは線分ACと線分BDの交点である。このとき，$\angle x$の大きさを求めよ。

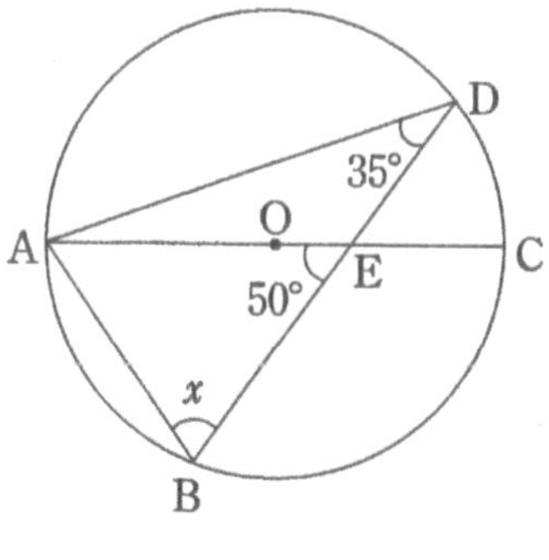

7.　ある池で金魚の数を推定するために，40匹の金魚をすくって，目印をつけて池に戻した。数日後，再び金魚を150匹すくったところ，目印のついた金魚が12匹含まれていた。この池には，およそ何匹の金魚がいると推定できるか。

8.　AさんとBさんは，700m離れた地点にいる。２人は向かい合って同時に出発し，Aさんは毎分90m，Bさんは毎分110mの速さで進むとすると，２人は何分何秒後に出会うか。

9.　大，小２つのさいころを同時に投げるとき，大きいさいころの目をx，小さいさいころの目をyとする。右図のような座標軸に点$(x,\ y)$をとるとき，次の問いに答えよ。

（１）　この点が，直線$y=x$　上にある確率を求めよ。

（２）　この点が，原点を中心とする半径４の円の外部にある確率を求めよ。

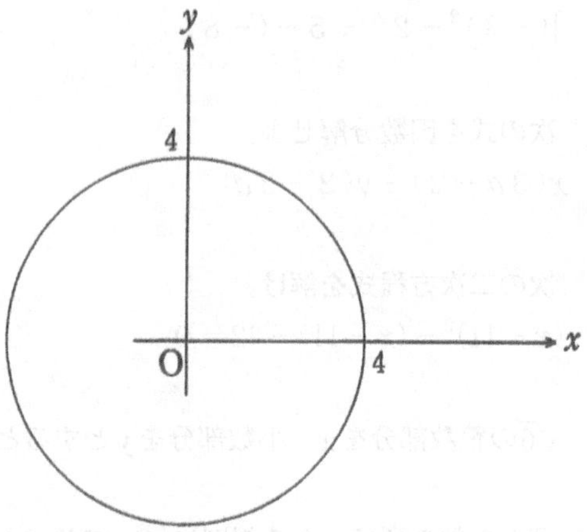

10.　空間にある次の２つのものについて，いつでも平行であると言えるものを**すべて**選び，ア～カの記号で答えよ。ただし，いつでも平行であると言えるものが１つもない場合は「なし」と答えよ。

（ア）　同じ直線に垂直な２直線

（イ）　同じ直線に平行な２直線

（ウ）　同じ直線に平行な２平面

（エ）　同じ平面に平行な２直線

（オ）　同じ平面に垂直な２直線

（カ）　同じ平面に垂直な２平面

11.　右図のように，放物線$y=\dfrac{1}{3}x^2$上に２点$A(-3,\ 3)$，$B\left(1,\ \dfrac{1}{3}\right)$がある。

原点をOとするとき，次の問いに答えよ。

（１）　２点A，Bを通る直線の式を求めよ。

（２）　△ABOの面積を求めよ。

（３）　この放物線上に原点と異なる点Pをとると，△ABOと△ABPの面積が等しくなった。
このとき，点Pの座標を求めよ。
ただし，点Pはx座標が－３以上１以下の点とする。

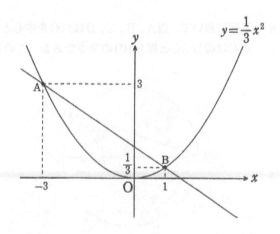

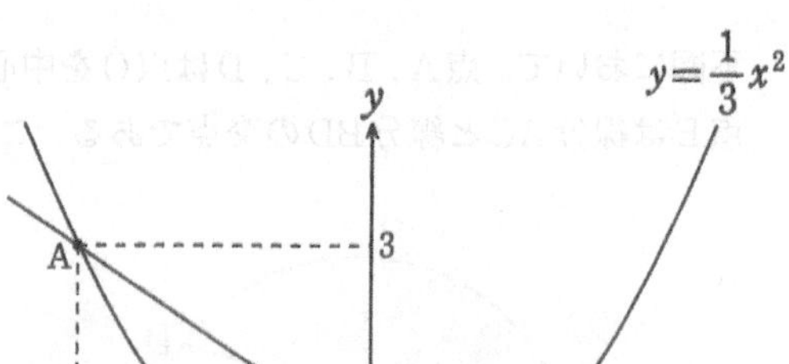

12. 右図は，ある立体の展開図である。これを組み立ててできる立体について，次の問いに答えよ。

（1） xの値を求めよ。

（2） この立体の体積を求めよ。

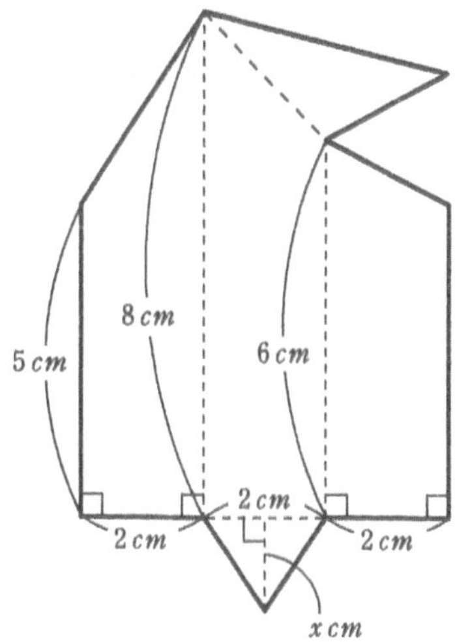

13. 次のような問題がある。

図1のような，AB = 7 cm，BC = 8 cm，CA = 9 cmの△ABCがある。辺BC上に点Dをとり，辺CA上に点Eをとる。AD⊥BC，BE⊥CAで，線分ADと線分BEの交点をFとするとき，△ABC∽△DECを証明せよ。

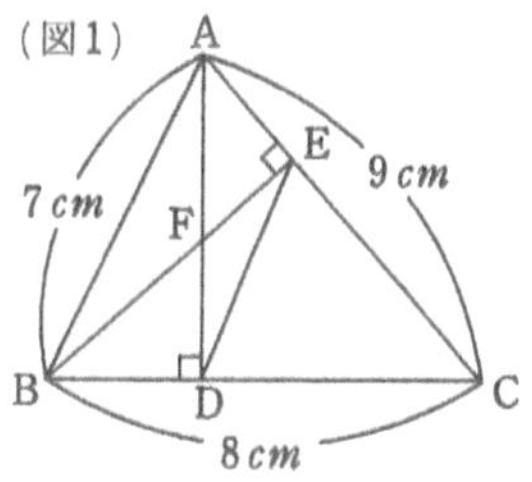

花子さんはこの問題の解答を次のように書いた。

△ABCと△DECにおいて，

角Cは，２つの三角形に共通な角ア だから，∠ACB イ = ∠DCE ウ －－－－－－－－－－－－－－－－①

２点D，Eは直線AB エ に関して同じ側にあり，∠ADB = ∠AEB オ = 90° カ だから，

点D，Eは線分AB キ を直径 ク とする円周上にある。

$\overset{\frown}{AE}$ ケ に対する円周角だから，∠ABE = ∠ADE コ －－－－－－－－－－－－－－－②

$\overset{\frown}{DE}$ サ に対する円周角だから，∠BDE シ = ∠DAE －－－－－－－－－－－－－－－－③

また，∠ABC ＝∠ABD

＝∠ABE + ∠DBE ス －－－－－－－－－－－－－－－－④

△ADEで，外角の性質より，∠DEC = ∠ADE + ∠DAE セ －－－－－－－－－－－－⑤

②，③，④，⑤より ∠ABC = ∠DEC －－－－－－－－－－⑥

①，⑥より ２組の角が等しい ソ から △ABC∽△DEC

以下の問いに答えよ。

（1）　花子さんの解答は正しくない。〰〰〰線部のいずれかに誤りがある。

　　　誤りであるものを**すべて**選び，ア～ソの記号で答えよ。

（2）　（1）で解答したものを，正しく直せ。　(例)タ→∠XYZ　，チ→正三角形

（3）　図1において，△DEFの面積を求めよ。

【英　語】（50分）〈満点：100点〉

【1】 次の文章を読んで，あとの設問に答えなさい。

Roger is new in town, and it has been hard to make friends. The kids at school are nice, but Roger is shy. His birthday is coming up soon. He is planning a big party. It will be a lot of fun. There will be cake, and ice cream, and a treasure hunt. But what if none of the other kids want to come?

One week before his party, Roger and his dad go to their favorite restaurant. Benny's Pizza Parlor makes the best pizza in town. Roger orders a large pizza, with four kinds of cheese and extra *pepperoni. He loves every bite. When he is finished, Roger and his dad go to the kitchen to talk to Benny.

"How was the pizza?" Benny asks.

"It was an ooey-gooey mess!" says Roger. "That means I liked it."

"Thank you!" says Benny.

Suddenly, Roger gets a great idea. "Benny," he says. "Will you cook pizza for my birthday party?"

"Hold on, Roger," says Roger's dad. "Benny is very busy. He might not have time to make pizza for your party."

"But everyone loves his pizza!" says Roger. "If we have it, I'll be the most popular boy in school."

"I know what to do," says Benny. "I won't cook pizza for your party. Instead, I'll show you how to make it yourself!"

That week, Roger goes to Benny's Pizza Parlor every day after school. Benny shows him how to combine flour and *yeast and water into a *dough. Then, after the dough has had time to sit, they *pound it down and roll it as flat as a quarter. The most exciting part is when they get to throw the dough up into the air. When Benny throws the dough, it looks easy. But Roger is (　3　) to try.

"Don't worry!" says Benny. "If you drop it, we can make more."

But Roger doesn't drop it. He throws the dough way up into the air. It spins around like a top. Before it hits the counter, Roger catches it on his knuckles—just like Benny showed him.

Next, they talk about toppings. Making cheese pizza is easy. You just choose all the cheese you want and sprinkle it on the dough. Then there is Roger's favorite: pepperoni. That's not hard either. Benny slices the pepperoni and lays it on top of the cheese. After that, it starts to get *complicated. There is a meat lover's pizza. There is Hawaiian, with ham and pineapple. There is even *anchovy pizza, which Roger does not want to try.

"Come on," says Benny. "Have a bite. It's good."

Roger takes a tiny bite. The anchovies taste like cat food. He makes a face, and says, "I think I'll stick to pepperoni for now."

They sprinkle the cheese on the dough. On top of the cheese, they put pepperoni—lots and lots of it. When Benny takes the pizza out of the oven, it is (7)an ooey-gooey mess. It is also the best pizza Roger has ever tasted.

"Very nice," says Benny. "I could not have done it better myself."

Roger tells the kids at school that his party will have pizza from Benny's. Everyone is excited. Everyone loves Benny's pizza. But when they come to his house, Benny isn't there. Instead, they see Roger, wearing an apron and a chef's hat. The kids don't believe that Roger knows how to make pizza. He's ready to *prove them wrong. Roger pounds down the dough, rolls it out, and (8) it up into the air.

"Wow!" they say. "You look just like Benny."

Roger makes them his favorite pizza, with four kinds of cheese, and extra pepperoni. Everyone agrees the pizza tastes just like Benny's. It might even be just a little bit better.

(注)pepperoni　ペパロニ(牛肉や豚肉で作る香辛料の強いソーセージ)　yeast　イースト，酵母　dough　生地
pound　強くたたく　complicated　複雑な　anchovy　アンチョビ(カタクチイワシの塩漬け)　prove　証明する

問1　次の(1)(2)を本文の内容に合うよう完成させる時，下線部に入る最も適切なものをそれぞれ選び，記号で答えなさい。

(1)　Roger was planning a big party because ________ .

ア　he was moving to a new town
イ　he wanted to make friends
ウ　he wanted to show his friends how to make pizza
エ　none of his friends knew about his birthday
オ　Benny liked fun parties

(2)　Roger was going to cook pizza at the party because ________ .

ア　Roger liked pizza the best
イ　Benny was too busy to go to the party
ウ　Roger's father was busy and had no time to make the pizza for him
エ　everyone loved Roger's pizza
オ　Roger wanted to learn how to make pizza

問2　空欄(3)に当てはまる語を選び，記号で答えなさい。

ア happy　　イ excited　　ウ afraid　　エ interested
オ cheerful

問3　次の(4)(5)(6)を本文の内容に合うよう完成させる時，下線部に入る最も適切なものをそれぞれ選び，記号で答えなさい。

(4)　Making Roger's favorite pizza was ______ than marking a Hawaiian.

ア better　　イ more delicious　　ウ harder　　エ easier
オ more fun

(5)　The only pizza Roger didn't like was the ______.

ア cheese pizza　　イ pepperoni　　ウ meat lover's pizza　　エ Hawaiian
オ anchovy pizza

(6)　The pizza Roger liked the best was the ______.

ア cheese pizza　イ pepperoni　ウ meat lover's pizza　エ Hawaiian
オ anchovy pizza

問4　下線部(7)が表す意味として最も適当なものを選び，記号で答えなさい。

ア messy　イ gooey　ウ excellent　エ terrible　オ better

問5　空欄(8)に当てはまる語を本文の中から抜き出して答えなさい。

問6　本文の内容に合うものを2つ選び，記号で答えなさい。

ア 最初友人たちはRogerのパーティに来たがらなかった。
イ BennyはRogerと父親が食事していたら，厨房から出てきてくれた。
ウ Rogerの父親がBennyのピザをパーティーで作るアイデアを思いついた。
エ Rogerは学校が終わった後，Bennyの店に一週間ほど通って，ピザの作り方を習った。
オ Rogerは最初は失敗したが，Bennyに教わって，上手にピザを作れるようになった。
カ 友人たちはパーティにBennyが現れたときはとても驚いた。
キ RogerのピザはBennyのピザに負けないくらい美味しかった。

【2】 次の文章を読んで，あとの設問に答えなさい。

Take a look around. What do you see? All of the *objects that *surround you—a book, a plant, a pen, a door and even your own body—can only be seen thanks to light. Light is a type of energy that helps us see the world we live in. When it's completely (1), it is impossible to see anything. Light comes from different places. The sun, stars, lightning and fire all give off light. So do *light bulbs, flashlights and (2). Most living things need light in order to survive.

Some objects produce their own light, but most do not. The walls in the room you are in do not give off their own light. The light coming down from the ceiling lights above your head bounces right off the walls. If it didn't, we would not be able to see (3) at all. How do we see things? When light from any source bounces off an object and into our eyes, we are able to see that object. Take a look at your pencil. You can see the pencil because light is bouncing off it and entering your eyes. This "bouncing off" is called "(4)reflection."

*Transparent, or see-through, objects let the light pass right through them. Light can shine through glass and (5) plastic. It can also move through water and air. When light travels, it travels in a straight line.

Some objects block the light, like trees, buildings, and even you! When an object blocks the light, light cannot pass through to the other side. This is how shadows are made. When the sun shines on a tree, it cannot shine right through the tree. The tree blocks the light beams. On the other side of the tree, you will see a dark spot that is shaped like (6). That is its shadow, the place where the sun cannot reach.

Try standing in front of a wall that is all lit up by a flashlight. Your body does not allow light to pass through it, so it will create a shadow on the wall. You can use all kinds of objects to block the light and make shadows. Try forks and spoons from your kitchen, your shoes or a stuffed animal. Try moving your body or one of these objects around to change the shape of the shadow!

The closer the object moves to the flashlight, the bigger and *fuzzier its shadow will be. The further the object moves away from the flashlight, the (7) and sharper its shadow will be.

Using a mirror, you can take light from one place and make it travel to another. Point your flashlight at the mirror. Now *tilt the mirror. By moving the mirror around, you can make the light beam bounce off its shiny surface and fall on different objects in the room. (8)[have/wondered/why/ever/you] you can see your own face in a mirror? Light shines on your face, then bounces off it and hits the mirror you are looking into. Then, the light bounces, or reflects, off the mirror and right into your eyes.

Light bounces around! If it didn't, we'd be left in the dark.

(注) object 物体　surround 囲む　light bulb 電球　transparent 透明な　fuzzier <fuzzy ぼやけた
tilt 傾ける

問1 空欄(1)に入る最も適当な語を選び，記号で答えなさい。

ア bright　イ hard　ウ dark　エ large　オ small

問2 空欄(2)に入る最も適当な語を選び，記号で答えなさい。

ア plants　イ pens　ウ bodies　エ energy　オ candles

問3 空欄(3)に入る最も適当な語句を選び，記号で答えなさい。

ア the light　イ the ceiling lights　ウ our head　エ the walls　オ the room

問4 下線部(4)の意味として最も適当なものを選び，記号で答えなさい。

ア 反射　イ 反響　ウ 映像　エ 影響　オ 熟考

問5 空欄(5)に入る最も適当な語を選び，記号で答えなさい。

ア smooth　イ clear　ウ white　エ hard　オ shinny

問6 空欄(6)に入る最も適当な語句を選び，記号で答えなさい。

ア the light　イ the sun　ウ yourself　エ the shadow　オ the tree

問7 空欄(7)に入る最も適当な語を選び，記号で答えなさい。

ア smaller　イ longer　ウ darker　エ larger　オ lighter

問8 下線部(8)が「あなたはなぜ鏡の中に自分の顔が見えるのかと思ったことがありますか。」という意味になるように，かっこ内の語を並べ替えなさい。ただし文頭に来る語も小文字で示してある。

問9 本文の内容に合うものを2つ選び，記号で答えなさい。

ア Light only comes from the sun.

イ You can see things if the light hits them and bounces back into your eyes.

ウ When you go traveling, you sometimes find the light beam is really straight.

エ When the light passes through an object, a shadow is made.

オ Even if a thing is moved closer to a light, its shadow doesn't change size.

カ By using a mirror, you can change the direction of the light beam.

キ By using a mirror, we can escape from the dark.

【3】 空欄に入る最も適当な語句を選び，記号で答えなさい。

(1) We were very pleased ( ) his success.

ア at　イ in　ウ to　エ with　オ for

(2) Ben and Steve (　　　　) friends since they were students.

ア are　　イ were　　ウ have been　　エ has been　　オ have done

(3) I am afraid (　　　　) it will be rainy tomorrow.

ア when　　イ if　　ウ of　　エ that　　オ to

(4) Must I go to bed soon? —No, you (　　　　).

ア mustn't　　イ shouldn't　　ウ won't　　エ don't have to　　オ may not

(5) Daisuke tried (　　　　) a poem, but he couldn't.

ア to write　　イ writing　　ウ to writing　　エ write　　オ in writing

【4】 次の(1)～(5)の日本文に合うように，与えられた語を使い英文を完成させる時，[A]～[J]に入るものをそれぞれ選び，記号で答えなさい。ただし文頭に来る語も小文字で示してある。

(1) ここから駅までどのくらいの時間がかかりますか。

______ ______ ______ [A] ______ ______ [B] ______ ______ ?

[ア it　イ to　ウ how　エ from　オ take　カ here　キ does　ク the station　ケ long]?

(2) マイが作ったケーキはとても美味しかった。

______ [C] ______ ______ [D] ______ ______.

[ア made　イ the cake　ウ Mai　エ delicious　オ which　カ was　キ very].

(3) 全ての教科の中でどれが一番好きですか。

______ [E] ______ ______ ______ ______ [F] ______ ______ ?

[ア best　イ you　ウ the　エ which　オ all　カ do　キ of　ク subject　ケ like]?

(4) アキは放課後，私に彼のノートを見せてくれた。

Aki [G] ______ ______ ______ [H] ______.

Aki [ア after　イ his　ウ showed　エ notebook　オ me　カ school].

(5) 父は私に1868年に作られた時計をくれた。

______ ______ [I] ______ [J] ______ ______.

[ア a watch　イ my father　ウ 1868　エ me　オ made　カ gave　キ in].

【5】 次の対話文を読んで，あとの設問に答えなさい。

Janet : Hi, Ken! Welcome to the Halloween party! How are you doing?

Ken : Everything is great! Thank you for inviting me tonight.

Janet : (　A　) Wow! Look at you! You are wearing an old Japanese costume, a samurai, aren't you?

Ken : Good guess, but no. This costume is from the movie, 'Star Wars'.

Janet : Oh yeah. So, is the robot at the door your friend? (1)That character must be from 'Star Wars', too.

Ken : No. He looks like a robot but he is the Tin Man from 'The Wizard of Oz'. Because he is with the Lion and Scarecrow.

Janet : Scarecrow? (　B　) I thought (2)that man was a zombie, but he is wearing a straw hat. So, he has to be the Scarecrow. And I see the Wizard is by the window. He is wearing a dark brown robe and fighting with a long magic stick.

Ken ：That's not a magic stick, but a sword, called a lightsaber. He is a bad character from 'Star Wars'. (3)<u>That boy</u> is a friend of mine and a big fan of 'Star Wars'. I think the Wizard is over there.

Janet ：Where? Oh, do you mean the man talking with (4)<u>the girl</u> in the green dress?

Ken ：(C) That man in the black robe and black hat with a magic broom in his hand, talking with Dorothy.

Janet ：Dorothy? No, that girl in green is not from 'The Wizard of Oz'. Her costume is different...and, can you see her back?

Ken ：Hmm...yeah. She has a set of wings. Is she an angel?

Janet ：(D) But she is the fairy from 'Peter Pan', Tinker Bell. Dorothy wears a blue dress. Can you find (5)<u>her</u>?

Ken ：Blue dress...? Hey, you aren't going to say you are Dorothy tonight, are you?

Janet ：No, I won't. My costume is from 'Alice in Wonderland'. Can you tell the difference?

Ken ：Well, hmm..., no. (E)

Janet ：Dorothy's dress is blue checkered and she wears a pair of red shoes like in the film.

Ken ：Red shoes...now I found her. She is standing by the Jack-O'-Lantern!

問1 空欄(A)～(E)に当てはまるものを次の中からそれぞれ選び，記号で答えなさい。

ア Yes, I am.	イ Yes, I do.	ウ That's a great idea.	エ I have no idea.
オ No, I don't.	カ You're welcome.	キ Good job.	ク Good try.
ケ I see.	コ I'm fine, thank you, too.		

問2 下線部(1)～(5)はどの参加者を指しているか。次の挿し絵の中からそれぞれ選び，記号で答えなさい。

たか。その説明として最も適当なものを次の選択肢より一つ選び記号で答えなさい。

ア　杖を突き、弱弱しく扇を使う翁の姿が、神様のように見えたから。

イ　翁の瓜の味が、この世のものとは思えないほどすばらしかったから。

ウ　翁が、道行く人にも瓜をふるまい、皆に大変喜ばれたから。

エ　皆が瓜を食べ尽くしてしまうと、翁が行方知れずになったから。

オ　翁が掘り起こした地面に、突然大きくて立派な瓜ができたから。

問五、傍線部⑥「その時に下衆ども、手を打ちてあさましがる事限りなし」とあるが、どうすればこのような目にあわずにすんだか。その説明として最も適当なものを次の選択肢より一つ選び記号で答えなさい。

ア　大和には帰らずに、翁の行方を最後まで探し続ければよかった。

イ　瓜を惜しまずに、二つでも三つでも翁にあげておけばよかった。

ウ　道行く人にまで瓜をふるまうようなことをしなければよかった。

エ　翁だけに瓜を作らせるのではなく、皆で手伝えばよかった。

オ　翁の言ったことを戯言だと思わずに、信じればよかった。

問六、二重傍線部ア～オの「の」の中で、他とは意味用法が違うものを一つ選び記号で答えなさい。

問七、空欄（A）、（B）には同じ言葉が入る。補うのに最も適当なものを次の選択肢より一つ選び記号で答えなさい。

ア　つひに　　イ　さらに　　ウ　つゆ

エ　かつ　　オ　やがて

問八、この作品は「今昔物語集」に収められています。「今昔物語集」が成立した時代と同じ時代に成立した作品を次の選択肢より一つ選び記号で答えなさい。

ア　万葉集　　イ　徒然草　　ウ　古今和歌集

エ　方丈記　　オ　新古今和歌集

達の食はせざりつる瓜は、かく瓜作り出して食ふ。」と言ひて、下衆どもにも皆食はす。瓜多かりければ、道行く者どもをも呼びつつ食はすれば、喜びて食ひけり。食ひはてつれば、翁、「※10今はまかりなむ。」と言ひて立ち去りぬ。行方を知らず。その後、下衆ども馬に瓜を負はせて行かむとて見るに、籠はありて、その内の瓜一つも無し。⑥その時に下衆ども、手を打ちてあさましがる事限りなし。早う、翁の籠の瓜を取り出しけるを、我等《われら》が目をくらまして見せざりけるなりけりと知りて、※11ねたがりけれども、翁行きけむ方を知らずして、更に※12かひなくて皆大和に返りてけり。

道行きける者どもこれを見て、（　A　）は怪しみ（　B　）は笑ひけり。下衆ども瓜をおしまずして、二つ三つにても翁に食はせたらましかば、皆は取られざらまし。おしみけるを翁もにくみてかくもしたるなめり。亦《また》変化の者などにてもやありけむ。その後、その翁を遂に誰人《たれびと》と知らで止みにけりとなむ語り伝へたるとや。

※1　私に…自分用に
※2　帷に中を結ひて…裏地のついていない着物のすそを引き上げて帯で結んで
※3　平足駄…歯の低い下駄　※4　とばかり…しばらく
※5　術なし…どうにもたまらない
※6　いとほしさに一つをも参らすべけれども…気の毒だから一つくらい差し上げたいが
※7　え食ふまじきなり…食べることができないのだ
※8　さはれ、何処に得させ給ふ…とはいえ、私にくれる気はないようだ
※9　核…種　※10　今はまかりなむ…さあ帰るとしよう
※11　ねたがりけれども…くやしがったけれども
※12　かひなくて…どうしようもなくて

問一、傍線部①「七月」とあるが、この月の異名として最も適当なものを次の選択肢より一つ選び記号で答えなさい。

ア　卯月　イ　水無月　ウ　文月　エ　葉月　オ　長月

問二、傍線部②「まもりて」、④「あさまし」の本文における意味として最も適当なものを後に続く選択肢よりそれぞれ一つ選び記号で答えなさい。

②「まもりて」

ア　警戒して　イ　気を付けて　ウ　大切にして
エ　見つめて　オ　約束を守って

④「あさまし」

ア　わけのわからないことだ　イ　なんともありがたいことだ
ウ　とてもすばらしいことだ　エ　恐れ多いことだ
オ　驚きあきれたことだ

問三、傍線部③「笑ひ合ひたるに」とあるが、なぜか。その理由の説明として最も適当なものを次の選択肢より一つ選び記号で答えなさい。

ア　翁が、自分で瓜を作って食べようとできもしないことを言ったから。
イ　下衆たちが、柿の木の下で笑い合いながら休憩していたから。
ウ　翁は、のどが渇きすぎていて、その話し方が面白かったから。
エ　翁の、帷に平足駄という格好が風変わりなものだったから。
オ　下衆たちは、翁にいじわるをしたことが楽しくて仕方なかったから。

問四、傍線部⑤「神などにやあらむ」とあるが、なぜそのように考え

ペルニクス的転回」の用例として最も適当なものを一つ選び記号で答えなさい。

【説明】

コペルニクス的転回という言葉は、天文学者であるコペルニクスが、それまで当然とされていた「天動説」とは全く逆の発想である「地動説」を唱えたことに由来する。そこから、物事の見方が一八〇度変わってしまうことを比喩する言葉として用いられる。

ア　僕が親友を支えていると思っていたが、実は親友に僕が支えられていると気づいたのはコペルニクス的転回と言える。

イ　伝統的な和食こそが日本文化を代表する食事と考えていたが、郷土料理もまた日本文化を代表しうると気付いたのはコペルニクス的転回と言える。

ウ　「楽しいから学ぶ」と考えるならば、「楽しくない学びは学びではない」ということになると気付いたのはコペルニクス的転回と言える。

エ　「恋は盲目」というが、裏返せば、盲目的になることこそが恋の醍醐味であるということに気付いたのはコペルニクス的転回と言える。

オ　人間必ず死ぬのだから生きる意味はないと考えていたが、動物である以上死ぬのは自然の摂理だと気付いたのはコペルニクス的転回と言える。

四、次の文章を読み後の設問に答えなさい。

今は昔、①七月ばかりに、大和《やまと》の国より多くのア馬どもに瓜を負《お》はせつらねて、下衆《げす》ども多く京へ上りけるに、宇治の北に、成らぬ柿の木と言ふ木あり、その木の下のイ木陰《こかげ》に、この下衆ども皆とどまり居て、瓜の籠《こ》どもをも皆馬より下《おろ》しなどして、休み居て涼みける程に、※1私《わたくし》にこの下衆どもの具したりける瓜どものありけるを、少々取り出でて切り食ひなどしけるに、その辺りにありける者にやあらむ、年いみじく老いたる翁の、ウ※2帷《かたびら》に中を結《ゆ》ひて、※3平足駄《ひらあしだ》をはきて、杖を突きて出で来て、この瓜食ふ下衆どものエ傍に居て、力弱げに扇うちつかひて、この瓜食ふをまもらひ居たり。

※4②とばかりまもりて翁のいはく、「その瓜一つ我に食はせ給へ。のど乾きて※5術《じゅつ》なし。」と。瓜のオ下衆どものいはく、「この瓜は皆己等《おのれら》が私物《わたくしもの》にはあらず。※6いとほしさに一つをも参らすべけれども、人の京につかはす物なれば、※7え食ふまじきなり。」と。翁のいはく、「情おはさざりける主達《ぬしたち》かな。年老いたる者をばあはれと言ふこそよき事なれ。※8さはれ、何処《いづこ》に得させ給ふ。然らば翁、瓜を作りて食はむ。」と言へば、この下衆ども、戯言《たわごと》を言ふなめりと、をかしと思ひて③笑ひ合ひたるに、翁、傍に木の端《はし》のあるを取りて、居たる傍の地を掘りつつ畠《はたけ》のやうになしつ。その後に、この下衆ども、なにわざをこれはするぞと見れば、この食ひちらしたる瓜の※9核《さね》どもを取り集めて、このならしたる地に植ゑつ。その後、程も無く、その種、瓜にて二葉にて生《お》ひ出でたり。この下衆ども、これを見て、④あさましと思ひて見る程、その二葉の瓜、ただ生《お》ひに生ひてはびこりぬ。ただ繁りに繁りて、花咲きて瓜なりぬ。その瓜、ただ大きになりて、皆いみじき瓜に熟しぬ。

その時に、この下衆どもこれを見て、⑤これは神などにやあらむと恐《お》ぢ思ふ程に、翁、この瓜を取りて食ひて、この下衆どもにいはく、「主

どういうことか。その説明として最も適当なものを次の選択肢より一つ選び記号で答えなさい。

ア　人間社会という巨大なシステムの前では、一人の人間などちっぽけで社会に流されるままになるしかないということ。

イ　人間全体という視点から捉えると、自分と他人との差異は消滅し、固有性は存在しなくなるということ。

ウ　一人一人が連なって全体を構成するのだから、一人一人の人間存在そのものこそが大事であるということ。

エ　個人は全体の構成要素でしかないと思われても、人間それぞれに違いがあり、一括して捉えることはできないということ。

オ　バラバラに見えるそれぞれの人が、人間という全体を構成する一つの要素であり、自分もまたその一人であるということ。

問四、傍線部③「コペル君は妙な気持でした」とあるが、どのような気持ちか。その説明として最も適当なものを次の選択肢より一つ選び記号で答えなさい。

ア　客観的に「自分」を見つめる視点を獲得したことで、これまで信じてきた「自分」というものが偽りでしかなかったことに恐怖している。

イ　主体としての「自分」だけでなく、客体化された「自分」、それを高いところから見る「自分」など、新たな視点の獲得に喜びを感じている。

ウ　一つしかないと思っていた「自分」も、様々な捉え方があるという空想に浸り、空想と現実の境目を見失っている。

エ　様々な「自分」のありようが入り乱れ、「自分」というものに対する確かな根拠を失い当惑している。

オ　他者の視線にさらされれば、「自分」も、やはり人間という全体の中のほんの一部でしかないと諦めている。

問五、本文の説明として最も適当なものを次の選択肢より二つ選び記号で答えなさい。

ア　東京の街並みを、海や岩にたとえることで、本来は人間が住むべき環境ではないことを印象付け、人間の矛盾した状況を描いている。

イ　叔父さんとのやり取りを通じて、コペル君の心に生まれた小さな発見を描き、少年らしい心の揺れ動きを表現している。

ウ　コペル君と叔父さんが霧雨に濡れ続ける姿を描き、個人は全体の一部でしかないという人間の悲哀を暗に示している。

エ　自転車で行く少年を内面にまで掘り下げ想像する「コペル君」を描き、他者からの視線にさらされる客体的な「自分」を読者に想像させている。

オ　「おかっぱ」や「まげ」など傍点を付すことで、「コペル君」の鋭い観察眼を表現し、「コペル君」の考えを読者が共有できるよう表現している。

カ　冷静に分析しつつ、一方ではそれをはにかんだりする「コペル君」を描くことで、「コペル君」という人物像を浮き上がらせている。

問六、この本文を踏まえ、この後「コペルニクス的転回」という言葉にちなんで、主人公は「コペル君」と名づけられる。次に示す「コペルニクス的転回」についての説明を読み、後に続く選択肢より「コ

向かっているように思われます。しかし、窓はどれもこれも、外のぼんやりとした明るさを反射して、雲母《うんも》のように光っていました。中に人がいて、こちらを見ているかどうか、それはわかりませんでした。

しかし、コペル君は、どこか自分の知らないところで、じっと自分を見ている眼があるような気がしてなりませんでした。その眼に映っている自分の姿まで想像されました。――遠く鼠色《ねずみいろ》に煙っている七階建のビルディング、その屋上に立っている小さな、小さな姿！

③コペル君は妙な気持でした。見ている自分、見られている自分、それに気がついている自分、自分で自分を遠く眺めている自分、いろいろな自分が、コペル君の心の中で重なりあって、コペル君は、ふうっと目まいに似たものを感じました。コペル君の胸の中で、波のようなものが揺れて来ました。いや、コペル君自身が、何かに揺られているような気持でした。

コペル君の前に茫々とひろがっている都会には、そのとき、眼に見えない潮が、たっぷりと満ちていました。コペル君は、いつのまにか、その潮の中の一つの水玉となり切っていたのでした――

ぼんやりと瞳《ひとみ》を投げたまま、コペル君は、だいぶ長い間、黙りこんでいました。

「どうしたのさ。」

叔父さんが、しばらくして、声をかけました。

コペル君は、夢からさめた人のような顔をしました。そして、叔父さんの顔を見ると、Bきまりが悪そうに笑いました。

（「君たちはどう生きるか」――吉野源三郎）

問一、二重傍線部A、Bの本文中における意味として最も適当なものを次の選択肢よりそれぞれ一つ選び記号で答えなさい。

A「茫々と」

ア　しんみりと　イ　はっきりと　ウ　ぼんやりと

エ　はかなげに　オ　びっしりと

B「きまりが悪そうに」

ア　恥ずかしそうに　イ　本心を隠すように

ウ　訳も分からずに　エ　とりつくろうように

オ　放心状態で

問二、傍線部①「いったい、ここから見えるところだけで、どのくらい人間がいるのかしら」とあるが、この発言に至る「コペル君」について説明したものとして最も適当なものを次の選択肢より一つ選び記号で答えなさい。

ア　自分からは見ることも知ることもできない大勢の人間が目の前にいるという恐怖から逃れるため、落ち着いて正体を探ろうとしている。

イ　自分以外の大勢の人間がそれぞれに生活しているという自明のことに気づきもしなかった自分を恥じている。

ウ　他人の存在という当たり前の事実にこれまで無関心でいたということを、叔父さんに気づかれないよう冷静なふりをしている。

エ　はっきりと捉え切ることのできない大勢の人間が眼下に息づいているという当たり前の事実に気づき、衝撃を受けている。

オ　不明瞭で捉え難いことでも落ち着いて考えれば分かると考え、客観的に分析し実態を明らかにしようとしている。

問三、傍線部②「何か大きな渦の中に、ただよっている」とあるが、

た。

「ねえ、叔父さん。」

「なんだい。」

「人間て……」

と言いかけて、コペル君は、ちょっと赤くなりました。でも、思い切って言いました。

「人間て、まあ、水の分子みたいなものだねえ。」

「そう。世の中を海や河にたとえれば、一人一人の人間は、たしかに、その分子だろうね。」

「叔父さんも、そうなんだねえ。」

「そうさ。君だってそうだよ。ずいぶん、ちびの分子さ。」

「馬鹿にしてらあ。分子ってものは小さいにきまってるじゃないか。叔父さんなんか、分子にしちゃあ、ひょろ長すぎらあ。」

そう言いながら、コペル君は、すぐ真下《ました》の銀座通りを見おろしました。自動車、自動車、自動車……。そういえば、あの甲虫《かぶとむし》のような自動車の一つ一つに、やっぱり人間がいるのでした。

ふと、コペル君は、自動車の流れの中に、一台の自転車の走っているのを見つけました。乗っているのは、たしかに、まだ年のいかない少年にちがいありません。だぶだぶの雨外套《あまがいとう》が濡《ぬ》れて光っています。少年は横を見たり、後を見たり、自分を追いぬいてゆく自動車に気を配りながら、一生懸命にペダルを踏んでいます。コペル君が、こんな高いところから見おろしていることなんか夢にも知らず、雨に濡れてツルツルしたアスファルトの道路を、右に左に自動車を避《よ》けながら走って来るのです。と、一台の灰色の自動車が、前の自動車を二、三台追いぬいて、スーッと出て来ました。

「危い！」

と、屋上のコペル君は心の中で叫びました。今にも自転車がはねとばされるかと思ったのです。しかし、眼の下の少年はすばやく身をかわして、その自動車をやり過ごしました。そして、その瞬間、ちょっとよろけた自転車を危く立て直すと、また、一生懸命にペダルを踏んでゆくのでした。どんなに一生懸命か、それはペダルを踏む一足一足に、全身を動かしてゆく様子でわかりました。

どこの小僧《こぞう》さんで、何の用事で走ってゆくのか、――無論、コペル君にはわかりませんでした。その見ず知らずの少年を、自分がこうして遠くから眺めている。そして、眺められている当人の少年は、少しもそれに気づかない。このことは、コペル君には、何だか奇妙な感じでした。少年の走っている所は、さっき、コペル君と叔父さんとが銀座に来たとき、自動車で通ったところです。

「叔父さん、僕たちがあすこを通っていた時にさ――」

と、コペル君は、下を指さしながら言いました。

「誰かが、この屋上から見てたかも知れないねえ。」

「そう、そりゃあ、なんとも知れないな。――いや、今だって、ひょっとすると、どこかの窓から、僕たちを眺めてる人があるかも知れないよ。」

コペル君は近くのビルディングを見廻しました。どのビルディングにも、どのビルディングにも、なんてたくさん窓があることでしょう。叔父さんに、そういわれて見ると、その窓が、みんなコペル君の方に

もコペル君には見えないところに、コペル君の知らない何十万という人間が生きているのです。どんなにいろいろな人間がいることか。こうして見おろしている今、その人たちは何をしているのでしょう。何を考えているのでしょう。それは、コペル君にとって、まるで見とおしもつかない、混沌《こんとん》とした世界でした。眼鏡《めがね》をかけた老人、おかっぱの女の子、まげに結ったおかみさん、前垂《まえだれ》をしめた男、洋服の会社員、――あらゆる風俗の人間が、一時にコペル君の眼にあらわれて、また消えてゆきました。

「叔父さん。」

と、コペル君は話しかけました。

「①いったい、ここから見えるところだけでどのくらい人間がいるのかしら。」

「さあ。」

と言ったまま、叔父さんにも、すぐには返事が出来ませんでした。

「だって、ここから見えるところが、東京市の十分ノ一とか八分ノ一とか見当がつけば、東京市の人口の十分ノ一とか八分ノ一とかが、いるわけじゃない？」

「そうはいかないさ。」

叔父さんは、笑いながら答えました。

「東京の人口というものが、どこでも平均して同じなら、君のいうとおりさ。だが、実際には人口密度の濃いところもあれば、薄いところもあるからね、面積の割合で計算するわけにはいかないんだ。それに、昼と夜とだって、人間の数はたいへんちがうんだよ。」

「昼と夜？どうして、ちがうのさ。」

「そうじゃないか。僕や君は東京の外側に住んでいるね。それが、いま現に、こうして東京の真中に来ているだろう。そうして、夜になればうちに帰ってゆくじゃないか。そういう人が、ほかにもどのくらいいるか知れないんだぜ。」

「……」

「今日は日曜日だけど、これがふだんの日だと、ここから見渡せる、京橋《きょうばし》、日本橋《にほんばし》、神田《かんだ》、本郷《ほんごう》を目がけて、毎朝、東京の外側から、たいへんな人数が押しかけて来る。そして、夕方になると、それがまた一時に引上げてゆくんだ。省線電車《しょうせんでんしゃ》や市電やバスが、ラッシュアワーにどんなに混むか、君だって知ってるだろう。」

コペル君は、なるほどと思いました。叔父さんは、つけ加えていいました。

「まあ、いって見れば、何十万、いや、ひょっとすると百万を越すくらいな人間が、海の潮《うしお》のように、満《み》ちたり干《ひ》たりしているわけさ。」

霧のような雨は、話をしている二人の上に、やはり静かに降りそそいでいました。叔父さんも、コペル君も、しばらく黙って、眼の下の東京市を見つめました。チラチラとふるえながらおりて来る雨のむこうに、暗い市街がどこまでもつづいているばかり、そこには、人っ子ひとり、人間の姿は見えませんでした。

しかし、この下には、疑いもなく何十万、何百万の人間が、思い思いの考えで、思い思いのことをして生きているのでした。そして、その人間が、毎朝、毎夕、潮のようにさしたり引いたりしているというのです。

コペル君は、②何か大きな渦の中に、ただよっているような気持でし

エ　学問を細分化したうえで、全ての学問に対しての専門家となり、再び知識を統合できる者。

オ　自らをある学問の専門家と考えた上で、他の分野の専門家たちと共通の話題について自由に語れる者。

問六、傍線部②「こんにちの学問や教育の「分業」」とあるが、作者はこのことをどのように捉えているか。その説明として最も適当なものを次の選択肢より一つ選び記号で答えなさい。

ア　分業化が進んだ近代以降の時代においては、ある専門分野に特化した特別な才能を持つ専門家だけが望まれている。

イ　一般人の職種が農民・大工・漁師などと効率的に分業されるのは進歩と言えるが、学者が専門家になるのは進歩とは言えない。

ウ　自分の専門分野だけにしか興味を持つことがない今の知識人のありようを改め、ギリシャ時代の哲人たちを目指すべきである。

エ　知識の総量が増大し、学問が細かく専門化されるのは仕方ないが、それらを結び付け総合的に捉える視点が必要になってきている。

オ　ギリシャ時代に哲学者・医者・政治家などに分業化されていた職種は、十九世紀になってさらに分化を重ね、社会の進歩に役立っている。

問七、本文の内容と合致するものを次の選択肢より二つ選び記号で答えなさい。

ア　学問の世界において、様々な分野に人々の関心が分散した結果、かえって知識の総量が増えてしまった。

イ　今日、異なった分野の専門家同士の間で会話が成立しにくいのは、学問があまりに細分化された結果と言える。

ウ　羊カンを切り分けるように学者が自分の専門分野に閉じこもるのを、学生は「専門バカ」と的外れな批判をすることがある。

エ　ギリシャ時代の学者たちを哲学者・物理学者などと分類するのは、十九世紀以前の人々の発想でしかない。

オ　人体について詳しく知っていたからといって、ヒポクラテスが自らを医学の専門家と考えていたかは疑問である。

カ　仕事や学問が分業化され社会は進歩したが、極度の分業化はかえって仕事の効率を下げている。

三、次の文章を読み後の設問に答えなさい。

最初にコペル君の眼に浮かんで来たのは、雨に打たれている、暗い、冬の海でした。それはコペル君がお父さんといっしょに、冬休みに伊《い》豆《ず》に出かけたときの思い出が、よみがえって来たのかも知れません。霧雨《きりさめ》の中にA茫々《ぼうぼう》とひろがっている東京の街《まち》を見つめているうちに、眼の下の東京市が一面の海で、ところどころに立っているビルディングが、その海面からつきでている岩のように見えて来たのでした。海の上には、雨空が低く垂れています。コペル君は、その想像の中で、ぼんやりと、この海の下に人間が生きているんだ、と考えていました。

だが、ふとその考えに自分で気がつくと、コペル君は、なんだか身ぶるいがしました。びっしりと大地を埋めつくしてつづいている小さな屋根、その数え切れない屋根の下に、みんな何人かの人間が生きている！それは、あたりまえのことでありながら、改めて思いかえすと、恐ろしいような気のすることでした。現在コペル君の眼の下に、しか

さて、②こんにちの学問や教育の「分業」はわたしのみるところでは、十九世紀の産物である。ヨーロッパでは、たとえばコントのような学者が、さまざまな学問の分業と［Z］な組織化を提案した。もろもろの「学」は、その後に、いわばネズミ講式に分化に分化をかさね、いまや、わたしなどには、諸学の全貌をつかみかねるところまでひろがってしまっているのである。むかしは、学者は学者であるという、きわめて単純明快なる理由によって、〔 Ⅱ 〕にわたるあらゆる会話をたのしむことができた。「知識人」は、ひとつのクラブを形成することができた。しかし、いまの学者、知識人には、じつのところ、しばしば共通の話題がなくなってしまっているのである。たとえば、山形県の藩政資料をしらべている「専門家」と、カマキリの消化器官の細胞を研究している「専門家」とのあいだでは会話は成立しえないし、コンピューターの部品の金属の研究開発にいそしんでいる「専門家」と、アイスランドの火山を研究している「専門家」とをむすぶこともむずかしい。とりわけ、その「専門家」たちが、「専門」のことだけに熱中しているばあいには。

（ C ）、それでいいのだろうか、というのがわたしの疑問なのである。知識のありかたがバラバラであればあるほど、じつは、それを互いにつなぎあわせ、総合化する努力が必要なのではないか。そして、人間のがわも、かつての人間がもっていた健全な多面性を要求されているのではないか。

（「独学のすすめ」―加藤秀俊）

問一、空欄（A）～（C）に入る語として最も適当なものを次の選択肢よりそれぞれ一つ選び記号で答えなさい。

ア だから　イ しかし　ウ さらに
エ むしろ　オ いわば　カ なぜなら

問二、空欄［X］～［Z］に入る語として最も適当なものを次の選択肢よりそれぞれ一つ選び記号で答えなさい。

ア 画期的　イ 系統的　ウ 排他的
エ 歴史的　オ 多面的　カ 断定的

問三、空欄〔Ⅰ〕、〔Ⅱ〕に入る語として最も適当なものを次の選択肢よりそれぞれ一つ選び記号で答えなさい。

Ⅰ　ア 厚顔無恥　イ 一朝一夕　ウ 奇想天外
　　エ 換骨奪胎　オ 時代錯誤
Ⅱ　ア 天衣無縫　イ 針小棒大　ウ 山紫水明
　　エ 森羅万象　オ 馬耳東風

問四、本文には次の一文が抜けている。どこに補うべきか、入る前文の最後の五文字を抜き出して答えなさい。（句読点も一字に含む）

かれに「哲学者」という名前をあたえたのは、要するに、後世の人びとなのであった。

問五、傍線部①「こうした学者たち」とあるが、どういうことか。その説明として最も適当なものを次の選択肢より一つ選び記号で答えなさい。

ア 学問の分業化が進む前の知識人のように、あらゆる学問分野に多面的に興味を持ち幅広く学ぶ者。
イ 仕事の分業によって社会が進歩したように、学問の分野において特定の専門知識だけを探求する者。
ウ 十九世紀のヨーロッパにおいて様々な分野の学問を統合して、それを自分の専門分野に生かせる者。

ぞれが、ひとりで多面的な知識人であった。ひとりの人間が、こんにちのことばでいえば、「物理学者」、「哲学者」、「数学者」、「政治学者」等々のたくさんの「専門」を兼ねそなえていた、というのがどうやら［X］事実というものなのである。プラトンが、おれは「哲学者」なのだから、「専門」外のことは何も知らないよ、などと開きなおっていた、とはわたしには思えない。

それとおなじことで、ダ・ヴィンチもまた、みずからをなにがしかの「専門」に閉じこめる、ということはしていなかったのではないか。かれは、あらゆることに興味をもち、その興味のおもむくままに、あらゆることをしてみた、というだけのことなのである。「専門」という名の、ふしぎな制限をもたなかったことがあの、のびやかで雄大なひとりの人物をつくったのだ。学問とか知識とかいうものは、じっさいは茫洋としていて、どこにも境界線なんか、ありはしない。もろもろの「学」というのは、（　A　）、羊カンを切りわけるごとくに、人間のがわが勝手にその茫洋たる世界を便宜上、わけてみたということにすぎないのであって、学問そのものが、はじめからバラバラに存在していたわけではないのだ。学問は、なんとか「学」という個別の「専門」学である以前に、要するに学問であり、学者は、なんとか「学」者である以前に、要するに学者なのである。切りわけられたひときれの羊カンを「学問」だと思いこみ、その「専門」にみずからを閉じこめてしまうのは、学者として、とんでもないカンちがいだ。そのカンちがいを、学生たちが「専門バカ」という、ミもフタもない荒っぽいことばで批判するのも、けっしてまちがいではないのである。

学問といい、教育といい、そこで人間が目標とするのは、［Y］な人間像であろう。切りわけられた羊カンだけにしか興味をもつことのない「専門バカ」をつくることは、教育の目標ではない。しかし、それでは、いったい、どうしたらいいのか。

わたしは、まず、こんにちの学問の世界での「専門」とか、その展開応用としての教育における「教科目」とかいったものが、はたしてこのままでよいのか、というところからかんがえてみたい。

いうまでもないことだが、社会の進歩というものは、分業の進行によってもたらされる。ひとりの人間が、畑を耕し、家をつくり、魚を釣っているよりも、農民と、大工と、漁師、というふうに三種類の職業人が分化するほうが、社会効率は、はるかに高い。われわれの生きている現代は、そうした社会的分業が極度に進行した社会だ。大ざっぱな分類でも、日本には、いま八万種類ほどの職業があり、（　B　）こまかくわければ、何十万種類もの職業人が互いに手わけをして、ものをつくったり、流通させたり、サービスを提供したりしながら生活している。日本が、ともかく達成したゆたかさは、このようなこまやかな社会的分業に負うところが大きい。

学問の世界についても、おなじことがいえる。あれやこれやと、いろんなところに関心が分散していたのでは、あんまり効率があがらない。知識の総量が社会的に増加すればするほど、ひとりひとりの学者が手わけして「専門化」してゆくことがどうしても必要になってくる。こんにちの学問が、こまかく「専門」にわかれてしまったことは、無理からぬことだし、いま、すべての人間にレオナルドのごとくあれと注文することは、あきらかに〔　I　〕といわなければならない。

【国語】（五〇分）〈満点：一〇〇点〉

一、次の1～5の傍線部の漢字と同じものを、後に続く選択肢よりそれぞれ一つ選び記号で答えなさい。

1　コドクな夜も楽しいものだ。
ア　ここは陸のコトウと言える。
イ　車がコショウした原因を探る。
ウ　身をコにして働く。
エ　人の世のエイコ盛衰を嘆く。
オ　部活動のコモンに相談する。

2　ケーブルを地下にマイセツする。
ア　紆余キョクセツを経て結婚する。
イ　手術でがんをセツジョする。
ウ　物事にはセツドが大事だ。
エ　カンセツ的にフォローする。
オ　会場のセツエイを手伝う。

3　仕事のフタンが大きい。
ア　タンネンに仕上げをする。
イ　失恋してヒタンにくれる。
ウ　タントウ者と打ち合わせをする。
エ　事件をカンタンに解決する。
オ　争いのホッタンをつくる。

4　カクウの物語を書き上げる。
ア　教会のジュウジカに祈る。
イ　不況でツウカ危機が発生する。
ウ　商品のタイカを支払う。
エ　生物の進化のカテイを探る。
オ　ネットゲームにカキンする。

5　数年分の消費量にヒッテキする。
ア　反省した彼はゲキテキに変化した。
イ　テキコクにスパイを送り込む。
ウ　自然界はテキシャ生存の世界だ。
エ　船のキテキを鳴らす。
オ　コップからイッテキもこぼさない。

二、次の文章を読み後の設問に答えなさい。

ギリシャ時代には、たくさんの思想家がいた。たとえば、ピタゴラスのように、幾何学の定理を発見した人もいたし、アルキメデスのように、物理学の探求をした人もいる。アリストテレスのような哲学者もいたし、ヒポクラテスのごとき医学者もいた。ギリシャの学問というのは、すばらしい学者たちによって形成されていたのである。しかし、①こうした学者たちを、哲学者、物理学者、といったようなことばでひとりひとり、しめくくるのは、ひょっとすると、現代という時代に生きるわれわれのものかんがえかたの投影にすぎないのかもしれない。ヒポクラテスは、たしかに、人間のからだの仕組みと、健康について論じたけれど、かれじしんがみずからを「医学」の「専門家」とかんがえていたかどうかは、わたしなどにいわせれば、すくなからず疑問だ。こんにちのことばでいえば、ギリシャの学者たちは、それ

MEMO

大切なことはメモしておこうネ！

2020年度

解　答　と　解　説

《2020年度の配点は解答欄に掲載してあります。》

＜数学解答＞ 《学校からの正答の発表はありません。》

1．9　　2．$(3a-2)(x+y)$　　3．$x=5$，18　　4．2

5．(1)　$z=x+y$　　(2)　$x=6$，$y=7$　　6．$\angle x=75^\circ$　　7．およそ500匹

8．3分30秒後　　9．(1)　$\frac{1}{6}$　　(2)　$\frac{7}{9}$　　10．イ，オ

11．(1)　$y=-\frac{2}{3}x+1$　　(2)　2　　(3)　$\mathrm{P}\left(-2,\ \frac{4}{3}\right)$

12．(1)　$x=\sqrt{3}$(cm)　　(2)　$\frac{19\sqrt{3}}{3}\mathrm{cm}^3$

13．(1)　シ，ソ　　(2)　シ→∠DBE，ソ→2組の角がそれぞれ等しい　　(3)　$\frac{44\sqrt{5}}{45}\mathrm{cm}^2$

○推定配点○

各5点×20(5.(2)，10.，13.(1)・(2)各完答)　　計100点

＜数学解説＞

基本 1．(正負の数)

$\{(-3)^2-2^2\}\div5-(-8)=\frac{9-4}{5}+8=1+8=9$

基本 2．(因数分解)

$x(3a-2)-y(2-3a)=x(3a-2)+y(3a-2)=(3a-2)(x+y)$

3．(二次方程式)

$(x-11)^2-(x-11)-42=0$　　$x-11=\mathrm{X}$とおくと，$\mathrm{X}^2-\mathrm{X}-42=0$　　$(\mathrm{X}+6)(\mathrm{X}-7)=0$　　$\mathrm{X}=-6,\ 7$　　Xをもとに戻し，$x-11=-6$より，$x=5$　　$x-11=7$より，$x=18$

4．(式の値)

$2<\sqrt{6}<3$より，$x=2$，$y=\sqrt{6}-2$　　$2xy+y^2=2\times2\times(\sqrt{6}-2)+(\sqrt{6}-2)^2=4\sqrt{6}-8+6-4\sqrt{6}+4-2$

5．(規則性)

基本 (1)　図1より，2段目以降は，左端と右端の数を除いて，1つ前の段の左上の数と右上の数の和になっているから，$z=x+y$…①

(2)　図2の2段目は，左から，x，z，yと並び，3段目は，左から，x，19，$(z+y)$，yと並ぶ。よって，$x+z=19$…②　　$(z+y)+y=27$…③　　①を②，③にそれぞれ代入して，$2x+y=19$…④　$x+3y=27$…⑤　　④×3－⑤より，$5x=30$　　$x=6$　　これを④に代入して，$12+y=19$　　$y=7$

基本 6．(角度)

ACは直径だから，$\angle\mathrm{ADC}=90^\circ$　　弧BCの円周角だから，$\angle\mathrm{BAC}=\angle\mathrm{BDC}=90^\circ-35^\circ=55^\circ$　$\triangle\mathrm{ABE}$の内角の和は180°だから，$\angle x=180^\circ-55^\circ-50^\circ=75^\circ$

基本 7.（推定）

池の金魚の数をx匹とすると，$x:40=150:12$　　$x=\dfrac{40\times150}{12}=500$(匹)

8.（速さ）

t分後に出会うとすると，$90t+110t=700$　　$t=\dfrac{7}{2}$(分)　　よって，3分30秒後。

9.（確率）

(1)　さいころの目の出方の総数は$6\times6=36$(通り)　このうち，題意を満たすのは，$(x,\ y)=(1,\ 1)$，$(2,\ 2)$，$(3,\ 3)$，$(4,\ 4)$，$(5,\ 5)$，$(6,\ 6)$の6通りだから，求める確率は，$\dfrac{6}{36}=\dfrac{1}{6}$

重要 (2)　この点が円の内部および周上にあるのは，$(x,\ y)=(1,\ 1)$，$(1,\ 2)$，$(1,\ 3)$，$(2,\ 1)$，$(2,\ 2)$，$(2,\ 3)$，$(3,\ 1)$，$(3,\ 2)$の8通りだから，求める確率は，$1-\dfrac{8}{36}=\dfrac{7}{9}$

基本 10.（空間図形）

（ア）　交わったり，ねじれの位置にある場合がある。

（イ）　いつでも平行である。（ウ）　交わる場合がある。

（エ）　交わったり，ねじれの位置にある場合がある。

（オ）　いつでも平行である。（カ）　交わる場合がある。

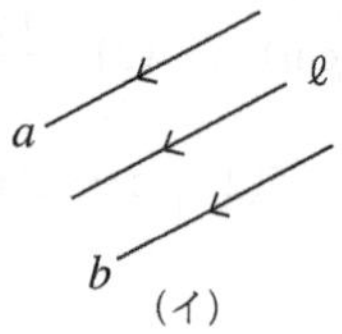

（イ）

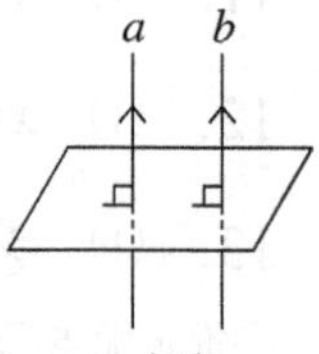

（オ）

11.（図形と関数・グラフの融合問題）

基本 (1)　直線ABの式を$y=ax+b$とおくと，2点A，Bを通るから，$3=-3a+b$，$\dfrac{1}{3}=a+b$　この連立方程式を解いて，$a=-\dfrac{2}{3}$，$b=1$　よって，$y=-\dfrac{2}{3}x+1$

基本 (2)　C(0, 1)とすると，$\triangle ABO=\triangle ACO+\triangle BCO=\dfrac{1}{2}\times1\times3+\dfrac{1}{2}\times1\times1=2$

重要 (3)　AB//POのとき，$\triangle ABO=\triangle ABP$となるから，直線OPの式は$y=-\dfrac{2}{3}x$　$y=\dfrac{1}{3}x^2$と$y=-\dfrac{2}{3}x$からyを消去して，$\dfrac{1}{3}x^2=-\dfrac{2}{3}x$　$x^2+2x=0$　$x(x+2)=0$　$x=0,\ -2$　よって，点Pのx座標は-2だから，y座標は，$-\dfrac{2}{3}\times(-2)=\dfrac{4}{3}$　したがって，$\mathrm{P}\left(-2,\ \dfrac{4}{3}\right)$

12.（展開図と体積）

基本 (1)　1辺の長さがaの正三角形の高さは，$\dfrac{\sqrt{3}}{2}a$で表されるから，$x=\dfrac{\sqrt{3}}{2}\times2=\sqrt{3}$

重要 (2)　この立体を，1辺の長さが2cmの正三角形の面を底面とし，底面からの距離が5cmのところで，底面に平行な平面で切断すると，三角柱と四角錐に分けられる。三角柱の体積は，$\dfrac{1}{2}\times2\times\sqrt{3}\times5=5\sqrt{3}$　四角錐の体積は，$\dfrac{1}{3}\times\dfrac{1}{2}\times\{(6-5)+(8-5)\}\times2\times\sqrt{3}=\dfrac{4\sqrt{3}}{3}$　よって，$5\sqrt{3}+\dfrac{4\sqrt{3}}{3}=\dfrac{19\sqrt{3}}{3}$(cm^3)

13.（平面図形の証明と計量）

基本 (1)・(2)　弧DEに対する円周角は，∠BDEではなく，シ∠DBEである。また，相似条件は，ソ2組の角がそれぞれ等しいである。

やや難 (3)　△ABCにおいて，BD=$x$cmとおくと，AD^{2}について，$AB^2-BD^2=AC^2-CD^2$　$7^2-x^2=9^2-(8-x)^2$　$49-x^2=81-(64-16x+x^2)$　$16x=32$　$x=2$　よって，$AD=\sqrt{7^2-2^2}=$

$3\sqrt{5}$，DC＝8－2＝6　△ABC∽△DECより，AB：DE＝BC：EC＝AC：DC＝9：6＝3：2　よって，$\mathrm{CE}=\frac{2}{3}\mathrm{BC}=\frac{16}{3}$　したがって，$\mathrm{AE}:\mathrm{AC}=\left(9-\frac{16}{3}\right):9=11:27$　また，4点A，B，D，Eは同一円周上にあるから，2組の角がそれぞれ等しいので，△ABF∽△EDF　BF：DF＝AF：EF＝AB：ED＝3：2　BF＝3ycmとおくと，DF＝2ycm　△BDFに三平方の定理を用いて，$(3y)^2=(2y)^2+2^2$　$5y^2=4$　$y>0$より，$y=\frac{2}{\sqrt{5}}=\frac{2\sqrt{5}}{5}$　よって，$\mathrm{DF}=\frac{4\sqrt{5}}{5}$　したがって，△DEF：△ADE＝DF：AD＝$\frac{4\sqrt{5}}{5}:3\sqrt{5}=4:15$，△ADE：△ADC＝AE：AC＝11：27より，

$$\triangle\mathrm{DEF}=\frac{4}{15}\triangle\mathrm{ADE}=\frac{4}{15}\times\frac{11}{27}\triangle\mathrm{ADC}=\frac{44}{405}\times\left(\frac{1}{2}\times6\times3\sqrt{5}\right)=\frac{44\sqrt{5}}{45}(\mathrm{cm}^2)$$

★ワンポイントアドバイス★

出題構成や出題分野は年によって変わるが，標準レベルの問題が幅広く出題されている。時間配分を考えてできるところから解いていこう。

＜英語解答＞ 《学校からの正答の発表はありません。》

【1】 問1 (1) イ　(2) イ　問2 (3) ウ　問3 (4) エ　(5) オ　(6) イ
問4 (7) ウ　問5 (8) throws　問6 エ，キ

【2】 問1 ウ　問2 オ　問3 エ　問4 ア　問5 イ　問6 オ　問7 ア
問8 Have you ever wondered why　問9 イ，カ

【3】 (1) エ　(2) ウ　(3) エ　(4) エ　(5) ア

【4】 (1) A ア　B カ　(2) C オ　D カ　(3) E ク　F ア
(4) G ウ　H ア　(5) I エ　J オ

【5】 問1 A カ　B ケ　C イ　D ク　E エ
問2 (1) イ　(2) ウ　(3) カ　(4) ケ　(5) エ

○推定配点○

【1】・【2】 各3点×20　【3】～【5】 各2点×20(【4】は各完答)　計100点

＜英語解説＞

【1】 (長文読解問題・物語文：内容吟味，語句補充)

(全訳) ロジャーは町に来て間もないため，友達を作るのが難しいです。学校の子供たちは素敵ですが，ロジャーは恥ずかしがり屋です。彼の誕生日はもうすぐです。彼は大きなパーティーを計画しています。それはとても楽しいでしょう。ケーキ，アイスクリーム，宝探しがあります。しかし，他の子供が誰も来たくない場合はどうなるでしょうか。

彼のパーティーの1週間前に，ロジャーと彼のお父さんは彼らのお気に入りのレストランに行きます。ベニーのピザパーラーは，町で最高のピザを作ります。ロジャーは，4種類のチーズと特別なペパロニによる大きなピザを注文します。彼はその一口ずつが大好きです。彼が食べ終わると，ロジャーと彼のお父さんはベニーと話をするために厨房に行きます。

「ピザはどうだった？」とベニーは尋ねます。

「ウーイ・グーイ・メスだった。」とロジャーは言います。「つまり，ぼくはそれが大好きだということだよ。」

「ありがとう。」とベニーは言います。

突然，ロジャーは素晴らしいアイデアを得ます。「ベニー」と彼は言います。「ぼくの誕生日パーティーでピザを作ってくれないかな。」

「ちょっと待て，ロジャー。」とロジャーのお父さんは言います。「ベニーはとても忙しいんだよ。彼は君のパーティーのためにピザを作る時間がないと思うよ。」

「でも，みんな彼のピザが大好きなんだ！」とロジャーは言います。「もしぼくたちがそれを得たら，ぼくは学校で一番人気のある男の子になるよ。」

「どうしたらいいかわかるよ。」とベニーは言います。「私は君のパーティーのためにピザを調理はしないよ。代わりに，君自身で作る方法を君に教えよう！」

その週，ロジャーは放課後毎日ベニーのピザパーラーに行きます。ベニーは，小麦粉と酵母と水を生地に組み合わせる方法を彼に教えます。その後，生地が落ち着く時間を持った後，彼らはそれを強くたたき，25セント硬貨ぐらいに平たく転がします。最もエキサイティングな部分は，彼らが空気中に生地を投げるときです。ベニーが生地を投げると，それは簡単に見えます。しかし，ロジャーは試してみるのが(3)怖いです。

「心配しないで。」とベニーは言います。「たとえ君がそれを落としても，私たちはもっと作ることができるよ。」

しかし，ロジャーはそれを落としません。彼は生地を空中に投げ上げます。それはコマのように回転します。それがカウンターに当たる前に，ロジャーは彼の指でそれをキャッチします一ちょうどベニーが彼に教えたたように。

次に，彼らはトッピングについて話します。チーズピザを作るのは簡単です。あなたが望むすべてのチーズを選んで，生地にそれを振りかけます。そして，ロジャーのお気に入りがあります：ペパロニです。それも難しいことではありません。ベニーはペパロニをスライスし，チーズの上に置きます。その後，複雑になり始めます。肉好きの人用のピザがあります。ハムとパイナップルを使ったハワイアンがあります。ロジャーが食べてみたくないアンチョビピザもあります。

「さあ」とベニーは言います。「一口食べなさい。おいしいよ。」

ロジャーは小さくひと噛みします。アンチョビはキャットフードのような味がします。彼は顔をしかめて，「とりあえず今はペパロニにしようと思うよ。」と言います。

彼らは生地にチーズを振りかけます。チーズの上に，彼らはペパロニをたくさん入れます。ベニーがオーブンからピザを取り出すとき，それは(7)ウーイ・グーイ・メスです。それはまたロジャーがかつて味わったなかで一番のピザです。

「とてもいいね。」とベニーが言います。「私自身でもこれ以上はむりだね。」

ロジャーは学校の子供たちに，彼のパーティーにはベニーのピザがあるよと言います。誰もが興奮しています。誰もがベニーのピザが大好きです。しかし，彼らが彼の家に来るとき，ベニーはそこにいません。代わりに，彼らはエプロンとシェフの帽子をかぶった，ロジャーを見ます。子供たちはロジャーがピザの作り方を知っているとは信じていません。彼は彼らが間違っていることを証明する準備ができています。ロジャーは生地を強くたたき，それを転がし，空気中にそれを(8)投げます。

「うわー」と彼らは言います。「君はベニーにそっくりだよ。」

ロジャーは4種類のチーズと特別なペパロニを使って，彼らに好みのピザを作ります。ピザはベニーの店のと同じ味がすると誰もが同意します。それはさらにもう少しおいしかったかもしれません。

問1 (1)「ロジャーは＿＿＿ので，大きなパーティーを計画していた。」「ロジャーは町に来て間もないため，友達を作るのが難しい」とあるので，イが答え。　ア「彼は新しい町に引っ越すところだった」 イ「彼は友達を作りたかった」 ウ「彼は友達にピザの作り方を教えたかった」 エ「彼の友達の誰も彼の誕生日を知らなかった」 オ「ベニーは楽しいパーティーが好きだった」

(2)「ロジャーは＿＿＿ので，パーティーでピザを作るつもりだった。」 ロジャーは「パーティーのためにピザを作る時間がない」とあるので，イが答え。　ア「ピザが一番好きだった」 イ「ベニーはパーティーに来るには忙しすぎた」 ウ「ロジャーの父親は忙しくて，彼のためにピザを作る時間がなかった」 エ「誰もがロジャーのピザを好きだった」 オ「ロジャーはピザの作り方を学びたかった」

問2　ベニーが「心配しないで」と言っているので，ウが答え。ア「幸せな」，イ「興奮した」，エ「興味がある」，オ「陽気な」

問3 (4)「ロジャーの好きなピザを作るのはハワイアンを作るより容易だった。」「その後，複雑になり始めます」とあるので，エが答え。ア「よりよい」，イ「よりおいしい」，ウ「より熱心な」，オ「より楽しい」 (5)「ロジャーが好きではない唯一のピザはアンチョビピザだった。」ロジャーはすすめられてもアンチョビピザを食べようとしていないので，オが答え。ア「チーズピザ」，イ「ペパロニ」，ウ「肉好きの人用のピザ」，エ「ハワイアン」 (6)「ロジャーが一番好きなピザはペパロニだった。」「ロジャーのお気に入りだった」とあるので，イが答え。　ア「チーズピザ」，ウ「肉好きの人用のピザ」，エ「ハワイアン」，オ「アンチョビピザ」

問4　ロジャーは「ウーイ・グーイ・メス」とは「ぼくはそれが大好きだということ」だと説明しているので，ウ「すばらしい」が答え。ア「散らかった」，イ「べたつく」，エ「ひどい」，オ「よりよい」

問5　ピザの生地を転がした後にすることは，空中にほうり投げることなので，throws が当てはまる。

問6　ア　文中に書かれていない内容なので，誤り。　イ　ロジャーと父親が厨房に行ったので，誤り。　ウ　ロジャーが思いついたので，誤り。　エ「その週，ロジャーは放課後毎日ベニーのピザパーラーに行く」とあるので，正しい。　オ　最初失敗したとは書かれていないので，誤り。　カ　ベニーはパーティーに来ていないので，誤り。　キ　最後の2文の内容に合うので，正しい。

【2】（長文読解問題・説明文：語句補充，内容吟味，語句整序）

（全訳） 周りを見てみましょう。何が見えますか。あなたを囲むすべての物体―本，植物，ペン，ドア，さらには自分の体さえも―は光のおかげによってだけ見られます。光は，私たちが住んでいる世界を見るのに役立つエネルギーの一種です。完全に(1)暗いとき，何かを見ることは不可能です。光は様々な場所から来ます。太陽，星，稲妻そして火はすべて光を放ちます。電球，懐中電灯そして(2)ろうそくも同じです。ほとんどの生物は生き残るために光を必要とします。

物体によっては，独自の光を生み出すものもありますが，ほとんどの物体は光を生みません。あなたがいる部屋は，自分の光を放つものではありません。あなたの頭の上の天井のライトから降りてくる光が，壁で跳ね返ります。もしそうでなければ，私たちは(3)壁を見ることが全くできません。どのように我々は物を見るのでしょうか。あらゆる光源からの光が物体で跳ね返り，私たちの目に入ると，その物体を見ることができます。鉛筆を見てください。光が跳ね返って目に入っているので，鉛筆が見えます。この「跳ね返り」は「(4)反射」と呼ばれます。

透明や，透けている物体は光を通過させます。光はガラスや(5)透明なプラスチックを通して輝くことができます。また，水と空気を通って動きます。光が移動すると，直線で動きます。

木，建物，さらにはあなた！のようないくつかの物体は，光をブロックします。物体が光をブロックすると，光は反対側に通過することができません。これが影の出来方です。木に太陽が輝くとき，それは木を通して輝くことはできません。木は光線をブロックします。木の反対側には，(6)木のような形をした暗い部分が見えます。それは太陽が届かない場所である，影です。

懐中電灯で照らされた壁の前に立ってみてください。あなたの体は光がそれを通過することを許さないので，それは壁に影を作ります。あらゆる種類の物体を使用して，光をブロックし，影を作成できます。あなたの台所にあるフォークやスプーン，またはあなたの靴やぬいぐるみで試してみてください。影の形を変えるために，あなたの体やこれらの物体の1つを動かしてみてください！物体が懐中電灯に近づくほど，その影は大きく，ぼやけます。物体が懐中電灯から遠ざかると，その影は(7)より小さく，明瞭になります。

鏡を使えば，ある場所から光を取り，別の場所に移動させることができます。懐中電灯を鏡に向けてください。今，鏡を傾けます。鏡を動かすことで，光線が光沢のある表面から跳ね返り，部屋の異なる物体に落ちるようにすることができます。なぜ鏡で自分の顔を見ることができるのか疑問に思ったことはありますか。光はあなたの顔で輝き，その後，それを跳ね返し，あなたがのぞきこんでいる鏡に当たります。その後，光は鏡から反射し，目の中に跳ね返ります。

光は跳ね返ります！　もしそうでなければ，私たちは暗闇の中に残されるでしょう。

基本

問1　全く何も見えないときのことを言っているので，ウ「暗い」が答え。ア「明るい」，イ「固い」，エ「大きい」，オ「小さい」

問2　光を発する物の例を挙げているので，オ「ろうそく」が答え。ア「植物」，イ「ペン」，ウ「体」，エ「エネルギー」

問3　光が壁に反射するときの場合を言っているので，エ「壁」が答え。ア「光」，イ「天井のライト」，ウ「私たちの頭」，オ「部屋」

問4　直前に bouncing off とあるので，ア「反射」が答え。

問5　透明や，透けている物の場合を言っているので，イ「透明な」が答え。ア「なめらかな」，ウ「白い」，エ「固い」，オ「輝く」

問6　光が木に当たった場合を言っているので，オ「木」が答え。ア「光」，イ「太陽」，ウ「あなた自身」，エ「影」

問7　光が物体から遠ざかったときの場合を言っているので，ア「より小さく」が答え。イ「より長く」，ウ「より暗く」，エ「より大きく」，オ「より軽く」

問8　間接疑問文なので，〈疑問詞＋主語＋動詞〉の形になる。

問9　ア「光は太陽からだけ来る。」星，稲妻，火，電球，懐中電灯，ろうそくなどの例があるので，誤り。　イ「光が物に当たり，あなたの目に跳ね返ってくるので，あなたは物を見ることができる。」第2段落の第6文の内容に合うので，正しい。　ウ「あなたが旅行に行くと，光線は本当に真っすぐだと時々わかる。」文中に書かれていない内容なので，誤り。　エ「光が物体の中を通るとき，影が作られる。」物体の中を通ると影はできないので，誤り。　オ「物が光の近くに動かされても，その影は大きさを変えない。」第5段落の最後から2つ目の文の内容に合わないので，誤り。　カ「鏡を使うことによって，光線の方向を変えることができる。」第6段落の内容に合うので，正しい。　キ「鏡を使うことによって，私たちは暗闇から逃げることができる。」文中に書かれていない内容なので，誤り。

【3】（語句補充問題：前置詞，現在完了，接続詞，助動詞，不定詞）

(1)「私たちは彼の成功をとても喜んだ。」〈be pleased with ～〉で「～を喜ぶ」という意味になる。

(2)「ベンとスティーブは子供のころからずっと友達です。」「ずっと～だ」という意味は，現在完了の継続用法で表す。

(3)「私は明日雨になることを心配している。」〈be afraid that ～〉で「～を恐れる」という意味を表す。

(4)「すぐに寝なければなりませんか。―いいえ，そうする必要はありません。」 must を使った疑問文に no で答える場合には，must not ではなく don't have to を使う。

基本 (5)「ダイスケは詩を書こうとしたが，できなかった。」〈try to ～〉で「～することを試みる」という意味を表す。

【4】（語句整序問題：疑問詞，関係代名詞，比較，SVOO，分詞）

(1) How long does it take from here to the station(?) 〈how long ～〉は「どれくらいの間～」という意味で，時間や期間の長さをたずねる時に用いられる。

(2) The cake which Mai made was very delicious(.) Mary made が cake を修飾するので目的格の関係代名詞が使われている。

(3) Which subject do you like the best of all(?) 〈like ～ the best〉で「～が一番好きだ」という意味を表す。

(4) (Aki) showed me his notebook after school(.) show A B ＝「AにBを見せる」

(5) My father gave me a watch made in 1868(.) 過去分詞は「～された」という意味を表す。

【5】（会話文問題：語句補充，内容吟味）

ジャネット：こんにちは，ケン！　ハロウィーン・パーティーにようこそ！　調子はどう？

ケン　　　：すべてがすばらしいよ！　今夜はぼくを招待してくれてありがとう。

ジャネット：(A)どういたしまして。わお！　見て！　あなたは古い日本の侍の服装を着てるのね。

ケン　　　：いい想像だけど，違うよ。この服装は映画の「スターウォーズ」からだよ。

ジャネット：ああ，そうだ。じゃあドアのところにいるロボットはあなたの友達？　(1)あのキャラクターも「スターウォーズ」からよね。

ケン　　　：いいえ。彼はロボットみたいに見えるけど，「オズの魔法使い」のブリキ男だよ。彼はライオンとかかしと一緒にいるからね。

ジャネット：かかし？　(B)なるほど。(2)あの人はゾンビかと思ったけど，彼はわらの帽子をかぶっているわね。だから彼はかかしに違いないわ。それから魔法使いが窓のそばにいるわ。彼は濃い茶色のガウンを着て，長い魔法の杖で戦っているわ。

ケン　　　：あれは魔法の杖じゃなくて，ライトセーバーと呼ばれる剣だよ。彼は「スターウォーズ」の悪役だよ。(3)あの男の子はぼくの友達で「スターウォーズ」の大ファンなんだ。魔法使いは向こうにいると思うよ。

ジャネット：どこ？　ああ，緑のドレスを着た(4)女の子と話している男性のこと？

ケン　　　：(C)はい，そうです。黒いローブを着て，黒い帽子をかぶって，魔法のほうきを手に持ちながらドロシーと話している男性だね。

ジャネット：ドロシー？　いいえ，緑色の服のあの女の子は「オズの魔法使い」じゃないわ。彼女の衣裳は違うの…彼女の背中を見られる？

ケン　　　：んん…ああ。彼女は一対の羽をつけているね。彼女は天使なの？

ジャネット：(D)おしいわね。でも彼女は「ピーターパン」のティンカーベルという妖精よ。ドロシーは青いドレスを着ているの。(5)彼女を見つけられる？
ケン　　　：青いドレス…？　ねえ，君は自分が今夜はドロシーだと言っていないよね。
ジャネット：いいえ，違うわ。私の衣裳は「不思議の国のアリス」からよ。違いがわかる？
ケン　　　：ええと，んん…いや。(E)わからないな。
ジャネット：ドロシーのドレスは青のチェックで，彼女は映画のように赤い靴をはいているわ。
ケン　　　：赤い靴…今彼女を見つけたよ。彼女はカボチャのちょうちんのそばに立っているね。

問1　全訳参照。

重要　問2　(1)「ドアのところにいるロボット」とあるので，イが答え。　(2)「わらの帽子をかぶっている」とあるので，ウが答え。　(3)「濃い茶色のガウンを着て，長い魔法の杖で戦っている」とあるので，カが答え。　(4)「一対の羽をつけている」とあるので，ケが答え。　(5)「カボチャのちょうちんのそばに立っている」とあるので，エが答え。

★ワンポイントアドバイス★

【4】の(5)にはSVOOが使われている。これは前置詞のtoを使ってSVOに書き換えられる。(例) He gave me a pen. = He gave a pen to me. また，動詞がmakeやbuyのときにはtoではなくforを使うことを覚えておこう。

＜国語解答＞ 《学校からの正答の発表はありません。》

一　1 ア　2 オ　3 ウ　4 ア　5 イ

二　問一 A オ　B ウ　C イ　問二 X エ　Y オ　Z イ　問三 Ⅰ オ　Ⅱ エ　問四 思えない。　問五 ア　問六 エ　問七 イ・オ

三　問一 A ウ　B ア　問二 エ　問三 オ　問四 エ　問五 イ・カ　問六 ア

四　問一 ウ　問二 ② エ　④ オ　問三 ア　問四 オ　問五 イ　問六 ウ　問七 エ　問八 ウ

○推定配点○

一　各2点×5　二　問一～問四　各2点×9　他　各5点×4　三　問一　各2点×2　他　各4点×6　四　問三～問五　各4点×3　他　各2点×6　計100点

＜国語解説＞

一　(漢字の読み書き)

1　孤独　ア　孤島　イ　故障　ウ　粉　エ　栄枯盛衰　オ　顧問
2　埋設　ア　紆余曲折　イ　切除　ウ　節度　エ　間接的　オ　設営
3　負担　ア　丹念　イ　悲嘆　ウ　担当者　エ　簡単　オ　発端
4　架空　ア　十字架　イ　通貨　ウ　対価　エ　過程　オ　課金
5　匹敵　ア　劇的　イ　敵国　ウ　適者生存　エ　汽笛　オ　一滴

二　(論説文－脱文・脱語補充，接続語，文脈把握，内容吟味，要旨)

問一　A　直前の「『学』というのは」に続いて，直後で「羊カンを切り分けるごとくに」と説明しているので，言ってみれば，という意味の「いわば」が入る。　B　直前に「八万種類ほどの職

業」とあり，直後で「何十万種類もの職業人」と続いているので，重ねて，一段と，という意味の「さらに」が入る。　C　前述の内容を受けて，直後で「それでいいのだろうか」と疑問を投げかけているので，逆接を表す「しかし」が入る。

問二　X　直前の「ギリシャの学者たちは……たくさんの専門を兼ねそなえていた」という内容を指すので，「歴史的(事実)」とするのが適切。　Y　直後に「『専門バカ』をつくることは，教育の目標ではない」とあり，「専門バカ」とは対照的な「人間像」を表す語が入るので，「多面的」が適切。　Z　直後の「組織化」につながる語としては「系統的」が適切。

問三　Ⅰ　直前に「いま，……あれこれと注文するのは」とあり，今はあれこれ注文することはできない，という文脈が読み取れるので，異なる時代のものを混同すること，時代遅れ，という意味の「時代錯誤」が入る。　Ⅱ　直後の「あらゆる」につながる語としては，すべてのもの，という意味の「森羅万象」が適切。

問四　「かれに『哲学者』という名をあたえたのは，」とあることから，「哲学者」である人物の説明の後に入るとわかる。冒頭の段落に「プラトン」とあり，「プラトンが，おれは『哲学者』なのだから，……とはわたしには思えない。」と説明されている直後に補うのが適切。

やや難　問五　前に「ギリシャ時代には，たくさんの思想家がいた」とあり，直後で「こんにちのことばでいえば，ギリシャの学者たちは，それぞれが，ひとりで多面的な知識人であった」と説明されているので，「あらゆる学問分野に多面的興味を持ち幅広く学ぶ者」とするアが適切。

問六　「分業」については，「無理からぬこと」とした上で，最終段落には「それでいいのだろうか」とあり，「じつは，それを互いにつなぎあわせ，総合化する努力が必要なのではないか」と述べられているので，エが適切である。

問七　アは，「学問の……」で始まる段落に「知識の総量が社会的に増加すればするだけ，ひとりひとりの学者が手わけして『専門化』してゆくことがどうしても必要になってくる」とあることと合致しない。イは，「さて……」で始まる段落に「しかし，いまの学者，知識人には，じつのところ，しばしば共通の話題がなくなってしまっているのである。……とりわけ，その『専門家』たちが，『専門』のことだけに熱中しているばあいには」とあることと合致する。ウは，「それと……」で始まる段落に「学生たちが『専門バカ』という，……荒っぽいことばで批判するのも，けっしてまちがいではないのである」とあることと合致しない。エは，「十九世紀以前」という部分が合致しない。本文には「現代という時代に生きるわれわれのもののかんがえかたの投影にすぎないのかもしれない」とある。オは，冒頭の段落に「ヒポクラテスは……すくなからず疑問だとあることと合致する。カは，「仕事の効率を下げている」という部分が合致しない。

三　**(会話文―語句の意味，文脈把握，内容吟味，心情，要旨)**

問一　A　「茫々」は，海や野原などが広がって果てしない，という意味で，つかみどころのない，はっきりしない様子のこと。　B　「きまりが悪い」は，その場を取りつくろうことができず恥ずかしい，という意味。

問二　この時の心情は，前に「現在コペル君の眼の下に，しかもコペル君には見えないところに，コペル君の知らない何十万という人間が生きているのです。どんなにいろいろな人間がいることか。……それはコペル君にとって，まるで見とおしもつかない，混沌とした世界でした」と表現されており，見通しもつかない大勢の人間の存在を感じ，呆然としている様子がうかがえるので「衝撃を受けている」とするエが適切。

やや難　問三　直前に「この下には，疑いもなく，何十万，何百万の人間が，思い思いの考えで，思い思いのことをして生きているのでした。そして，その人間が，毎朝，毎夕，潮のようにさしたり引いたりしているというのです」とあり，後で「『人間て，まあ，水の分子みたいなものだねえ』」と言っている。人間はさしたり引いたりする波，大きな渦の一部だと感じていることが読み取れるので，オが適切。

問四　直後に「見ている自分，見られている自分，それに気がついている自分，自分で自分を見つめている自分，いろいろな自分が，コペル君の心の中で重なりあって，コペル君は，ふうっと目まいに似たものを感じました。……コペル君自身が，何かに揺られているような気持でした」とある。所在に確信が持てなくなりとまどう様子が読み取れるので，「当惑している」とするエが適切。

問五　本文は，「コペル君」と「叔父さん」の会話を中心に展開し，コペル君の心情が生き生きと伝わってくるといえるので，イ・カはあてはまる。アの「本来は人間が住むべき環境ではない」，ウの「人間の悲哀」，エの「自転車で行く少年の内面にまで掘り下げ」，オの「『コペル君』の考えを読者が共有」は，本文からは読み取れないのであてはならない。

問六 「物事の見方が一八〇度変わってしまうこと」にあてはまるものとしては，アが適切。イ～オは，同じもの，あるいは似たものだと気づいた，という用例である。

四　**(古文一月の異名，語句の意味，口語訳，文脈把握，大意，品詞・用法，脱語補充，文学史)**

〈口語訳〉 今は昔，七月ごろのことであった。大和の国から多くの馬たちに瓜を負わせ連ねて，大勢の人足たちが京へと上って行ったが，宇治の北に，成らぬ柿の木という木があった。その下の木陰に，この人足たちが立ちどまっていて，瓜の籠を馬から下ろして，休んで涼んでいると，自分用にこの人足たちが持って来た瓜があったので，少し取り出して，切って食べたりしていると，そのあたりに住む人だろうか，たいそう年老いた翁が，裏地のついていない着物の裾を引き上げて帯で結んで，歯の低い下駄を履いて杖をついて出て来て，瓜を食べている人足たちのそばに来て，力弱く扇子を使い，瓜を食べるのを見ていた。／　しばらく見ていると，翁は「その瓜を一つ私に食べさせてくれないか。喉が渇いて，どうにもたまらない」と言うと，瓜を食べている人足たちは，「この瓜は，全部が自分たちのものではない。気の毒だから一つくらい差し上げたいが，人に頼まれて京へ持って行くものなので，食べることができないのだ」と言う。翁は「情のない人たちであるよ。年老いた者を気の毒だというのはよいことだ。とはいえ，私にくれる気はないようだ。であるなら，私が(自分で)瓜を作って食べよう」と言うので，この人足たちは，冗談を言っているのだろうと，おもしろいことだと笑い合っていると，翁は，そばにあった木の端を手に取って，近くの地面を掘って畑のようにした。その後に，人足たちが，何をするのだろうと見ていると，(人足たちが)食い散らした瓜の種を集めて，ならした土地に植えた。その後，すぐに，その種から二葉が生え出た。人足たちはこれを見て，驚きあきれたことだと思って見ていると，瓜の二葉は，ひたすら伸びて生えはびこった。多く繁り，花が咲いて瓜がなった。それらの瓜は，とても大きくなり，みな立派な瓜に熟した。／　その時に，人足たちはこれを見て，これは神ではないかと恐れ入っていると，翁はこれを取って食べ，人足たちに向かって「あなたたちが食べさせなかった瓜は，このように瓜を作り出して食べる(ことができたのだ)」と言って，人足たちにも食べさせた。瓜はたくさんあったので，道行く人たちにも声をかけて食べさせたので，皆喜んで食べた。食べ終わると，翁は「さあ帰るとしよう」と言って立ち去った。行方はわからない。その後，人足たちは，馬に瓜を負わせて(京へ)行こうとして見ると，籠はあるが，その中に瓜は一つもない。その時，人足たちは手を打って悔しがること限りなかった。素早く翁が籠の瓜を取り出したのを，自分たちの目をくらまして見えないようにしたのだと気づいて，くやしがったけれども，翁の行方は知れないので，さらにどうしようもなくて，皆大和の国へ帰った。／　道ですれ違う者たちはこれを見て，ある者は不思議に思い，またある者は笑った。人足たちが瓜を惜しまずに，二つ三つばかり翁に食べさせたならば全部は取られなかっただろう。(瓜を)惜しんだことを翁も腹立たしく思って，こうまでしたのだろう。さらに，(翁は)神が姿を変えた者だったのだろうかとも思われる。その後，その翁を，とうとう何者と知ることもなかったと語り伝えたということだ。

問一　月の異名は，一月は「睦月(むつき)」，二月は「如月(きさらぎ)」，三月は「弥生(やよい)」，四月は「卯月(うづき)」，五月は「皐月(さつき)」，六月は「水無月(みなづき)」，七月は「文月(ふづき・ふみづき)」，八月は「葉月(はづき)」，九月は「長月(ながつき)」，十月は「神無月(かんなづき)」，十一月は「霜月(しもつき)」，十二月は「師走(しわす)」。

問二　②「まもる」は，じっと見つめる，見守る，という意味。　④「あさまし」には，意外なことに驚ききれている，という意味がある。

問三　直前に「翁のいはく『……然らば翁，瓜を作りて食はむ。』と言へば，この下衆ども，戯言を言ふなめりと，をかしと思ひて」とあるので，アが適切。瓜を食べさせてくれないのならば，ここで瓜を作って食べる，と翁が言うのは冗談としか思えないので笑ったのである。

問四　直前の「その二葉の瓜，ただ生ひに生ひてはびこりぬ。……皆いみじき瓜に熟しぬ」という様子を見た感想なので，オが適切。人間のなせる業とは思えなかったのである。

やや難　問五　「下衆ども」の心情は，最終段落に「瓜をおしまずして，二つ三つにても翁に食はせたらましかば，皆は取られざらまし。……翁もにくみてかくもしたるなめり」とあるのでイが適切。

問六　ア・イ・エ・オは連体修飾の用法。ウは主語を示す用法。「が」に置き換えることができる。

問七　「怪しみ」と「笑ひけり」が並立しているので，二つの事柄が並行して行われることを意味する「かつ」が入る。「かつ」は，一方では，という意味。

問八　『今昔物語集』は，平安時代末期に成立した説話集。アの『万葉集』は，奈良時代に成立した，わが国最初の和歌集。イの『徒然草』は，鎌倉時代に成立した随筆。ウの『古今和歌集』は，平安時代に成立した最初の勅撰和歌集。エの『方丈記』は，鎌倉時代に成立した鴨長明による随筆。オの『新古今和歌集』は，鎌倉時代に成立した八番目の勅撰和歌集。

★ワンポイントアドバイス★

現代文は，本文を精読し，文脈を的確にとらえる練習をしておこう！
古文は，やや長めの文章を，注釈を参照しながら口語訳できる力をつけておこう！

MEMO

大切なことはメモしておこうネ！

解答用紙集

○月×日　△曜日　天気（合格日和）

◆ご利用のみなさまへ

＊解答用紙の公表を行っていない学校につきましては、弊社の責任において、解答用紙を制作いたしました。

＊編集上の理由により一部縮小掲載した解答用紙がございます。

＊編集上の理由により一部実物と異なる形式の解答用紙がございます。

人間の最も偉大な力とは、その一番の弱点を克服したところから生まれてくるものである。——カール・ヒルティ——

東京学参株式会社

※ 125%に拡大していただくと，解答欄は実物大になります。

1

(1)	(2)
(3)	

2

(1) $m=$　　　, $n=$	(2) $x=$
(3) ∠BFE=　　　°	(4) $a=$
(5) 　　　cm	(6) $\angle x=$　　　°
(7) 　　　円	(8) 　　　cm^2

3

(1)	(2) 　　　kg

4

(1)	(2)
(3)	

5

(1) B(　　,　　)	(2) C(　　,　　)
(3) GE : HF =	(4)

平塚学園高等学校　2024年度　◇英語◇

※ 104％に拡大していただくと，解答欄は実物大になります。

【1】

問1		問2		問3		問4	
問5		問6		問7		問8	
問9		問10					

【2】

問1		問2		問3		問4		問5	
問6		問7		問8			問9		

【3】

(1)	(2)	(3)	(4)	(5)

【4】

(1)	A	(2)	C	(3)	E	(4)	G	(5)	I
	B		D		F		H		J

【5】

問1	A	B	C	D	E
問2	(1)	(2)	(3)	(4)	(5)

平塚学園高等学校　２０２４年度

※ １１６%に拡大していただくと、解答欄は実物大になります。

◇国語◇

一				
1	2	3	4	5

二								
問一			問二		問三	問四	問五	問六
A	B	C	X	Y				

三									
問一			問二	問三	問四	問五	問六	問七	問八
A	B	C							

四					
問一			問二	問三	問四
①	②	③			

平塚学園高等学校　2023年度

◇数学◇

※ 125％に拡大していただくと，解答欄は実物大になります。

1

(1)	(2)
(3)	

2

(1)	(2)
(3) g	(4) $\angle x =$ °
(5) $a =$, $b =$, $c =$, $d =$	
(6) $a =$, $b =$	(7) cm^2
(8) 円	

3

(1) ∠ADB= °	(2) BC= cm

4

(1)	(2) OP=
(3)	

5

(1) cm^3	(2) AM= cm

6

(1)	(2)

※ 108%に拡大していただくと，解答欄は実物大になります。

【1】

問1		問2		問3		問4	
問5		問6		問7		問8	
問9							

【2】

問1		問2		問3					
問4	a	b	c	d					
問5									
問6		問7		問8		問9		問10	

【3】

(1)	(2)	(3)	(4)	(5)

【4】

(1)	A	(2)	C	(3)	E	(4)	G	(5)	I
	B		D		F		H		J

【5】

問1	A	B	C	D	E
問2	(1)	(2)	(3)	(4)	(5)

平塚学園高等学校　２０２３年度

※１１２％に拡大していただくと、解答欄は実物大になります。

◇国語◇

一					
1	2	3	4	5	

二													
問一	A		B		C		D						
問二													
問三	最初				最後								
問四													
問五													
問六													

三						
問一	X		Y		Z	
問二						
問三						
問四						
問五						

四				
問一				
問二	①		②	
問三				
問四				
問五				

平塚学園高等学校　2022年度　　◇数学◇

※ 125％に拡大していただくと，解答欄は実物大になります。

1	(1)	(2)
	(3) $x=$	(4) $x=$ ，$y=$
	(5)	(6) $\angle x=$
	(7) 個	(8) 時速 km
	(9) cm^2	(10) (ア) (イ) (ウ)
	(11)(i) (＊)の逆	
	(11)(ii)	

2	(1)	(2) $a=$

3	(1) 倍	(2) cm^3

4	(1)	(2)

5	(1) (ア) (イ) (ウ)
	(2) AD＝

※ 108%に拡大していただくと，解答欄は実物大になります。

【1】

Q1		Q2		Q3		Q4		Q5	
Q6		Q7		Q8					
Q9									
Q 10									

【2】

問 1									
問 2									
問 3		問 4		問 5		問 6		問 7	
問 8									
問 9									

【3】

(1)	(2)	(3)	(4)	(5)

【4】

(1)	A	(2)	C	(3)	E	(4)	G	(5)	I
	B		D		F		H		J

【5】

問 1	A	B	C	D	E
問 2	(1)	(2)	(3)	(4)	(5)

◇国語◇

平塚学園高等学校　２０２２年度

※１１２％に拡大していただくと、解答欄は実物大になります。

一				
1	2	3	4	5

二																
問一	A		B		C		D									
問二	Ⅰ		Ⅱ		Ⅲ		Ⅳ		Ⅴ							
問三	X		Y													
問四																
問五																
問六																

三						
問一	問二	問三	問四	問五	問六	問七

四				
問一	①		③	
問二				
問三				
問四				

平塚学園高等学校　2021年度　　◇数学◇

※ 123％に拡大していただくと，解答欄は実物大になります。

1.（1）	1.（2）
1.（3） $x =$ 　　　, $y =$	1.（4）
1.（5） $x =$	1.（6） $n =$
1.（7） $x =$	1.（8） $\angle x =$ 　　　°
1.（9）	2.（1）
2.（2） $a =$	2.（3）
3. あ ＝ 　　　, い ＝	4.（1） cm^2
4.（2） cm^2	5.（1） 個
5.（2） $x =$ 　　　, $y =$	6.（1） cm
6.（2）	6.（3） cm^2

平塚学園高等学校　2021年度　◇英語◇

※ 123%に拡大していただくと，解答欄は実物大になります。

【1】

問1	
問2	(2)
問3	(3)
問4	
問5	(4)	(4)
問6	(5)
問7		

【2】

問1		問2		問3	
問4					
問5		問6		問7	
問8	(l)	(m)			
問9					

【3】

(1)	(2)	(3)	(4)	(5)

【4】

(1)	A B	(2)	C D	(3)	E F	(4)	G H	(5)	I J

【5】

問1	A	B	C	D	E
問2	(1)	(2)	(3)	(4)	(5)

※ 115%に拡大していただくと、解答欄は実物大になります。

平塚学園高等学校　2021年度

◇国語◇

一

1	2	3	4	5

二

問一	問二 Ⅱ	問二 Ⅲ	問三	問四 最初	問四 最後	問五	問六	問七	問八

三

問一 A	問一 B	問一 C	問二	問三	問四	問五	問六	問七

四

問一	問二 Ⅰ	問二 Ⅱ	問三	問四	問五	問六

平塚学園高等学校　2020年度 ◇数学◇

※122％に拡大していただくと，解答欄は実物大になります。

1.	2.
3. $x =$	4.
5.（1） $z =$	5.（2） $x =$ ， $y =$
6. $\angle x =$ °	7. およそ 匹
8. 分 秒後	9.（1）
9.（2）	10.
11.（1）	11.（2）
11.（3） P（ ， ）	12.（1） $x =$ cm
12.（2） cm^3	13.（1）
13.（2）	
13.（3） cm^2	

平塚学園高等学校　2020年度　◇英語◇

※110％に拡大していただくと，解答欄は実物大になります。

【1】

問1	(1)	(2)	問2	(3)	
問3	(4)	(5)	(6)	問4	(7)
問5	(8)				
問6					

【2】

問1		問2		問3		問4		問5	
問6		問7							
問8									
問9									

【3】

(1)	(2)	(3)	(4)	(5)

【4】

(1)	A	(2)	C	(3)	E	(4)	G	(5)	I
	B		D		F		H		J

【5】

問1	A	B	C	D	E
問2	(1)	(2)	(3)	(4)	(5)

2020年度 平塚学園高等学校

◇国語◇

※104%に拡大していただくと、解答欄は実物大になります。

一

1

2

3

4

5

二

問一 A B C

問二 X Y Z

問三 Ⅰ Ⅱ

問四

問五

問六

問七

三

問一 A B

問二

問三

問四

問五

問六

四

問一

問二 ② ④

問三

問四

問五

問六

問七

問八

MEMO

大切なことはメモしておこうネ！

~公立高校志望の皆様に愛されるロングセラーシリーズ~

公立高校入試シリーズ

・全国の都道府県公立高校入試問題から良問を厳選
※実力錬成編には独自問題も！
・見やすい紙面、わかりやすい解説

数学

合格のために必要な点数をゲット

目標得点別・公立入試の数学 基礎編

- 効率的に対策できる！　30・50・70点の目標得点別の章立て
- web解説には豊富な例題167問！
- 実力確認用の総まとめテストつき

定価：1,210 円（本体 1,100 円 + 税 10%）／ISBN：978-4-8141-2558-6

応用問題の頻出パターンをつかんで80点の壁を破る！

実戦問題演習・公立入試の数学 実力錬成編

- 応用問題の頻出パターンを網羅
- 難問にはweb解説で追加解説を掲載
- 実力確認用の総まとめテストつき

定価：1,540 円（本体 1,400 円 + 税 10%）／ISBN：978-4-8141-2560-9

英語

「なんとなく」ではなく確実に長文読解・英作文が解ける

実戦問題演習・公立入試の英語 基礎編

- 解き方がわかる！　問題内にヒント入り
- ステップアップ式で確かな実力がつく

定価：1,100 円（本体 1,000 円 + 税 10%）／ISBN：978-4-8141-2123-6

公立難関・上位校合格のためのゆるがぬ実戦力を身につける

実戦問題演習・公立入試の英語 実力錬成編

- 総合読解・英作文問題へのアプローチ手法がつかめる
- 文法、構文、表現を一つひとつ詳しく解説

定価：1,320 円（本体 1,200 円 + 税 10%）／ISBN：978-4-8141-2169-4

理科

短期間で弱点補強・総仕上げ

実戦問題演習・公立入試の理科

- 解き方のコツがつかめる！　豊富なヒント入り
- 基礎～思考・表現を問う問題まで
  重要項目を網羅

定価：1,045 円（本体 950 円 + 税 10%）
ISBN：978-4-8141-0454-3

社会

弱点補強・総合力で社会が武器になる

実戦問題演習・公立入試の社会

- 基礎から学び弱点を克服！　豊富なヒント入り
- 分野別総合・分野複合の融合など
  あらゆる問題形式を網羅
  ※時事用語集を弊社HPで無料配信

定価：1,045 円（本体 950 円 + 税 10%）
ISBN：978-4-8141-0455-0

国語

最後まで解ききれる力をつける

形式別演習・公立入試の国語

- 解き方がわかる！　問題内にヒント入り
- 基礎～標準レベルの問題で
  確かな基礎力を築く
- 実力確認用の総合テストつき

定価：1,045 円（本体 950 円 + 税 10%）
ISBN：978-4-8141-0453-6

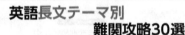

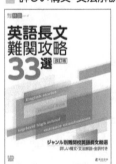

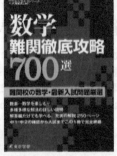

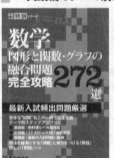

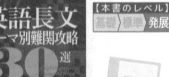

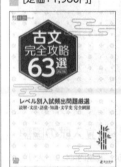

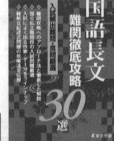

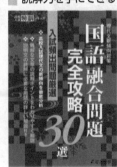

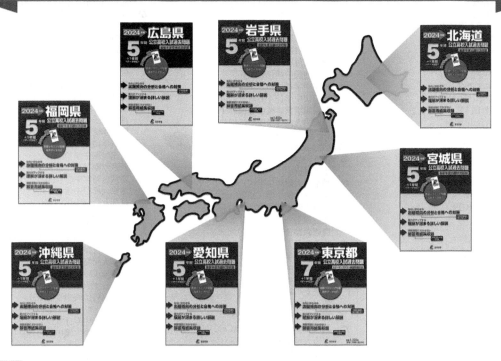

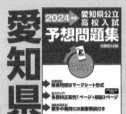

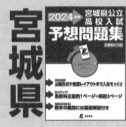

〈ダウンロードコンテンツについて〉

本問題集のダウンロードコンテンツ、弊社ホームページで配信しております。現在ご利用いただけるのは「2025年度受験用」に対応したもので、**2025年3月末日**までダウンロード可能です。弊社ホームページにアクセスの上、ご利用ください。

※配信期間が終了いたしますと、ご利用いただけませんのでご了承ください。

高校別入試過去問題シリーズ

平塚学園高等学校　2025年度

ISBN978-4-8141-2978-2

[発行所] 東京学参株式会社
〒153-0043　東京都目黒区東山2-6-4

書籍の内容についてのお問い合わせは右のQRコードから　⇒

※書籍の内容についてのお電話でのお問い合わせ、本書の内容を超えたご質問には対応できませんのでご了承ください。

2024年6月20日　初版